普通高等院校土木专业"十三五"规划精品教材

工程项目融资
Construction Project Finance
（第二版）

本 书 主 审　丁烈云
本 书 主 编　郑宪强
本书编写委员会　潘超云　付园园
　　　　　　　　孙　楠　周镇东

华中科技大学出版社
中国·武汉

内 容 简 介

本书分为四个部分，共 13 章。第一部分为工程项目融资基础，介绍了工程项目融资的基础知识，包括工程项目融资概述、工程项目融资参与人与工程项目融资市场、工程项目融资的组织与模式等内容。第二部分为工程项目的公司融资模式，重点介绍了权益融资、债务融资、租赁融资、出口信贷等融资模式。第三部分为工程项目的特许经营项目融资，论述了新兴的具有无追索或有限追索特征的项目融资，包括 BOT 等各种模式的起源及变种。第四部分为工程项目融资管理，主要介绍了工程项目融资资金结构、工程项目融资风险和工程项目融资担保等内容。

本书可作为高等院校土木工程专业、工程管理专业和工程造价专业等专业的教材，也可作为相关专业工程技术人员的参考用书。

图书在版编目(CIP)数据

工程项目融资/郑宪强主编. —2 版. —武汉：华中科技大学出版社，2020.2（2022.8 重印）
普通高等院校土木专业"十三五"规划精品教材
ISBN 978-7-5680-5756-1

Ⅰ.①工⋯ Ⅱ.①郑⋯ Ⅲ.①基本建设项目-融资-高等学校-教材 Ⅳ.①F830.55

中国版本图书馆 CIP 数据核字(2020)第 003828 号

工程项目融资（第二版） 郑宪强 主编
Gongcheng Xiangmu Rongzi(Di-er Ban)

策划编辑：周永华
责任编辑：周怡露
封面设计：原色设计
责任校对：李　弋
责任监印：朱　玢

出版发行：华中科技大学出版社（中国•武汉）　　电话：(027)81321913
　　　　　武汉市东湖新技术开发区华工科技园　　邮编：430223
录　　排：华中科技大学惠友文印中心
印　　刷：武汉科源印刷设计有限公司
开　　本：850mm×1065mm　1/16
印　　张：16.5
字　　数：348 千字
版　　次：2022 年 8 月第 2 版第 3 次印刷
定　　价：49.80 元

本书若有印装质量问题，请向出版社营销中心调换
全国免费服务热线：400-6679-118　竭诚为您服务
版权所有　侵权必究

普通高等院校土木专业"十三五"规划精品教材

总　　序

　　教育可理解为教书与育人。所谓教书,不外乎是教给学生科学知识、技术方法和运作技能等,教学生以安身之本。所谓育人,则要教给学生做人道理,提升学生的人文素质和科学精神,教学生以立命之本。我们教育工作者应该从中华民族振兴的历史使命出发,来从事教书与育人工作。作为教育本源之一的教材,必然要承载教书和育人的双重责任,体现两者的高度结合。

　　中国经济建设高速持续发展,国家对各类建筑人才需求日增,对高校土建类高素质人才培养提出了新的要求,从而对土建类教材建设也提出了新的要求。这套教材正是为了适应当今时代对高层次建设人才培养的需求而编写的。

　　一部好的教材应该把人文素质和科学精神的培养放在重要位置。教材中不仅要从内容上体现人文素质教育和科学精神教育,而且还要从科学严谨性、法规权威性、工程技术创新性来启发和促进学生科学世界观的形成。简而言之,这套教材有以下特点。

　　一方面,从指导思想来讲,这套教材注意到"六个面向",即面向社会需求、面向建筑实践、面向人才市场、面向教学改革、面向学生现状、面向新兴技术。

　　二方面,教材编写体系有所创新。结合具有土建类学科特色的教学理论、教学方法和教学模式,这套教材进行了许多新的教学方式的探索,如引入案例式教学、研讨式教学等。

　　三方面,这套教材适应现在教学改革发展的要求,提倡所谓"宽口径、少学时"的人才培养模式。在教学体系、教材编写内容和数量等方面也做了相应改变,而且教学起点也可随着学生水平做相应调整。同时,在这套教材编写中,特别重视人才的能力培养和基本技能培养,适应土建专业特别强调实践性的要求。

　　我们希望这套教材能有助于培养适应社会发展需要的、素质全面的新型工程建设人才。我们也相信这套教材能达到这个目标,从形式到内容都成为精品,为教师和学生,以及专业人士所喜爱。

中国工程院院士　王思敬

前　言

伴随着经济总量的增长，工程项目的需求也大幅增加。在投资主体多元化的背景下，融资模式是否有效直接关系到工程项目的成败。随着融资实践的不断发展，创新性的融资模式也不断出现，如何为工程项目设计一套适合项目本身特征的融资方案，这一问题越来越为各投资主体所关注。

工程项目融资有广义与狭义之分。广义的工程项目融资是指为了建设一个项目或者收购一个现有项目，或者对已有项目进行债务重组所进行的一切融资活动。狭义的工程项目融资（即本书所称特许经营项目融资）是指以项目的资产、预期收益或权益做担保所取得的一种无追索权或有有限追索权的融资活动。前者的代表是欧洲国家，后者的代表是美国。但是，如果将工程项目融资侧重于特许经营项目融资，忽略权益融资、出口信贷等公司融资模式，缺少对工程项目融资结构、风险、担保、评价等内容的全面分析，这在一定程度上会破坏工程项目融资的完整性。而且，特许经营项目融资实践操作也是以公司融资为基础的。鉴于此，本书以广义的工程项目融资为基点，既介绍了权益融资、债务融资、租赁融资等公司融资模式（本书第二部分），也介绍了特许经营项目融资等创新性工程项目融资模式（本书第三部分），并在上述内容的基础上延伸增加了工程项目融资管理内容（本书第四部分）。本书在第一部分还对工程项目融资的基本概念做了详细阐述，为读者学习提供一些知识铺垫。

同时，本书在形式上也有所创新。在阐述正文之前，每一章都前置了导入案例。此举的目的有二：其一，案例导读会激发读者兴趣，强化对工程项目融资的实用性与适用性的认识；其二，案例问题揭示了本章所关注的关键知识点，以便读者了解本章所述内容，并在问题导向下在文中寻求答案，提高读者信息选择的有效性和学习效率。

本书由华中科技大学丁烈云教授担任主审。限于本书编写时间有限，书中难免有不足之处，恳切希望读者批评指正。

编　者

2010 年 9 月

第二版前言

工程项目融资分为公司融资和特许经营项目融资。从外资企业开始与地方政府合作投资建设公共事业工程和基础设施工程项目以来，我国特许经营项目融资实践已经历30多年。在探索、试点到推广的过程中，特许项目融资实践从勃然兴起到乱象丛生再到逐步规范，其在工程建设领域的发展轮廓日渐清晰。

近十年来，工程项目融资相关的法律、行政法规、行政规章以及政策纷纷出台，制度创新不断涌现。为了全面反映工程项目融资最新进展，本书在第一版的基础上有针对性地进行了修订，以保证本书的准确性和时效性。第二版在基本保留了第一版基本结构的基础上，增加了部分章节内容，调整了部分章节的顺序，更新了工程项目融资相关的法律法规和数据，删除了一些已经废止的法律法规与政策，补充了近些年出现的相关典型案例，完善了相关概念的表述，丰富了案例讨论内容。

杨青老师于七年前不幸辞世，不能见证本书的再版，实为憾事。本书由郑宪强主编，潘超云、付园园、孙楠、周镇东参与编写修订，做了大量基础性工作。感谢周永华编辑不辞辛苦，鼎力支持，为本书的再版提供了便利条件。书中难免有疏漏之处，恳请读者斧正。

编 者

2019 年 12 月

目 录

第一部分 工程项目融资基础 ………………………………………………… 1

第1章 工程项目融资概述 ……………………………………………… 3
【案例】………………………………………………………………… 3
1.1 工程项目融资的基本含义 ……………………………………… 4
1.2 工程项目融资的程序 …………………………………………… 9
【案例讨论题】………………………………………………………… 31
【复习思考题】………………………………………………………… 31

第2章 工程项目融资参与人与工程项目融资市场 ……………………… 32
【案例】………………………………………………………………… 32
2.1 特许经营项目融资的参与人 …………………………………… 32
2.2 工程项目融资市场 ……………………………………………… 35
【案例讨论题】………………………………………………………… 37
【复习思考题】………………………………………………………… 37

第3章 工程项目融资的组织与模式 ……………………………………… 38
【案例】………………………………………………………………… 38
3.1 工程项目融资的投资结构 ……………………………………… 39
3.2 工程项目融资模式选择的原则 ………………………………… 40
3.3 工程项目融资的主要模式 ……………………………………… 43
【案例讨论题】………………………………………………………… 47
【复习思考题】………………………………………………………… 47

第二部分 公司融资模式 ……………………………………………………… 49

第4章 权益融资 …………………………………………………………… 51
【案例】………………………………………………………………… 51
4.1 项目资本金 ……………………………………………………… 52
4.2 股票市场融资 …………………………………………………… 54
4.3 非股票形式的权益融资 ………………………………………… 66
4.4 风险投资融资 …………………………………………………… 68
4.5 产业投资基金融资 ……………………………………………… 74
【案例讨论题】………………………………………………………… 76
【复习思考题】………………………………………………………… 77

第5章 债务融资 ... 78
【案例】 ... 78
5.1 短期负债融资 ... 78
5.2 长期负债融资 ... 84
【案例讨论题】 ... 98
【复习思考题】 ... 98

第6章 租赁融资 ... 100
【案例】 ... 100
6.1 租赁融资概述 ... 100
6.2 经营租赁与融资租赁 ... 104
6.3 租金的计算 ... 112
6.4 企业融资租赁的基本情况 ... 116
【案例讨论题】 ... 119
【复习思考题】 ... 119

第7章 出口信贷 ... 120
【案例】 ... 120
7.1 出口信贷的含义与特点 ... 121
7.2 出口信贷的主要形式 ... 123
7.3 出口信贷的利与弊 ... 130
【案例讨论题】 ... 131
【复习思考题】 ... 131

第三部分 特许经营项目融资 ... 133

第8章 特许经营项目融资概述 ... 135
【案例】 ... 135
8.1 特许经营项目融资概念和特征 ... 136
8.2 特许经营项目融资的优缺点 ... 148
8.3 特许经营项目融资的应用 ... 149
【案例讨论题】 ... 154
【复习思考题】 ... 154

第9章 特许经营项目融资的组织 ... 155
【案例】 ... 155
9.1 特许经营项目融资的参与人 ... 156
9.2 特许经营项目投标联合体的伙伴选择 ... 160
9.3 特许经营项目融资的投资结构 ... 164
【案例讨论题】 ... 176

【复习思考题】 ……………………………………………………… 176

第10章 特许经营项目融资的过程 ……………………………… 177
【案例】 …………………………………………………………… 177
10.1 项目选择阶段 ……………………………………………… 178
10.2 招投标阶段 ………………………………………………… 179
10.3 合同组织阶段 ……………………………………………… 181
10.4 项目建设开发阶段 ………………………………………… 184
10.5 移交阶段 …………………………………………………… 185
【案例讨论题】 …………………………………………………… 185
【复习思考题】 …………………………………………………… 185

第四部分 工程项目融资管理 ……………………………………… 187

第11章 工程项目融资资金结构 ………………………………… 189
【案例】 …………………………………………………………… 189
11.1 工程项目融资资金结构的含义 …………………………… 190
11.2 项目各方对资金结构的要求 ……………………………… 194
11.3 资金结构的确定 …………………………………………… 195
11.4 资金结构的调整和优化 …………………………………… 199
【案例讨论题】 …………………………………………………… 202
【复习思考题】 …………………………………………………… 202

第12章 工程项目融资风险 ……………………………………… 203
【案例】 …………………………………………………………… 203
12.1 工程项目融资风险的识别 ………………………………… 204
12.2 工程项目融资风险管理实践 ……………………………… 212
12.3 工程项目融资风险的管理和防范 ………………………… 216
【案例讨论题】 …………………………………………………… 227
【复习思考题】 …………………………………………………… 227

第13章 工程项目融资担保 ……………………………………… 228
【案例】 …………………………………………………………… 228
13.1 工程项目融资担保人 ……………………………………… 229
13.2 工程项目融资担保结构 …………………………………… 232
13.3 工程项目融资担保形式 …………………………………… 238
13.4 工程项目融资担保文件 …………………………………… 245
【案例讨论题】 …………………………………………………… 251
【复习思考题】 …………………………………………………… 251

参考文献 ……………………………………………………………… 253

第一部分
工程项目融资基础

第1章　工程项目融资概述

第2章　工程项目融资参与人与工程项目融资市场

第3章　工程项目融资的组织与模式

第1章 工程项目融资概述

【案例】

西安至延安高速铁路(西延高铁)位于陕西省关中与陕北地区,线路自西安东站北端引出,向北经西安市灞桥区、临潼区、高陵区,咸阳市三原县,渭南市富平县,铜川市耀州区、王益区、印台区、宜君县,延安市黄陵县、洛川县、富县、甘泉县和宝塔区,引入既有包西线延安站。西延高铁正线全长286.95 km,其中新建正线长281.8 km,利用既有包西线5.16 km。设计目标时速350 km/h,工程投资估算总额为5 417 107.28万元,总工期4.5年。建成后,西安、延安两地列车运行时间将缩短到一个小时之内。

2016年7月,国家发展改革委、交通运输部、铁路总公司联合印发了《中长期铁路网规划》,西延高铁作为"八纵八横"高速铁路主通道包海通道的重要组成部分被纳入国家规划。

2016年12月,西延高铁建设动员会在陕西铜川市召开。

2017年8月,西延高铁初步设计专家评审会在北京召开。中铁总公司鉴定中心组织相关专家对西延高铁初步设计进行了评审。

2018年1月,西延高铁可行性研究评估会在西安召开。国家发展改革委委托中铁第四勘察设计院对西延高铁可行性研究进行了评估,原则上通过了西延高铁可行性研究报告,计划取消洛川、甘泉、宜君三站。

2018年5月,经过全省上下共同努力和沿线县市人民对高铁的热情期待,初步确定西延高铁按原计划设站,即延安市保留甘泉站、洛川站,铜川市保留宜君站。

2018年8月,西延高铁初步设计鉴修审查会在北京召开。

2018年8月,西安至延安高速铁路环境影响评价信息第二次公示。

2018年12月,新建西安至延安高速铁路可行性研究报告获国家发展改革委批复,同意新建西安至延安高速铁路。据估算,项目总投资551.6亿元,其中工程投资530.8亿元,动车组购置费20.8亿元。项目资本金267.8亿元,其中铁路总公司出资111.7亿元,由企业自筹解决(中央预算内投资另行研究确定);其余资本金156.1亿元(含征地拆迁费用约44.4亿元)及单列投资16亿元(含征地拆迁费用约3.6亿元)由陕西省承担。陕西省出资由陕西省及沿线地方按照相关规定使用财政资金等出资。征地拆迁费用依照国家及地方政府有关规定,经出资各方认可后计入项目地方股份,出资各方对西成客专陕西公司增资扩股。资本金以外资金使用国内银行贷款。项目由西成客专陕西公司作为项目业主,负责项目建设管理。

思考

1. 如何定义工程项目融资？
2. 工程项目融资遵循的程序是什么？
3. 工程项目融资对于项目决策、设计、建设和运营有何重要影响？

1.1 工程项目融资的基本含义

1.1.1 工程项目融资的概念

从广义上讲，工程项目融资既包括公司融资，也包括特许经营项目融资。公司融资在理论和实践上的发展都较为成熟，而特许经营项目融资虽然已有多年的实践，但在学术上，还没有一个标准的定义。不过，对于"项目融资"这一概念可以从广义与狭义两个角度来理解。广义的项目融资是指为了建设一个新项目，收购一个现有项目或者对已有项目进行债务重组所进行的一切融资活动。欧洲一直沿用该定义，把一切针对具体项目所安排的融资都划归为项目融资的范畴。狭义的项目融资专指具有无追索或有限追索形式的融资。在北美洲，金融界一直沿用该定义。为保证知识结构的完整性，本书拟采用广义的项目融资概念，但为了避免读者对项目融资的理解发生偏颇，本书用"工程项目融资"专指广义的项目融资，其内容包括公司融资与具有无追索或有限追索特性的特许经营项目融资。

公司融资，是指公司利用自身的资信能力为某一工程项目所进行的融资活动。公司股票、公司债券的投资者，贷款银行等外部的资金投入者以该公司的资产负债、利润及现金流量等作为是否投资该工程项目或者为该工程项目提供贷款的依据，而对该工程项目则不是很在意。资金的投入者从公司的经营历史和现状以及公司的信誉中建立对公司的信任，同时针对公司整体资金结构建立不同层次的信用保证，以使其在该工程项目失败的情况下，仍然能够获得投资收益或者贷款的偿还。

对特许经营项目融资的定义，彼得·内维特在其《项目融资》一书中做出如下解释：为一个特定经济实体所安排的融资，其贷款人在最初考虑安排贷款时，将满足于使用该经济实体的现金流量和收益作为偿还贷款的资金来源，并且将满足于使用该经济实体的资产作为贷款的安全保障。根据这一定义，特许经营项目融资是以被融资项目本身的经济强度作为贷款偿还保证。项目的经济强度可以从两个方面进行衡量：一方面是未来项目可用于偿还贷款的净现金流量；另一方面是项目本身的资产价值。所以，在特许经营项目融资模式下，工程项目借款人对工程项目所承担的责任与其本身所拥有的其他资产和所承担的其他义务在一定程度上是分离的。这样，现金流量、资产价值以及贷款人在考虑到最坏情况下所要求的其他人的直接担保、间接担保或以其他形式给予项目的附加信用支持就构成了。

1.1.2 工程项目融资的现实意义

（1）有利于改善我国基础设施落后的状况。自改革开放以后，我国经济建设取得巨大的进步，但是基础设施建设区域发展不平衡形成的瓶颈效应也越发明显。各级政府要大力发展交通、能源、通信等基础产业，需要数额庞大的资金，单纯依靠国家投资无法满足资金需求。引进工程项目融资能够化解此矛盾，有利于经济的发展。

（2）有利于改善外资利用结构。我国传统的外资主要流向投资少、见效快、盈利高的产业，而需要巨额投资且回收期长的农业、能源、交通等基础设施和公共建设方面的外资缺少，采用工程项目融资所引进的外资将会主要投资于基础设施建设，这对改善我国的外资结构和产业结构是很有益处的。

（3）减少政府的债务负担和投资支出。工程项目融资的一个重要特点是项目的投资不构成东道国政府的对外负债，政府无须负担沉重的偿债付息负担。政府无须进行项目投资，减少了政府投资支出，有利于财政预算。

（4）能够有效吸引外资，促进我国经济发展。我国经济快速发展，基础设施的需求巨大，为外国投资者提供了优越的市场条件和众多的投资机会。外国投资者普遍看好中国市场，因为中国经济高速发展。工程项目融资得到政府的法律许可，使投资者能够获得稳定可靠的投资回报，对于融资和投资双方而言都是十分有利的。

1.1.3 工程项目融资的作用

1. 为工程项目筹措资金

工程项目融资能够为工程项目提供资金，公司融资通过资产负债表内融资，筹集小额资金，满足中小型项目发展需要；特许经营项目融资则通过资产负债表外融资，能够提供大额资金，满足大型工程项目大额资金的需要。同时，特许经营项目融资能够将伴随大额投资资金的高风险分散到各个与工程项目有关的主体中，降低投资风险，从而解决大型工程项目的资金问题。

2. 减轻政府的财政负担

在经济发展过程中，基础设施、能源、交通等大型政府投资项目是各相关产业、支柱产业等发展的基础，而正常情况下，这些大型政府投资项目由于国家经济实力的制约，政府投资建设的项目数量有限。特许经营项目融资由于其灵活多样的融资方式，能够化解政府繁重的项目建设任务与有限的工程项目资金供给之间的矛盾。例如，政府可以通过提供专营特许权、市场保障等融资优惠条件，而不是以直接投资者或借款人的身份来建设一条高等级的高速公路。由于特许经营项目融资方式是多种多样的，且融资方式灵活，因此可以解决许多应由政府出资建设的工程项目的资金问题，为政府财政支出减轻负担。

3. 实现项目风险分散和风险隔离，提高项目成功的可能性

公司融资可以激活社会各方资金（包括民间资金），满足工程项目投资多元化需求,提高资金配置效率。特许经营项目融资的多方参与结构能够将项目风险分散给项目发起人、贷款人以及其他项目参与人,各工程项目主体通过签订工程项目融资协议明确各方所承担的风险,从而实现工程项目风险的分散。在特许经营项目融资下,其有限追索或无追索权决定贷款人的债权追索对象仅限于项目公司[①],工程项目发起人可以降低其财务风险,并且可以利用项目融资的债务屏蔽功能,实现资产负债表外融资。不论是公司融资还是特许经营项目融资,工程项目各参与主体都要求获得与自身投资成比例的回报,这样就形成了工程项目的多方监督机制,提高了工程项目成功的可能性。

1.1.4 特许经营项目融资与公司融资的联系与区别

特许经营项目融资是近年来出现的新型融资方式。不过,在工程项目融资实践中,公司融资依然是最典型、最普遍的融资方式。特许经营项目融资虽然在融资制度安排上有较大创新,但它仍然是以公司融资为根基的。在特许经营模式下,作为融资主体的"项目公司"所采用的融资方式也不外乎权益融资、债务融资等公司融资方式。因此,谈到工程项目融资时,不能忽略公司融资这种融资方式。

但是,特许经营项目融资与公司融资在制度安排上也存在着较大的区别。公司融资是建立在企业的资产负债及总体信用状况上的融资,属于完全追索权融资;而特许经营项目融资通常是无追索或有限追索形式的融资方式。此外,它们在融资主体、融资基础、追索程度、风险分担程度、债务比例、会计处理、融资成本等多个方面也都有所区别。

1. 融资主体

公司融资一般是由工程项目的发起者作为融资的主体,银行或其他资金提供者是否向该项目提供贷款或投入资金,主要取决于公司的总体资信能力,而对工程项目的经济效益要求较低。特许经营项目融资的融资主体即项目公司本身,银行或其他资金提供者以项目的未来收益作为其是否投入资金的依据,能否如期收回投入资金,完全取决于项目未来的收益,追索也仅针对项目的未来收益和项目建成后的资产。

2. 融资基础

公司融资方式以投资者或发起人的资信为融资基础。特许经营项目融资的融资基础则是项目本身的经济强度,贷款人在贷款决策时,主要考虑工程项目在贷款期内产生的用于还款的现金流量以及工程项目的资产价值,贷款的数量、利率和融资结构的安排完全取决于工程项目本身的经济强度(未来现金流量和工程项目的资产价值)。由于特许经营项目融资的这种特征,缺乏资金而又难以筹措资金的投资者,可以依靠项目的经济强度,通过特许经营项目融资方式实现融资。同时,由于贷

---

① 项目公司是在采取特许经营项目融资时,为某一项目专门成立的公司(项目直接主办人),详见2.1.2。

款人关注的是项目经济实力,必然要密切关注项目的建设和运营状况,对项目的谈判、建设、运营进行全过程的监控。从这个意义上讲,采用特许经营项目融资有利于项目的成功。

3. 追索程度

特许经营项目融资与公司融资的最主要区别在于追索程度不同。特许经营项目融资属于有限追索或无追索。有限追索是指贷款人可以在某个特定阶段或者约定的范围内,对项目的借款人进行追索。超出该范围,无论项目出现何种问题,贷款人均不能追索到借款人除该项目资产、现金流量以及所承担义务之外的任何财产。有限追索融资的特例是无追索融资,即融资完全建立在项目的经济强度上。但在实际工作中,无追索的特许经营项目融资很少见。有限追索或无追索能够有效保护投资者的其他资产,调动了大批具有资金实力的投资者开发与建设的积极性。

公司融资方式属于完全追索。完全追索是指借款人以公司本身的资产作抵押,如果工程项目失败,同时该工程项目不足以还本付息,贷款方有权把借款方的其他公司资产作为抵押品收走或拍卖,直到贷款本金及利息偿清为止。完全追索与有限追索是区别公司融资和特许经营项目融资的主要标准。

4. 风险分担程度

工程项目的开发与建设必然伴随着各种风险,特许经营项目融资方式较公司融资方式而言,在风险分担方面具有三个显著特点。首先,投资风险大。特许经营项目融资的项目大都是大型项目,具有投资数额巨大、建设期长的特点,这决定了特许经营项目融资方式较公司融资方式而言具有更大的投资风险。其次,投资风险多。特许经营项目融资是利用外资的一种新形式,这决定了它较公司融资方式而言具有更多的投资风险,包括政治风险、法律风险等。最后,风险分散。对于工程项目而言,公司融资的风险往往集中于投资者、贷款者或担保者身上,风险相对集中。而特许经营项目融资的参与人包括工程项目发起人、项目公司、贷款银行、工程承包商、工程项目设备和原材料供应商、工程项目产品的购买者和使用者、保险公司、政府机构等。通过制定严格的合同条款,他们可以依据各方的利益,合理分配责任和风险,从而保证工程项目融资的顺利实施。

5. 债务比例

特许经营项目融资较公司融资的负债比率高。公司融资方式要求项目的投资者出资比例至少要达到30%才能进行融资。而特许经营项目融资是有限追索或无追索融资,这种融资形式可以筹集到投资者本身资产几十倍甚至上百倍的资金,它对投资者的股权出资所占的比例要求不高,一般而言,股权出资占项目总投资的30%即可。因此可以说,特许经营项目融资是一种负债比率较高的融资。

6. 会计处理

特许经营项目融资与公司融资在会计处理上最大的不同在于特许经营项目融资是资产负债表外的融资。资产负债表外融资是指项目的债务不出现在工程项目投资者的资产负债表上的融资。这样的会计处理是通过对投资结构和融资结构的设计来实现的。资产负债表外融资又称非公司负债型融资,它能够使投资者以有限的财力从事更多的投资,同时将投资风险分散和限制在更多的项目之中。而在公司融资方式下,项目债务是投资者债务的一部分,出现在投资者的资产负债表上,使投资者的工程项目投资和其他投资之间会产生相互制约的现象。

在实际融资的过程中,大型工程项目的建设周期和投资回收期都很长,对于工程项目的投资者而言,如果把这些工程项目的贷款反映在投资者的资产负债表上,很有可能造成投资者(公司)的资产负债比例失衡,超过银行通常所能接受的安全警戒线,并且短期无法根本改变,这就势必影响投资者筹措新的资金以及投资于其他工程项目的能力。如果采取非公司负债型融资,则可避免上述问题。

7. 融资成本

特许经营项目融资的贷款条件比公司融资要严格。由于贷款人一般拥有的有限追索权,除了针对主办人提供的担保之外,只限于项目的资产和收入。因此,贷款人对项目融资贷款有更加严格的限制条件。特许经营工程一般为重大工程,涉及面广,结构复杂,需要有风险分担、资产抵押、税收调整等众多的技术性工作。因此,项目融资的时间成本更高,通常从准备到完成整个融资计划要 3~6 个月的时间(贷款金额和融资结构的复杂程度是重要的影响因素),有些大型工程项目融资甚至会需要几年的时间。

特许经营项目融资的这一特点限制了其使用范围,在实践中要充分考虑使用项目融资的优势以及规模经济效益问题。

1.1.5 工程项目融资的适用范围

经过多年的发展,工程项目融资已经从最开始的能源开发项目、基础设施建设项目向更广泛的领域拓展。从目前各国的应用情况来看,它的应用领域主要有四类。

(1) 资源开发类项目。可分为两大类:一是能源开发项目,如石油、天然气、煤炭等;二是金属矿产资源开发项目,如铁、铜、铝等。一般来说,这类项目投资规模巨大,但是一旦项目成功,投资回报丰厚。运用项目融资方式成功开发资源的典型案有英国北海油田项目和被誉为"开创了澳大利亚铁矿史上新时代"的澳大利亚恰那铁矿项目。

(2) 基础设施建设项目。从世界范围来看,项目融资应用最多的当属基础设施项目。具体可分为三类:一是公共设施,如电力、电信、自来水等项目;二是公共工程,如铁路、公路、隧道、大坝等;三是其他交通工程,如港口、机场、地铁等。

(3) 制造业项目。随着项目融资运用范围的扩大,近年来,在制造业领域也有所发展。在制造业中,项目融资多用于工程上比较单纯或某个工程阶段中已使用特定技术的制造业项目,此外也适用于委托加工生产的制造业项目。这方面成功的典型有澳大利亚波特兰铝厂项目、加拿大赛尔加纸浆厂项目等。

(4)高等教育事业等项目。这是项目融资的创新性应用,近年来我国已经有高校在尝试突破传统融资渠道对高等教育事业发展的制约,运用项目融资方式建设教育设施,在不增加学校负债的情况下解决教育设施的融资建设问题。例如,复旦大学采用 PPP 融资方式建设该校的金融学院,中南大学采用 BOT 方式兴建学生公寓、食堂等综合楼项目。

1.2 工程项目融资的程序

从工程项目的提出到选择恰当的融资方式为工程项目筹集资金,一直到最后执行工程项目融资,大致分为五个阶段,即工程项目的提出与构思、工程项目的投资决策分析、工程项目的融资决策分析、工程项目融资谈判、工程项目融资的执行,如图 1-1 所示。

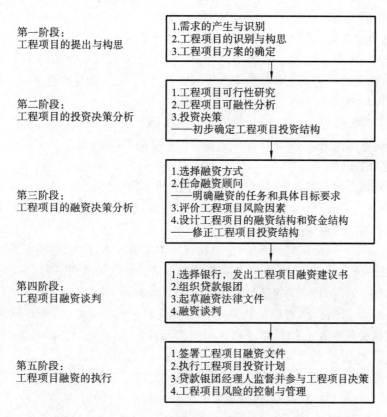

图 1-1 工程项目融资的阶段

1.2.1 工程项目的提出与构思阶段

工程项目的提出与构思是对所要实现的目标进行的一系列想象与描绘,是对未来投资工程项目的目标、功能、范围以及工程项目设计的各主要因素和大体轮廓的设想和初步界定。在这个过程中必然涉及工程项目经费的估算及筹措,在这个阶段的方案选择中还会考虑到资金筹措的影响因素,以及工程项目融资的运作与步骤。为了使读者对整个工程项目融资过程有比较完整的了解,本书把该阶段作为工程项目融资的第一阶段进行介绍。

1. 需求的产生

工程项目产生的基本前提是需求。国防建设、人民生活和社会发展等领域中的各种需求以及尚未解决的问题共同构成了项目的来源。在社会生产、分配、消费和流通的不断循环中均有工程项目需求。例如,人口脱贫计划就需要通过实施各种工程项目来实现;为改善城市环境,就要实施诸如城市绿化、道路拓宽、旧城区改造等工程项目。

科学研究是工程项目的一个重要来源。使国民经济结构发生重大变化,甚至改变人类历史的一些项目常常是从科学研究中发现的,如核发电和其他原子能项目都建立在20世纪初对放射性、核裂变和相对论等的研究成果之上。伴随着科学的发展,诸如废物、废弃电池、废品回收等以前被人类所忽视甚至认为无用的资源也找到新的用途,由此便产生了许多新的工程项目。在此基础上,如矿产开采、输油输气管道的铺设等与自然资源相关的工程项目也日益发展壮大起来。

各种新的工程项目不断涌现,政府的经济体制改革和各种新政策也根据公共需求的增多而不断推进,不断地丰富和拓宽利国利民的工程项目。

2. 需求的识别

需求的识别始于需求、问题或机会的产生,终于需求建议书的发布,它是一个反复认识的过程。在此过程中,需要收集信息和资料,进行调查研究,并分析所收集的信息和一系列的约束条件,进行反复的认识。

例如,要重新装修陈旧的房屋,这时项目的需求就产生了,但是对于需求的识别来说,任务还未完成,还需要分析房屋装修的风格、档次、价钱等。这就需要对工程项目进行相关的调查研究,包括与相关的装修公司沟通、寻求亲朋好友的意见、参考其他房子的装修风格、调查相关装修材料的种类和价格等。总之,需要针对工程项目做许多相关调查研究工作,以清晰认识工程项目,从而决定最后的方案,形成需求建议书。

需求的识别在工程项目融资中的作用非常重要,应该结合工程项目的实际情况,明确目标和构思,形成一份比较完整和详细的需求建议书。

3. 需求建议书

需求建议书(requirement for payment)是从客户的角度出发,全面、详细地向承约商陈述、表达为了满足其已识别的需求所需要做的准备工作。换句话说,需求建议书是客户向承约商发出的,用来说明如何满足其已识别的需求的文件。好的需求建议书能让承约商了解消费者所期待的产品或服务是什么。承约商只有在此基础上才能准确地进行工程项目的识别、构思等。

一般而言,一份需求建议书应包括如下内容。

(1) 工程项目工作陈述。它是对客户要求承约商做的主要工作和范围的概括说明。

(2) 工程项目的目标。它是承约商所提供的实体内容,也就是最后的交付物。

(3) 工程项目目标的约定。约定要求涉及大小、数量、颜色、重量、速度以及一些相关的物理参数和操作参数等。

(4) 客户供应。客户供应主要涉及客户为工程项目实施所提供的保障及物品供应等。

(5) 客户的付款方式。付款方式主要包括分期付款、一次性付款或其他方式。

(6) 工程项目的进度计划。工程项目的进度通常是客户关注的重要方面,它将影响客户的利益。

(7) 对交付物的评价标准。承约商只有让客户满意,才能获得其所期望的利润,而客户的满意度是通过对交付物的总体评价得出的,因此,在需求建议书中需要客户对工程项目的评价标准做出明确的要求。

(8) 有关承约商投标的事项。事项主要包括建议书的格式及投标方案等内容。

(9) 投标方案的评审。评审标准主要包括:承约商的背景及经历、承约商的技术力量和技术方案、工程项目进度、工程项目成本等。

(10) 承约商的申请书内容。申请书内容包括工程项目实施的方法、工程项目的进度计划、承约商的经验、人事安排、工程项目的成本。

(11) 承约商的申请书评价标准。申请书评价标准一般包括针对承约商申请书的方案、承约商的经验、工程项目成本及工程项目进度计划的评估标准。

4. 工程项目的识别

工程项目的识别是指承约商从备选的工程项目方案中挑选出一种能够满足已识别的需求的方案,它属于承约商的行为。接到需求建议书之后,承约商根据具体情况确定客户需求的工程项目,以及客户的成本预算是否足以完成满足需求的工程项目,以分析客户已识别的需求是否经济可行。

5. 工程项目的构思

工程项目的构思是指承约商为了满足客户识别的需求,在需求建议书约定的条件和具体情况下为实现客户的目标而进行的设想。工程项目的构思是一种创造性活动,也可称为工程项目的创意,因为只有保持足够的创意,才能保证工程项目有吸引力和潜力、足够的市场、美好的未来。

工程项目的构思的方法有多种,包括工程项目混合法、比较分析法、集体问卷法、头脑风暴法、信息整合法、辐集式创新、逆向式创新、发散式创新等。进行工程项目构思时,通常需要考虑以下问题:

(1) 工程项目的投资背景及意义；
(2) 工程项目的投资方向和目标；
(3) 工程项目投资的功能及价值；
(4) 工程项目的市场前景及开发潜力；
(5) 工程项目的建设环境和辅助配套条件；
(6) 工程项目的成本及资源约束；
(7) 工程项目所涉及的技术及工艺；
(8) 工程项目资金的筹措及调配计划；
(9) 工程项目运营后预期的经济效益；
(10) 工程项目运营后社会、经济、环境的整体效益；
(11) 工程项目投资的风险及化解方法；
(12) 工程项目的实施及其管理。

6. 工程项目方案的确定

承约商需要在可供选择的实施方案中，选择能够满足客户需求，同时在现实中可行、投入少、收益大的工程项目方案。评选方案一般需要考虑以下内容：

(1) 分析工程项目方案是否符合社会发展趋势；
(2) 工程项目需要多长时间完成；
(3) 工程项目方案需要的人力、物力和财力；
(4) 工程项目方案在技术上的可行性；
(5) 工程项目方案在经济上的合理性。

1.2.2 工程项目的投资决策分析阶段

投资决策分析阶段是指投资者在决定投资之前，对宏观经济形势、工业部分的发展以及工程项目所在工业部门的竞争性等进行周密分析的阶段。从严格意义上讲，这一阶段不属于工程项目融资的阶段，但是考虑到投资决策分析所包含的内容与工程项目融资之间的密切关系，本书决定将它纳入工程项目融资的阶段之中。例如，投资结构与融资结构、资金结构之间的关系。投资者在决定工程项目投资结构时需要考虑的因素很多，其中主要包括工程项目的产权形式、产品的分配形式、决策程序、债务责任、现金流量控制、税务结构和会计处理等方面的内容。投资结构的选择将影响到工程项目融资的结构和资金来源的选择；反过来，工程项目融资结构的设计在多数情况下也将会对投资结构的安排做出调整。

1. 工程项目的可行性研究

在工程项目的可行性研究中，分析工程项目的主要技术经济要素（见表1-1），以及分析和评价许多与工程项目有关的风险因素，可以对工程项目的技术和经济效益进行综合性的评价，获得工程项目的净现值、投资收益率、内部收益率、投资回收期等具体的经济效益指标，为工程项目投资决策提供不可缺少的参考依据。一个高质量的工程项目可行性研究报告,有助于工程项目融资的主体对工程项目风险的分析和判断,可行性研究是工程项目开发的前期准备工作。

表 1-1　工程项目的可行性研究的部分内容

项目领域		可行性研究的内容
政策环境		国家法律制度、税收政策
		项目对环境的影响和环境保护立法
		项目的生产经营许可或其他政府政策限制,以及获得这些许可的可能性和这些许可的可转让性
		项目获得政治风险保险的可能性
外部环境	金融性环境	通货膨胀因素
		汇率、利率
		国家外汇管制的程度、货币风险及可兑换权
	工业性环境	项目基础设施:能源、水电供应、交通运输、通信等
项目生产要素	技术要素	生产技术的可靠性及成熟度
	原材料供应	原材料来源、可靠性、进口关税和外汇限制
		资源储量及可靠性(矿业能源项目)
	项目市场	项目产品或服务的市场需求、价格、竞争性
		国内和国际市场分析
	项目管理	生产、技术、设备管理
		劳动力分析
投资收益分析	项目投资成本	项目建设费用
		征购土地、购买设备费用
		不可预见费用
	经营性收益	项目产品或服务市场价格分析和预测
		生产成本分析和预测
		经营性资本支出预测
		项目现金流量分析
	资本性收益	项目资产增值分析和预测

工程项目的可行性研究与工程项目融资的风险分析都是对工程项目的风险进行分析、研究,但是它们的出发点及对风险分析的详细程度稍有不同。工程项目的可行性研究主要是从工程项目投资者的角度出发,分析投资者在工程项目整个生命期内能否获得预期的经济收益,并与同行业的标准投资收益率进行比较,以判断工程项目的经济合理性和技术可行性。工程项目融资的风险分析则是在工程项目可

行性研究的基础上,从工程项目债务资金提供者的角度出发,重点考察和分析工程项目融资期内的工程项目风险,以判断工程项目债务资金本息偿还的可靠性和安全程度。工程项目风险存在于工程项目全过程的各个阶段,因此,在工程项目可行性研究的基础上,还有必要按照工程项目融资的要求,对工程项目风险做出详细的分类研究,分析各种风险因素对工程项目现金流量的影响,以设计出出资方可接受的工程项目融资方案。

2. 工程项目可融资性分析

如前文所述,工程项目的可行性研究在一定程度上是站在工程项目投资者的角度上从经济、技术、政策及环境等方面进行的可行性分析,但这并不能保证工程项目一定能够满足融资的要求。所以,在可行性研究的基础上,工程项目还需要进行可融资性分析。可以从以下几点出发来理解工程项目的可融资性:

(1) 银行一般不愿意承担法律变化的风险;

(2) 存在信用违约或对贷款人进行第一次偿还之前,工程项目发起人不得进行红利分配;

(3) 为减少贷款资金的需求量,完工前的收入应该用于补充工程项目的资本性支出;

(4) 应合理分摊工程项目的风险;

(5) 工程项目合同涉及的其他当事人不能因为银行对工程项目资产或权益行使了抵押权益而终止与工程项目发起人或项目公司的合同。

在工程项目融资事务中,工程项目发起人或项目公司在说服资金提供者接受该工程项目时,应注意不可抗力因素,将其列入免责条款。因此,对这一条款的理解对工程项目发起人(或项目公司)和资金提供者来说都是非常重要的。通常情况下,以下事件构成不可抗力因素时,工程项目发起人或项目公司可以免责:

(1) 罢工或其他停工行为;

(2) 战争或其他武装斗争,如恐怖分子活动、武装阴谋破坏活动、暴乱等;

(3) 封锁或禁运导致供应或运输的中断;

(4) 不利的自然现象,如雷电、地震、地陷、火山爆发、山崩、飓风、暴雨、火灾、洪水、干旱、积雪及陨石等;

(5) 流行病;

(6) 辐射或化学污染;

(7) 法律和法规的变化;

(8) 其他人类暂时不能控制的事件。

针对不同的工程项目,不可抗力因素不尽相同,不是所有的工程项目都可以将上述事件视为不可抗力因素。例如,能源供应中断就不构成电力项目的不可抗力因素,项目发起人或项目公司必须对此承担责任。

银行注入资金的条件是其承担的风险与获得的收益相当,所以,为保证这一点,银行往往提出各种限制条件。

1) 对各种授权合约的限制

(1) 所有授权合约都必须确定工程项目的有效生命期。

(2) 银行或其他资金提供者对工程项目相关资产行使抵押权时(包括卖出项目公司抵押的股份),授权合约不能提前终止,即所有合约应与工程项目同在。

(3) 授权的权力应能全部转让。

2) 对股东协议和所有者权益分配的限制

(1) 发起人应认购分配给他的全部股份。

(2) 发起人应补足成本超支的资金。

(3) 发起人应为保险不能覆盖的部分提供资金保证。

3) 对特许权协议的限制(适用于项目融资模式)

(1) 特许权协议应约定工程项目的固定生命期。

(2) 不能将不适当的过重的条款加在项目公司身上。

(3) 特许权协议的授予者应承担法律变更的风险。

(4) 由于不可抗力因素,应延长工程项目的特许期限。

(5) 特许权协议不能简单地因为银行对项目公司行使了抵押权而提前终止。

(6) 银行应可以自由地将特许权转让给第三者。

4) 对建设合同的限制

(1) 建设合同应是一揽子承包合同。

(2) 在建设合同中,应约定固定价格。

(3) 应在固定期限内完工。

(4) 不可抗力事件应控制在有限的范围内。

(5) 如果不能在固定期限内完工,承包商应承担由此给项目公司带来的损失,而且这种损失赔偿应至少能弥补项目公司需支付的银行贷款利息额。

(6) 承包商应提供广泛的担保合同。

5) 对经营和维护合同的限制

(1) 为实现利润最大化目标,需要对工程项目经营者实施适当的激励措施,鼓励其保证项目正常有效地进行。

(2) 如果由于工程项目经营管理不善导致经营失败,经营者应承受严格的处罚。

(3) 银行或其他资金提供者有权对经营管理不善的经营者行使开除权或建议开除权。

另外,需要对以上三点做出必要解释:首先,经营者所得到的激励与所承受的处罚应相对平衡,有时甚至需要进行重新谈判修改条款;其次,对于银行拥有的对经营者的否定权,操作起来有些难度,通常的做法是把工程项目在经营和维护合同中拥有的控制合同终止权授予银行或其他资金提供者,这样,银行或其他资金提供者可以控制经营合同的期限,但不能直接开除某经营者。

综上所述,只有解决了上述问题之后,银行或其他资金提供者才能打消顾虑,将大量资金长期注入工程项目中。

3. 工程项目投资结构的确定

确定工程项目投资结构,是指在工程项目所在国家的法律、法规、会计、税务等外在客观因素制约的条件下,寻求一种能够最大限度地实现其投资目标的工程项目资产所有权结构。当工程项目的投资者有两个或两个以上时,工程项目投资各方的利益协调也是投资结构设计的重要考虑因素。这里所讲的投资目标是一组复杂的综合目标集,它包括投资者对融资方式和资金来源等与工程项目融资直接相关的目标要求,也包括投资者对工程项目资产拥有形式、产品分配、现金流量控制、投资者公司本身资产负债比例控制等与工程项目融资间接相关的目标要求。

国际上较为普遍的投资结构包括公司型合资结构、合伙制或有限合伙制结构、非公司型合资结构和信托基金结构。无论工程项目采用的是复杂的还是简单的投资结构,一些带有共性的关键性问题是所有的合资项目都会面对的,并且需要通过投资者之间的谈判协商解决一系列问题,如工程项目的法律结构、投资者的性质和战略目标、工程项目的生产管理和市场安排、工程项目的融资方式等。这些问题的处理结果将会直接影响到贷款银行以及其他资金提供者对工程项目的信心和工程项目融资安排的成效。

1.2.3 工程项目的融资决策分析阶段

工程项目投资者决定采用何种融资方式筹集资金是这个阶段的任务。是否采用特许经营项目融资,取决于投资者对债务责任分担、贷款资金数量、时间、融资费用以及诸如债务会计处理等方面要求的综合评价。如果决定采用特许经营项目融资作为融资手段,投资者就要选择和任命融资顾问研究和设计项目的融资结构。当项目的投资者自己无法明确判断采取何种融资方式时,投资者可以聘请融资顾问对项目的融资能力以及可能的融资方案作出分析和比较,获得一定信息反馈后,再作出工程项目的融资方案决策。

1. 工程项目融资模式的选择

融资模式是工程项目融资整体结构组成中的核心部分。工程项目融资模式的设计需要考虑工程项目投资结构的设计情况,在投资结构确定的条件下,细化、完成融资模式的设计工作。特别注明,融资顾问从工程项目开始融资起就需要参与到工程项目融资的组织安排中。工程项目融资顾问有时除担任工程项目投资者的顾问外,也作为贷款银团的成员和经理人。许多情况下,当工程项目融资安排完成后,融资顾问也加入贷款银团并成为其代理人,代表银行参加一定的工程项目管理和决策;工作有时也会根据贷款银团的要求控制项目的现金流量,安排项目资金的使用,确保从项目的收益中拨出足够的资金用于贷款的偿还。

2. 工程项目融资资金的结构与选择

完成工程项目的投资结构和融资模式设计后,剩下来的工作就是安排和选择工程项目的资金构成与来源。工程项目融资的资金构成有两部分：股本资金与债务资金。工程项目中债务资金和股本资金之间的比例关系、工程项目资金的合理使用结构以及税务安排对融资成本的影响，是确定工程项目的资金构成和来源的三个主要因素。工程项目融资的债务资金来源，如图1-2所示。

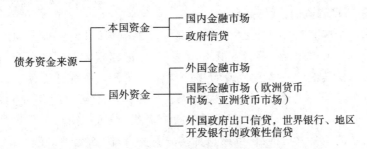

图1-2　工程项目融资的债务资金来源

在不影响工程项目抗风险能力的条件下尽可能降低工程项目的资金成本是安排工程项目资金的一个基本原则。国际上大多数国家的税法都约定贷款的利息支出可以在税前利润中除去，其实际贷款利息成本为：贷款利率×(1—企业所得税率)。所以，债务资金的资金成本较股本资金的资金成本低。如果某一工程项目使用的资金全部是债务资金，那么它的资金成本是最低的，但是工程项目的财务状况和风险抵抗能力因为高额债务而变得脆弱；如果工程项目使用的资金全部是股本资金，其股本资金的机会成本将大大提高，但它具有超强的风险抵抗能力。所以说，确定债务资金与股本资金的比例是安排工程项目资金所要考虑的主要因素之一。

不论是对投资者还是对资金供给者而言，统筹考虑工程项目资金的合理使用结构都是十分重要的。确定工程项目资金的合理使用结构，除了需要考虑建立合理的债务资金和股本资金的比例关系，还要考虑以下因素。

(1) 工程项目的资金需求总量。保证工程项目融资中的资金安排可以满足项目的不同阶段和不同用途的资金需求。

(2) 资金的使用期限。债务资金都是有固定期限的，根据不同阶段的资金需求安排不同期限的贷款，就可以起到优化工程项目债务结构、降低工程项目债务风险的作用。

(3) 资金成本和构成。资金成本包括股本资金的机会成本和债务资金的利息成本。

(4) 混合融资结构。不同利率结构、不同贷款形式、不同货币种类的贷款结合得当，可以降低工程项目融资成本，减少工程项目风险。

另外，当工程项目采取特许经营项目融资方式进行融资时，预提税也是工程项目资金结构的重要影响因素。预提税是一个主权国家对外国资金的一种管理方式，分为红利预提税和利息预提税两大类。其中以利息预提税应用最为广泛，利息预提税率通常为贷款利息的10%～30%。预提税一般由借款人缴纳，其应付税款金额可以从向境外支付的利息总额中扣减,也可以是应付利息金额之上的附加成本,这取决于借、贷双方之间的安排。由于国际债务资金是项目融资的一个重要资金来源,利息预提税则会增加工程项目的资金成本。所以在考虑工程项目的资金结构时,利息预提税是一个重要的研究因素。

3. 工程项目融资的信用保证

信用保证结构的核心是融资的债权担保。工程项目融资包括公司融资与特许经营项目融资。公司融资的特点是无限追索权,它的债权以公司的信誉、实力、财务状况等能力以及其他的一些直接或间接的担保为保证。而特许经营项目融资的资金安全来自工程项目的经济强度与来自工程项目之外的各种直接或间接的担保。这些直接或间接的担保可以由工程项目的投资者提供;可以由与工程项目有直接或间接利益关系的攸关方提供;也可以是直接的财务保证,如完工保证、成本超支保证等;还可以是间接的或非财务性的担保,如长期供货协议等。所有这些担保形式的组合,就构成了工程项目的信用保证结构。

工程项目担保安排可以分为四个阶段。

(1) 贷款银行或其他资金提供者向工程项目投资者或第三方担保人提出工程项目担保的要求。

(2) 工程项目投资者或第三方担保人可以考虑提供公司担保,如果公司担保不被接受,则要考虑提供银行担保。

(3) 在银行提供担保的情况下,工程项目担保成为担保银行与担保受益人之间的一种契约。

(4) 如果工程项目与提供担保的银行不在同一国家时,有时担保受益人会要求担保银行安排一个当地银行作为其代理人,承担担保义务,而担保银行则承诺偿付其代理人的全部费用。

4. 工程项目融资风险的分析与评价

风险伴随着工程项目融资的各个阶段,风险情况在一定程度上决定了工程项目融资的成败,因此风险的分摊与控制就显得十分重要。工程项目融资中的大量工作都是围绕风险展开的,包括风险识别、风险评价、风险分摊和风险控制的过程。

1) 工程项目融资中风险管理的特点

(1) 以工程项目的可行性研究报告作为风险控制的首要前提。工程项目的可行性研究需要分析诸如工程项目的原材料供应、技术设备及劳动力的可获得性、工程项目产品或服务的需求状况、工程项目的环境效应等一系列与工程项目有关的风险因素。一份有说服力的、权威的,包括技术和经济效益的工程项目可行性研究报告将有助于组织工程项目融资,并有利于分析、判断工程项目风险。

(2) 以风险的识别与细分为设计融资结构的依据。工程项目融资是依据投资者的投融资战略以及工程项目的实际情况规划的一种结构性融资。设计合理的融资结构的前提是对各风险进行鉴别并根据风险的特征加以细分,然后将各细分风险合理分配到各个参与人之间,以明确风险控制的目标,保证风险控制过程的阶段连续性。

(3) 以项目当事人为风险分担的主体。参与工程项目融资并在其中发挥不同作用的利益主体包括工程项目发起人、项目公司、工程项目贷款人、工程承包商、能源和原材料供应商、工程项目产品的购买者、工程项目融资顾问以及有关政府机构等。工程项目融资风险控制的核心环节是在工程项目风险与工程项目当事人之间以合同形式建立对应关系,形成风险约束体系,从而保证融资结构的稳健性。

(4) 以合同作为风险控制的首要手段和主要形式。在工程项目融资中,需要将各类风险具体化,以合同的方式明确约定当事人承担的风险程度,用何种方式来承担。通过工程项目合同、融资合同等担保和支持文件来控制贯穿于工程项目周期的各种风险,并使风险控制措施彼此衔接,使风险得以规避。

2) 工程项目融资风险的管理

与其他经济活动的风险一样,工程项目融资在风险特征、效应以及管理等方面并没有特殊性,其内容和程序大致包括识别风险、估量风险、指定应对措施、编制风险管理计划并付诸实施。

工程项目融资的风险可以分为系统风险与非系统风险两大类。前者指与市场客观环境条件有关,工程项目无法通过有效措施来避免的超出工程项目自身的风险;后者指可由工程项目实体自行控制和管理的风险。但是,两种风险的划分并不是绝对的,有时候系统风险可以通过一定的手段予以消减,而非系统风险却无法避免。两种风险的具体内容如图1-3所示。

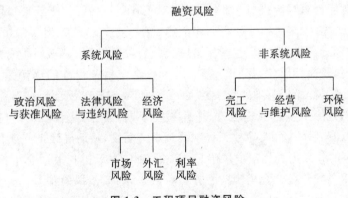

图 1-3 工程项目融资风险

(1) 系统风险包括政治风险与获准风险、法律风险与违约风险和经济风险。

①政治风险包括政局和政策的稳定性两大类。获准风险指的是能否通过或按时通过工程项目东道国政府的授权或许可。

②法律风险指东道国法律的变动给工程项目带来的风险,主要指法律的变动可能引起各参与人约束的变动,进而改变各参与人的地位而带来的风险。违约风险指项目参与人因故无法履行或拒绝履行合同所约定的责任和义务而给工程项目带来

的风险。

③经济风险包括市场风险、外汇风险和利率风险。市场风险主要有价格风险、竞争风险和需求风险,这三种风险是相互联系、相互影响的。外汇风险通常包括东道国货币的自由兑换、经营收益的自由汇出以及汇率波动所造成的货币贬值问题三个方面。利率风险指的是工程项目在经营过程中,由于利率变动直接或间接地造成工程项目价值降低或使收益受到损失。

(2) 非系统风险包括完工风险、经营与维护风险和环保风险。

①完工风险指项目无法完工、延期完工或者完工后无法达到预期运行标准给工程项目带来的风险。

②经营和维护风险指在工程项目经营和维护过程中,由于经营者的疏忽,发生重大经营问题,如原材料供给中断、设备安装或使用不合理等给工程项目带来的风险。

③环保风险指项目可能对环境造成破坏而受到惩罚给项目带来的风险。

3) 工程项目融资风险分析与评价

(1) 资金来源的可靠性。工程项目的资金来源包括两个方面:股本资金与债务资金。在融资过程中,主要考虑债务资金的可获得性。债务资金中,除了商业银行贷款和融资租赁只注重工程项目本身的风险和经济强度以外,其他的资金来源都和工程项目所在国的信用等级、一定时期的体制、经济政策等有关。这样,就必须在考虑各种来源必要性的基础上,充分考虑这些相应来源的可行性。只有符合工程项目所在国贷款要求、担保要求、国家和行业倾向等约定的债务资金才能作为选择的对象。对工程项目融资风险进行分析,有助于对工程项目融资的资金来源做出选择。

(2) 与股本资金与债务资金比例相关的财务风险。这是工程项目融资中资金结构选择中的核心问题。股本资金融资的机会成本高,融资风险低;债务资金的融资成本低,融资风险高。因此,保持合理的股本资金与债务资金的比例是工程项目成功的保障。比如说,由于某项账款无法及时收回,致使该工程项目现金流紧缺,债务资金提供者由此会产生恐惧心理,增加其风险预期,债务资金提供者可能因此而要求收回其贷款资金。这可能导致工程项目资金链断裂,最后导致工程项目的失败。

(3) 风险的分配是否合理。风险分配时保证各方承担其最适合承担的风险,将所有的风险都分配给最适合承担的一方。一般来说,政治风险最好由东道国政府来承担,国外有一些项目就是这么做的。但由于我国政府机构目前一般不准对工程项目做任何形式的担保或承诺,中方机构也不得对外出具借款担保,所以在我国政治风险尚不能由政府及中方机构承担。目前,比较可行的办法是通过为政治风险投保或引入多边机构等方式来减少这种风险可能带来的损失。在某种意义上,政府政策干预可以控制法律风险事件,因此,法律风险也主要应由东道国政府承担,或者得到东道国某些信誉较高机构的担保。应对市场风险的关键在于预防。利率风险的管理同汇率风险很相似,都可以通过金融衍生工具来对冲风险或采用一些经营管理手段来降低利率、汇率风险。完工风险通常由承建商以某种"统包"合同形式承担,也可以通过投保从承建方之外的第三方寻求完工保证。经营与维护风险主要是通过对经营者的约束来完成的。

1.2.4 工程项目融资谈判阶段

1. 选择银行,发出工程项目融资建议书

工程项目融资中,采取银团贷款取得工程项目所需资金时,项目公司或项目投资者会将贷款要求通知给几家潜在贷款银行,然后与他们讨论条件。初步讨论之后,邀请几家银行提出正式建议书,作出要约。在这期间,其他未受邀请的银行也可以自动提出建议书。

建议书可以由一家银行单独提出,也可以由两家或两家以上的银行根据各自需要联名提出。对银行来说,联名或单独提出建议书是其一项重要的决定。银行的建议书一旦被借款人接受,该家或多家银行就正式成为受托银行,担当贷款人的角色。

银行的受托形式有"全力"与"包揽"两种。在建议书中,首先需要说明受托银行的承担形式。"全力"承担是为了组织银团而投入人力、物力的承担。在该种承担形式下,受托银行需要组成一个愿意提供全部贷款的银团,否则受托银行就要退出整项计划,或者与借款人协商降低贷款额度,以达到银团愿意提供的数额。如果受托银行竭尽全力后仍不能组成银团,受托银行是不需要负担法律责任的,但信誉可能遭受严重损失。所以,为避免信誉损失,受托银行一般不会与借款人协商减少贷款额或退出整个计划,而是尽力改变贷款方案,极力去说服别的银行接受这项贷款方案。

"包揽"承担是受托银行贷出借款人所需要的资金,可分为全部包揽要约和局部包揽要约。全部包揽要约是受托银行承诺达成贷款协议后贷出借款人所需的全部资金。局部包揽要约是指受托银行承诺贷出它所包揽的款额,其他款额则不在它的承诺范围之内。

无论是"全力"承担还是"包揽"承担,受托银行均有一个"保留"指标和一个"出让"指标。"保留"指标是指受托银行本身所保留的由自己贷出的贷款数额,而"出让"指标则指受托银行希望其他银行承担的贷款数额。

受托银行发出要约时,风险是其重点考虑的因素之一。"全力"承担和"包揽"承担在市场风险承担主体上稍有不同,受托银行在选择承担形式时需要结合自身抵抗风险的能力,合理选择承担形式。"全力"承担时的市场风险由借款人承担,"包揽"承担的市场风险则由受托银行承担。

建议书的典型条款包括如下几项。

(1) 贷款数额和货币币种。
(2) 贷款目的。
(3) 有关提款的条款。条款包括宽限时期、债务偿还和最后偿还日期。

(4) 取消贷款和提前偿还贷款的条款。

(5) 利率、计息时期和息差。

(6) 收费项目。费用包括承担费、经理费和代理费。

(7) 必须十足付款,不得扣除任何税款和其他预扣税费。

(8) 管辖的法律和法院管辖权。

(9) 标准文件。

(10) 约定费用。约定费用指不论最终是否签署贷款合同,借款人须向贷款人的受托银行偿付一切有关费用。

(11) 失效日期。

(12) 其他条件:①借款人在一段约定的时期内,不得在市场上寻求其他银团贷款;②草拟资料备忘录。

从受托银行提出建议书到借款人接受建议书期间,受托银行与借款人需要进行协商,并有可能修改现有的建议书,直到借款人接受建议书。借款人接受建议书之后,委托协议正式生效,有关银行正式成为借款人的受托银行。

2. 工程项目融资谈判

起草和签订协议是一项十分复杂且需要必要的知识和技能、高超的谈判艺术和经验的工作。从借款人的角度出发,起草和签订好工程项目融资协议需做好以下几个方面的工作。

1) 做好谈判班子的组建工作

谈判班子对谈判能否成功是非常重要的,谈判班子中成员的谈判水平直接关系着当事人在协议中的利益和谈判工作的成效。实践经验表明,一个好的工程项目融资谈判班子至少包括以下专业人才:

(1) 技术专家;

(2) 工程专家;

(3) 融资专家;

(4) 律师;

(5) 税务顾问;

(6) 借款单位代理人。

参与谈判的人,必须是在某一方面有特长、技能或经验的人员。谈判班子必须能团结一致,在实际谈判过程中,要互相配合,取长补短。谈判班子事先要确定谈判的主谈人,并制定严密而周详的谈判方案。

2) 事先做好工程项目的可行性研究及必要的谈判准备工作

借款方在谈判之前首先要明确针对该工程项目的技术要求、技术规范及工程项目所应具备的技术条件等技术方面的问题,并且要对合同协议所涉及的一些商务问题有充分的准备和对策。借款方应争取一切可能和条件事先起草好协议和相关文件,以期将制定协议的主动权掌握在自己手中,在整个谈判和协议中占据有利地位。

3) 掌握好政策、法律尺度

借款方的谈判班子在谈判开始之前,一定要对该协议可能涉及的本国或本地区的政策和法律有充分而明确的了解,包括土地征用、技术转让、外商投资等方面的相关法律,并针对每一个问题,先行拟定内部策略。在谈判过程中,切不可随意脱离原定方案和对策,更不可随意对贷款方提出的要求任意许诺,否则既可能使贷款方怀疑借款方的诚意和能力,也可能给借款方带来不可挽回的损失。

4) 做好协议的外围工作

为了保证该项谈判能顺利进行并取得成功,借款方在谈判开始之前,应尽量充分研究与该项协议有关的一些外围工作。例如,保证能源供应、电力购买及电力上网等,就是在电站的项目融资中与业主政府履行其特许权有关的直接外围工作。充分且有效的外围工作能够帮助工程项目谈判顺利进行,并能取得在谈判中的有利地位和条件。

5) 与贷款方建立起相互充分信任的协议关系

工程项目融资的合同关系复杂,若使其成功,除了良好的工程项目运作机制,谈判双方在谈判协议过程中建立起来的充分信任关系也起到重要作用。如果谈判双方能够建立起充分信任的协议关系,就能做到互相理解、互相尊重、密切配合,齐心协力地朝着该工程合同谈判成功的方向努力以及朝着日后履行该项协议的方向发展,将取得事半功倍的效果;否则可能会使谈判工作旷日持久,浪费谈判双方宝贵的时间和财富,而最终还不能达成任何协议。

3. 签订工程项目融资合同

1) 融资协议

融资协议是工程项目融资的基本法律文件,也是工程项目融资执行的依据,它规定了各方当事人的权利义务。融资协议一般包括如下条款:

①融资金额和目的。

②利率和还本付息计划。

③付给代理银行、贷款人的佣金费用。

④贷款的前提条件:法律意见书、董事会决议、所有项目合同副本、担保合同的交接、政府批准文件、专家报告以及财务报表。

⑤向借款人或其他有关方追索的限制,对现金流量的专门使用计划。

保护性条款:税收补足条款、增加成本补偿、利率选择、市场干扰、非法监督、标准货币。

陈述和保证:关于公司的形式和能力、有关文件的正确执行、所有项目和融资文件的准确性、责任的有效期和项目资产的所有权。

⑥项目的约定:项目标准、遵守项目批准书、法律法规、按照计划确定建造和运营、担保、交税。

⑦还款能力系数和其他融资契约。

⑧限制性条款：借款限制、消极保证、平等条款、对分红和资产处理的限制。
⑨违约事件、担保权利的实现。
⑩融资信息和项目信息、规划以及有关报告或报告的要求、项目的监督机制。
⑪从收益账户划拨资金的机制、保险账户和其他保管账户。
⑫代理条款、支付机制、银行间的互相协调和收入分配。
⑬委托和转让条款。

2）贷款文件

（1）资料备忘录。资料备忘录是关于借款人和工程项目的资料性文件。它通常是由借款人在首席经理人的协助下起草的，由首席经理人代表借款人发给要求取得这些资料的贷款参与人。资料备忘录的内容包括：借款人的财务状况、过去的业绩和当前的经营管理结构、计划的可行性、产品市场成本估算、造价和现金流量。

（2）邀请电文。邀请电文是管理集团向受邀参加银团的贷款人发出的电文，内容包括贷款的全部基本条款，这些基本条款必须符合借款人所接受的受托银行发出的建议书中列举的条件。邀请电文是贷款合约的基础，它的内容涉及金额和货币币种、贷款目的、提款、宽限期、偿还和最终到期日、取消贷款和提前偿还借款、利息、各种银行收费、十足付款、管辖法律、管辖权、放弃管辖豁免权、需要使用的标准文件、需要偿还的费用、建议期满日期等。

（3）贷款合约。贷款合约中的标准条款包括：先决条件、陈述和保证、承诺、违约事件。

①先决条件。所有银团贷款文件都会约定，必须在某些先决条件实现之后，借款人才能提取第一笔放款，而且在借款人提取第一笔放款以后直至各次放款之前，还得满足其他先决条件。首次提款的先决条件通常包括以下内容。

    a. 担保文件正式签署、递交并且注册登记。
    b. 公司内部程序。借款人的最新组织章程，以及授权进行有关交易决议的正式副本。
    c. 政府的批准证件。政府对借款人的一般营业及与这次贷款有关的项目所颁发的批准证件、许可证和豁免证等证件副本。
    d. 重要合约的副本。
    e. 法律意见书。法律意见书必须包括下列事宜：借款人的地位和权力；借款人的主管机构对该项交易的正式批准；贷款文件是否已正式签署；贷款文件是否违反有关法律管辖区的法律；有关交易是否已经取得必需的政府准许；贷款文件的合法性、有效性、约束力和可执行性；贷款文件所需的注册；同贷款文件和支付有关的税项的缴纳；豁免权。

一般来说，随后提款的先决条件包括：提交其他的文件和意见；一切陈述和保证仍属事实；并未发生任何违约事件。

②陈述和保证。典型的陈述和保证包括以下内容。

a. 借款人的组织完善,有进行营业的资格,有签订有关合同的权力。
b. 正式授权。已经采取一切必要的公司程序,授权进行有关交易。
c. 借款人签署、递交及履行有关的协议,并不违反任何法律、组织章程及任何合约,且不会形成产生负担的义务。
d. 借款人已取得一切必需的政府批准证件。
e. 没有任何可能对借款人的业务或状况带来重要不利转变的悬而未决的诉讼。
f. 借款人并未违反对其有约束力的任何协议。
g. 公司的法定资本和发行的股票资本状况,以及所有附属公司和联号公司的身份是真实的。
h. 贷款合约和担保文件构成合法、有效,并对借款人有约束力,借款人可按照其条款要求付诸执行。
i. 资料备忘录所包含的资料是真实的,其预测合理,符合实际情况。

上述条款只是最低限度的基本要求,目的是弥补贷款文件可能出现的任何缺陷,及排除借款人的业务和状况可能引起的问题。

③承诺。承诺可分为正面承诺和反面承诺。正面承诺指承诺做某些事情,反面承诺指承诺不去做某些事情。借款人的正面承诺包括以下几方面。

a. 使公司保持生存,也就是不可清盘。
b. 取得并保持必需的由政府批准的证件。
c. 积极进行和完成有关工程。
d. 向贷款人提供资料并协助贷款人评定工程的进度。按一般的做法,贷款人有权聘用一名专家独立估量施工进度、工程质量以及建造成本是否合理(专家费用由借款人负担)。
e. 定期提供财务报表和预测。
f. 履行重要合约。
g. 在知悉任何违约事件时,立即通知贷款人。

反面承诺包括以下的一些内容。

a. 不得修改组织章程、文件或与其他公司合并、清盘。
b. 借款人的控股权不得有任何改变。
c. 除了通常经营的业务,不得对其资产制造任何负担或加以处置。
d. 不得借入或借出任何款项。
e. 不得偿还股东贷款、派发股息或以退回资本方式付款给任何股东。
f. 不得改变其业务或开展任何新的业务。
g. 不得修改或中止任何重要合约。

④违约事件。违约事件包括以下内容。

a. 未能按贷款合同约定的方式付款。
b. 未能履行贷款合同或担保文件所约定的其他义务。

c. 有的陈述是不真实的。

d. 无偿债能力。

e. "交叉违约",即借款人还违反了别的合约。

f. 政府撤销有关的准许证。

g. 任何重要合约被修改或终止。

h. 有关工程已被没收。

i. 其他重要的不利变化。

3) 特许权协议

在特许经营项目融资中,特许权协议是融资合同中一项重要的内容,如 BOT 项目基本围绕特许权展开。《牛津法律大辞典》对"特许权"(concession)的解释是:"政府机构授予个人从事某种事务的权力,例如开垦土地、开采矿产、开办企业等。"在这里,特许权是指业主政府授予国内外的项目主办者在其境内或本地区内从事某一工程项目的建设、经营、维护和转让等的权利。特许权是约定和规范工程项目业主政府与该工程项目主办者之间权利、义务关系的法律文件,它往往是项目融资中所有协议的核心和依据。

特许权协议主要包括以下内容。

(1) 特许权的范围。

① 权利的授予。该条款的作用是明确在工程项目中由哪一方来授予工程项目主办者从事工程项目建设和运营等方面的特权。实践中一般为业主政府或其公营机构授予私营机构某种特权。

② 授权范围。即约定业主政府授予工程项目主办者主办一个工程项目的权利范围,包括工程项目的建设、运营、维护和转让,有时授予该项目主办者从事其他活动的权利等。

③ 特许权期限。即业主政府许可工程项目主办者在该工程项目建成后运营合同设施的期限,该条款密切关联着业主政府及其用户的利益,是特许权协议的一条核心条款。

(2) 工程项目建设方面的约定。该条款主要是约定工程项目的主办者或承包商将如何从事工程项目的建设,包括工程项目用地如何解决、工程项目的设计要求、承包商的具体义务、工程如何施工及采用什么样的施工技术、工程的建设质量如何保证、工程的进度及工期延误等方面的约定。

(3) 工程项目的融资及其方式。① 该条款主要约定一个工程项目将如何进行融资、融资的利率水平、资金来源、双方同意将采用什么样的方式进行融资等内容。

(4) 工程项目的运营及维护。该条款主要约定主办者运营和维护合同设施的方

---

① 特许权协议是特许经营项目融资中的重要内容。特许经营项目融资是从项目发起人(一般是政府)的角度进行阐述的,而这里所说的工程项目融资是从项目公司角度来阐述的,也就是前文所讲的公司融资,请读者不要混淆。

式和措施等。例如,是由工程项目主办者自行运营合同设施,还是委托其他营运者负责运营;合同设施的维护工作由谁负责,将采取什么措施进行维护等。

(5) 合同设施的收费水平及其计算方法。该条款的正确性将关系到整个工程项目融资的成效,在实践中也非常难以谈判和确定。此条款主要约定协议双方将如何确定合同设施的收费水平、主办者所提出和建议的收费水平是如何计算的、主办者将如何使用该设施、如何收取服务费及以什么货币计价等内容。

(6) 能源供应。该条款主要约定工程项目所需能源的供应的方式、价格等。例如,燃煤电站 BOT 项目中,本条款主要是用以约定业主政府将如何保证按时、按质地向工程项目主办者供应项目所需的燃煤或其他能源,以及约定所供能源的价格如何计算及如何实行调整。

(7) 工程项目的移交。该条款主要约定工程项目移交的范围、运营者如何对设施进行最后的检修、合同设施的风险、在何时何地进行移交、合同设施移交的方式及费用如何负担、移交的程序如何协商确定等。

(8) 协议的通用条款。特许权协议的通用条款主要是指在一般的经济合同中通常有的那些条款,例如合同的适用法律条款、不可抗力条款、争议的解决条款、违约赔偿条款等。

(9) 合同义务的转让。该条款的特殊性在于:在一般的经济合同中,按照普通的国家商法原则,在一个合同关系成立后,合同的任何一方未经另一方同意,不得擅自将其在本合同项下的任何权利、义务转让给第三方,或者即使允许转让,转让的权利和范围也应该是相互平等的。但是,在国际项目融资实践中,项目特许权协议的主体一方是业主政府或其公营机构,而另一方为民营机构,因此双方在本协议中的法律地位是不平等的,业主政府一方在特许权协议中的法律地位具有一定程度的"不可挑战性"。因此,在合同义务的转让约定方面,实践中通常约定:工程项目的主办者一方通常不得将其在本协议项下的合同义务转让给第三方,而业主政府则可以视其国内情况,例如,因政府机构改革和公营机构合并等原因,而将其在本协议下的合同义务转让给其法定的继承者或第三方。当然,业主政府转让合同义务时,应事先通知对方并做好相应的准备工作。

此外,在实际工程项目中,特许权协议还通常指定一些附件,例如合同设施的检测方案和程序、培训方案、质量控制和保证、运营参数、公司法律意见咨询表、保险文件、公司创始持股人名录、产品或服务的测算和记录等。

4) 担保或抵押文件

在项目融资中,只要资产所在地的法律允许,贷款人经常将项目资产作为担保。担保或抵押文件是项目融资中必不可少的文件,一般担保或抵押文件会包括下列内容。

(1) 按揭或对土地、建筑物和其他固定资产设定抵押。

(2) 对动产、账面债务和产品的固定设押或浮动设押。

(3) 项目文件规定的权益转让,如建设合同、承包商和供货商的履约保函、许可证与合资合同。

(4) 项目保险和经纪人保证的转让。

(5) 销售合同、或取或付合同、使用收费合同、项目生产收益和经营收入的转让。

(6) 长期供货合同的转让,包括能源、原材料的供应合同。

(7) 项目管理、技术支持和咨询合同的转让。

(8) 项目公司股票的质押,包括对股息设押,各种设押和委托下产生的有关担保的通知、同意、承认、背书、存档、登记。

5) 支持文件和安慰信

项目融资需要项目的各方参与人合理分担风险。除去借款人和贷款人外,可能还要求项目发起人和政府对项目融资给予适当的承诺。贷款方要求项目发起人或股东对项目的完工和运营给予保证,以担保在整个项目寿命周期内偿还贷款。

许多项目,特别是基础建设项目,如道路、桥梁、机场等,所在国政府将参与项目的计划、融资、建设和运营等各个阶段。即使是非政府参与的项目,如果政府对项目给予一定的支持,对项目的贷款方也会有很大的帮助,减少贷款方承担的风险。

第三方支持文件有以下几类。

(1) 项目发起人的支持,包括还款担保、竣工保函、运营资本合同、现金差额补偿协议、保证书和安慰信。

(2) 项目发起人的间接支持,包括使用合同、无条件运输合同、或取或付合同、持续供货合同。

(3) 所在国政府的支持文件,包括许可证、批准、特许、免于没收保函、外汇供应保证。

(4) 保险,包括商业保险单、出口信贷保函和多边机构担保文件。

项目公司的股东或其他有关方面出具的"安慰信""支持信"等,这些支持文件包含目前意向的声明,表明项目发起人对项目目前利益的所有权,并保证项目配备良好的管理人员。文件中还可能包含声明,如子公司遇到财务困难时母公司给予支持。有些还包括遇到问题时,贷款人可以依靠的保证。

6) 专家报告和法律意见书

贷款之前,贷款人需要就项目的技术、法律和涉及的环境问题进行全面的了解和论证,保证贷款的安全性。相应的报告包括:

(1) 项目技术可行性报告。

(2) 项目对环境的可能影响和适用法律的报告。

(3) 项目发起人财务状况和项目公司股东结构的报告。

(4) 法律顾问对法律意向书的报告。

1.2.5 工程项目融资的执行阶段

在正式签署工程项目融资的法律文件之后,融资的组织安排工作就结束了,工程项目融资将进入执行阶段。在公司融资方式中,一旦进入融资的执行阶段,合同关系就变得相对简单。然而,在特许经营项目融资中,合同关系比较复杂,比如,贷款银团通过其经理人(一般由项目融资顾问担任)将会经常性地监督工程项目的进展,根据融资文件的约定,参与部分工程项目的决策,管理和控制工程项目的贷款资金投资及部分现金流量。

1. 执行工程项目投资计划

1) 工程项目施工阶段

在这个阶段,承包商将进行实际的工程项目施工。在特许经营项目融资模式下,还可能需要进一步进行工程项目的融资工作。工程项目施工通常采用的方法是交钥匙、固定价格承包方式。承包商的总包价格不应受通货膨胀的影响,同时承包商还需要承担不可预见的场地情况所带来的风险。在特许经营项目融资模式下,承包商为了保证施工工作的合理进行和正确执行,常雇用独立的检查机构对工程项目进行检查,包括工程项目的施工设计、施工质量和费用控制以及工程项目的管理等。

2) 工程项目运行阶段

在这个阶段,工程项目的运行和维护者将管理合同实施的运行,并负责在该阶段中收回投资并取得适当的利润,以归还贷款,支付运营费用、政府税收及股东分红等。如果是 BOT 等特许权融资项目,那么在约定的特许期限到期后,应将合同设施的所有权或业主权无偿归还给政府或其指定的接收单位。

2. 贷款银团经理人监督并参与工程项目决策

在特许经营项目融资中,由于贷款银团的贷款金额大,贷款银团一般会参与工程项目的决策,对工程项目建设、运营进行监督。在工程项目实施的不同阶段,贷款银团参与的事项不尽相同。在工程项目的建设期,贷款银团经理人(一般由项目融资顾问担任)将经常性地监督工程项目的建设进展,根据资金预算和建设日程表安排贷款的提取。如果融资协议包括多种货币贷款的选择,贷款银团经理人可以为工程项目主办者提供各种资金安排上的策略性建议。在工程项目的试生产期,贷款银团经理人监督项目试生产情况,将实际的工程项目生产数据和技术指标与融资文件约定的商业完工标准进行比较,判断工程项目是否达到了融资文件约定的商业完工标准。在工程项目的正常运行期,工程项目投资者所提供的完工担保将被解除,贷款的偿还将主要依赖工程项目本身的现金流量。贷款银团经理人将按照融资文件的约定管理全部或一部分工程项目的现金流量,以确保债务的偿还。除此之外,贷款银团经理人也会参加一部分工程项目的生产经营决策,在工程项目的重大决策问题上(如新增资本支出、减产、停产和资产处理等)有一定的发言权。由于工程项目融资的债务偿还与其工程项目的金融环境和市场环境密切相关,所以帮助工程项目投资者加强对工程项目风险的控制和管理,也成为贷款银团经理人在工程项目正常运行阶段的一项重要的工作。

3. 工程项目风险的控制与管理

1）国家风险的管理

针对国家风险,其切实可行的管理方法主要有以下几种。

(1) 寻求政治风险担保。

(2) 通过谈判向东道国政府争取更多应对政治风险的权利。

(3) 引入多边机构参与工程项目贷款。

(4) 引入当地大企业参与工程项目的建设和经营。

2）金融风险的管理

金融风险的管理方法主要有以下几种。

(1) 将工程项目收入货币与支出货币相匹配。

(2) 在当地筹集债务。

(3) 将合同中涉及的工程项目收入尽量以硬货币形式支付。

(4) 与东道国政府谈判取得东道国政府保证优先获得外汇的协议或由其出具外汇可获得的担保。

(5) 利用政治风险保险也能降低一些外汇不可获得的风险。

(6) 利用衍生金融工具减少货币贬值风险。

3）完工风险的管理

为了限制及转移工程项目的完工风险,贷款人通常要求采取以下方式管理此种风险。

(1) 由工程项目发起人自己承担工程项目的建设,或按照交钥匙总承包的方式交给另一家工程总承包商来完成。

(2) 提供债务承购保证。该管理方法一般应用于特许经营项目融资模式中,此法要求工程项目发起人在工程项目最终不能达到商业完工标准的条件下,收购工程项目债务或将其转化为公司债务,即由有限追索的特许经营项目融资转化为完全追索的公司融资。

(3) 由投资者提供无条件完工担保。

(4) 技术保证承诺。

(5) 由工程项目发起人提供并建立完工保证基金。

4）经营风险的管理

经营风险的管理措施有以下几种。

(1) 保证工程项目的各种供应及销售收入。

(2) 建立储备基金账户,保证有足够的收入来支付经营成本、特别设备检修费和偿还债务等。

5）市场风险的管理

为了将市场风险置于可控范围,除了在工程项目初期做好充分的工程项目可行性研究工作,还要在产品销售合同上确定产品的定价策略。

6）环保风险的管理

根据工程项目对周围环境影响程度的不同,需要采取相应的防范措施将工程项目对环境造成的影响降至最低。

(1) 工程项目可行性研究中对环保风险进行了充分的分析论证。

(2) 实际操作中应注意原材料的环保要求,运输、施工以及工程项目运营应符合环保的要求。

【案例讨论题】

1. 本章案例中所描述的是工程项目融资中的哪几个阶段？
2. 你认为对于该工程项目的融资,关键的步骤有哪些,为什么？
3. 项目融资决策阶段主要考虑的问题有哪些？

【复习思考题】

1. 工程项目融资的作用有哪些？
2. 工程项目融资、公司融资、特许经营项目融资之间的联系与区别分别有哪些？
3. 常用的项目构思方法有哪些？进行项目构思时,需要考虑哪些问题？
4. 项目融资方案评选时应考虑哪些内容？
5. 工程项目投资结构的决定因素是什么？
6. 工程项目可融资性分析应关注什么问题？
7. 起草和签订工程项目融资协议需要做好哪些方面的工作？

第 2 章 工程项目融资参与人与工程项目融资市场

【案例】

杭州地铁 1 号线的建设内容分为 A 部分和 B 部分,其中 A 部分指车站、区间、轨道等土建工程,由杭州市地铁集团有限责任公司(简称"市地铁集团")负责融资、设计和建设;B 部分指车辆、装修、信号等机电设备工程,由特许经营公司负责融资、设计、建设和运营。该项目南起江南段萧山湘湖站,经江南副城过钱塘江,再经主城段至九堡东站,向东至文泽路站,向北至临平站,全长约 48 km,共设 31 个站点。该工程于 2007 年 3 月开工建设,于 2012 年 11 月建成试运营。

该项目概算总投资约 221 亿元,A 部分土建工程等投资约 137.9 亿元,由市地铁集团投资、建设并持有,建成后以租赁的形式转给特许经营公司;B 部分机电设备工程等投资约 82.9 亿元,采用 PPP 模式,由组建的特许经营公司负责融资、设计、建设和运营,特许经营期 25 年。特许经营公司为杭州杭港地铁有限公司(简称"杭港地铁"),是由市地铁集团全资子公司(杭州地铁 1 号线投资有限公司)与香港地铁全资子公司(港铁杭州 1 号线投资有限公司)出资成立的。B 部分的资本金比例为 55%,约 45.6 亿元,由市地铁集团与港铁分别以 51% 与 49% 的比例出资,其余资金由杭港地铁通过贷款、融资租赁等方式统一对外融资。

杭港地铁从市地铁集团租赁 A 部分资产,并与市政府签署特许经营协议,取得 1 号线 25 年特许经营权,负责 1 号线项目设施的运营管理、维护和更新,获取票款收入和非票务收入。特许经营期结束后,杭港地铁将 A 部分资产无偿交还给市地铁集团,同时将 B 部分项目设施移交给市政府指定主体。

思考

1. 在工程项目融资中,哪些参与人是必不可少的?他们的作用分别是什么?
2. 能够满足工程项目融资需求的融资市场都有哪些?

2.1 特许经营项目融资的参与人

任何一个工程项目,一般都要涉及产、供、销环节上的多个参与者。以工程项目融资方式筹资的项目,通常是工程量大、资金需求多、涉及面广的项目。同时,这类项目要有完善的合同体系和担保体系来分担项目风险,因此这类项目的参与者就更多。项目融资的参与者见图 2-1。

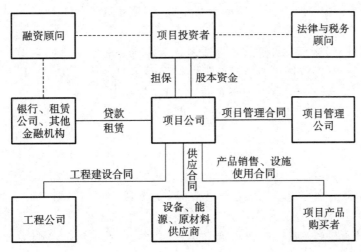

图 2-1 项目融资参与者

2.1.1 项目发起人

项目发起人(promoter)又称项目主办方(sponsor),是项目公司的投资者和股东。发起人可以是单个公司,也可以是几个公司组成的联合体,联合体可以发挥各方优势,实现能力互补。项目各参与方,如承包商、运营商、供应商、银行和间接利益接受者等,都可以成为发起人。在发展中国家一般都有当地企业的参与,这有利于项目的批准和实施,一定程度上也可以规避可能出现的政治风险和文化风险。各发起人通过股东协议确定各自的出资比例和运营期间的利润分配。

2.1.2 项目公司

为了实现项目的融资、设计、建造、运营和维护,以及在特许期结束后将运行状态良好的项目转交给政府机构,项目发起人和出资者通常会在项目所在国成立一个自主经营、自负盈亏的经济实体,各方投入资本金形成公司权益,利润按股权比例分配。项目公司可以通过借款进行项目建设和资产购置,以项目的未来收益作为还本付息的主要来源。项目公司可以将建造和运营交给专业的承包商和运营商,形成各项合同关系。项目公司和项目发起人分离,为投资者提供了诸多好处:便于项目管理;实现了"资产负债表外融资";把项目的风险与发起人隔离;可以享受东道国的税收减免优惠;有利于投资多元化和筹集资金;便于日后吸收他人投资;等等。

2.1.3 贷款银行

一般情况下,采用特许经营项目融资的项目规模较大,需要项目公司向银行或其他企业等借入巨额资金来进行项目的建设和运营。由于贷款额度较大,单个借款方无法承担风险,因此常由多家银行组成一个银团对项目贷款,即辛迪加(syndicate)贷款。银团一般由来自不同国家的银行组成,包括东道国的银行,从而可以分散项目的政治风险。

对于项目公司而言,如何选择合适的贷款银行是非常关键的环节。经验表明,如果贷款银行能与公司保持良好的合作关系,并了解项目及其所属行业的特性,那么,当项目建设或者运营中出现困难时,公司容易获得贷款银行的理解和支持。因此,最好选择对公司较为友好和对项目及其所属行业有一定了解的银行。

2.1.4 借款方

多数情况下,借款方就是项目公司,以此来实现风险的隔离和有限追索。但是有些时候,借款方也可以不仅仅是项目公司。这是因为项目的融资和实施受到很多因素的影响,比如东道国的税收制度、外汇制度、担保制度、法律诉讼的可行性等。因此,项目的承包商、运营商、供应商和用户(如电厂、水厂的产品购买者)都可能成为独立的借款方并参与到项目公司中。

2.1.5 东道国政府

东道国政府在特许经营项目融资中起着相当重要的作用,政府是项目特许权的授予者,是国家的直接立法者,同时政府的宏观经济调控也对项目有重要的影响。一般来说,政府可以为项目提供减免税收或者特许兑换外币等优惠政策,提供土地、水电等配套基础设施,同时政府也可以通过代理机构投入权益资金,或者充当项目产品的最大买主或用户。经验表明,如果政府在特许经营项目融资过程中能够大力支持,为投资提供多种有效担保,项目融资的吸引力和成功率将大大提高。

2.1.6 承建商

承建商主要负责项目的工程设计和建造,通常与项目公司签订固定价格的 EPC 总承包合同。将工程设计和建造交给一个专业的承包商,对于项目公司而言,是一个合理地转移项目设计和建造风险的办法。一般来说,承包商要承担工期延误、成本超支和工程质量不合格等风险。对于大项目,承建商可以另签合同进行部分工程的分包。

2.1.7 工程项目的运营商

在项目建设完成后,项目公司通常将项目的运营和维护交给专业的运营商,由运营商来承担项目运营、管理和维护甚至包括原材料供应和价格、市场需求和销售量等方面的运营风险,同样可以合理转移项目风险。

2.1.8 供应商

供应商包括原材料供应商和设备供应商等,其收益主要来源于供应合同,因而对项目的经济效益不太关心,因此项目公司通常将供应合同作为决策手段之一。例如,设备的供应一般与贷款捆绑在一起,一方面贷款银行可以为本国企业开辟国外市场,另一方面借款方可以获得出口信贷等优惠贷款,最终实现双方的共赢。

2.1.9 承购商

为了保证项目的成功,使项目建成后有足够的现金流入用于还款并获得收益,项目公司会在项目谈判阶段,确定产品或服务的承购商,并签订协议,保证最低的产品购买量,减少或分散项目的市场需求风险。

2.1.10 担保方

如前所述,采用特许经营项目融资的项目都具有投资额大、回收期长、风险大等特点,需要一个合理的风险分担机制,因此,项目公司通常要求供应商、承建商、运营商、承购商等参与者提供直接或间接担保,从而转移项目公司所承担的风险。这些担保保证了项目的正常进行。

2.1.11 保险公司

特许经营项目融资所需的巨大资金数额及未来许多难以预料的不利因素,要求项目的各个参与者准确地认识面临的主要风险,并视需要为它们投保,这样,保险公司就成了分担项目风险的重要一方。另外,其他金融机构如银行等也可以充当保险公司的角色,分散项目风险。

2.1.12 其他方、第三方

特许经营项目融资的巨大规模、长期性和复杂性等特点决定了对项目公司专业和综合知识的要求较高,因此常常需要聘请很多的咨询顾问,如法律、财务、融资、税务、保险、工程技术、市场等方面的顾问。另外,贷款银行为了防止项目公司在经营不善时违约或转移资产,一般要求项目公司将资产及收益账户放在东道国境外的一家中立机构,这家机构就成为担保受托方,以保证项目和资金流动过程的可控性,同时还可以减少外汇风险。

2.2 工程项目融资市场

工程项目融资市场是为获得工程项目建设、运营资金,为工程项目融通资金的场所。工程项目融资按照资金性质可以分为权益融资和债务融资,对应的融资市场可称为权益融资市场与债务融资市场。权益融资主要包括股票融资、吸收直接投资融资、留存收益融资、风险投资融资等;债务融资主要包括银行或非银行金融机构借款、商业信用融资、商业票据融资、债券市场融资、国际租赁、金融交换等。

2.2.1 权益融资市场

1. 股票融资

股票融资是工程项目直接主办人通过发行股票汇集社会闲置资金获得企业建设、运营资金的融资。

2. 吸收直接投资融资

吸收直接投资融资,也称投入资本融资,是指工程项目直接主办人以签订投资协议的形式吸收投资者直接投入资本的一种融资方式。

3. 留存收益融资

留存收益是指从历年实现的利润中提取或形成的留存于工程项目内部的积累,它来源于工程项目经营活动所实现的利润。

4. 风险投资融资

风险投资是具有资金实力的风险投资专业机构及个人通过科学筛选,向工程项目注入资本换得工程项目股权、准股权或具有附带条件的债权,并投入管理、人力资本等一揽子资源帮助工程项目尽快实现投资收益,旨在工程项目成功后出售股权实现资本增值的高风险和高收益对等的投资行为。

2.2.2 债务融资市场

1. 银行或非银行金融机构借款

借款可以分为长期借款和短期借款。短期借款是指期限在1年以内的借款,长期借款则是指期限在1年以上的借款。提供借款的机构可以是银行,也可以是基金公司等其他金融机构。其中,银行包括国内和国际商业银行、政策性银行等,其他非银行金融机构包括国内和国际保险公司、信托投资公司和各类基金公司等。银行或非银行金融机构借款是工程项目重要的资金来源,工程项目应根据自身情况合理安排借款,包括借款总额、短长期借款比例等。

2. 商业信用融资

商业信用是指商品交易中延期付款或延期交货所形成的借贷关系,是工程项目直接主办人与企业之间的一种直接信用关系。商业信用融资是货币与实物在时间和空间上出现分离,购销双方形成的借贷关系。商业信用融资对商品交易双方都有利,对销售方来说,虽然没有及时拿到货款,但是顺利地将商品销售出去,疏通了企业的生产-销售循环;对购买方来说,在其缺少货币的情况下,可顺利购进商品并进行销售或再生产,获得商业利润。所以,商业信用融资是高度发达的市场经济中一种重要的融资手段。

3. 商业票据融资

商业票据是某些信用程度较高的工程项目直接主办人开出的无担保、可转让的短期票据凭证。商业票据的可靠程度依赖于工程项目直接主办人的信用程度,可以背书转让,但一般不能向银行贴现。商业票据的期限在9个月以下,由于其风险较大,利率高于同期银行存款利率,商业票据可以由工程项目直接主办人直接发售,也可以由经销商代为发售,但对出票单位的信誉审查十分严格。

4. 债券市场融资

债券市场融资是工程项目直接主办人为筹集负债资本,按照法律程序发行债券,并约定在一定期限内向债权人还本付息的一种融资方式。债券是一种标准化的债权债务凭证,一般都可以在金融市场上流通转让,具有期限性、流动性、收益与风险并存的特征。债券一般包含票面价值、利率、期限以及发行主体名称、发行时间、发行价格等基本要素。

【案例讨论题】

本章案例中包括哪些参与人?你认为哪些参与人最为重要,为什么?

【复习思考题】

1. 工程项目融资的参与人有哪些?
2. 成立独立的项目公司的好处有哪些?
3. 我国企业选择贷款银行的标准有哪些?
4. 工程项目的融资市场有哪些?
5. 权益融资、债务融资所包含的融资方式有哪些?

第3章 工程项目融资的组织与模式

【案例】

港珠澳大桥是中国境内连接香港、珠海和澳门的桥隧工程,位于中国广东省伶仃洋区域内,为珠江三角洲地区环线高速公路南环段。于2009年12月15日动工建设;2017年7月7日,港珠澳大桥主体工程全线贯通;2018年2月6日,港珠澳大桥主体完成验收,于同年9月28日起进行粤、港、澳三地联合试运。大桥东起香港国际机场附近的香港口岸人工岛,向西横跨伶仃洋海域后连接珠海和澳门人工岛,止于珠海洪湾;桥隧全长55 km,其中主桥29.6 km,香港口岸至珠澳口岸41.6 km。

大桥的总投资达到1200多亿元,其融资方案经过多轮磋商博弈。由于粤、港、澳三地在社会、经济、法律、环境及基础设施建设管理模式上的差异,三地政府在大型公共工程投融资理念及模式选择上存在着不同的观点。基于建设管理经验,香港和澳门趋向于采用BOT,即建设-经营-转让模式,该模式一方面可弥补港珠澳大桥投资巨大带来的建设资金不足,减轻政府财政负担,另一方面也有利于以利益驱动机制提高大桥建设的效率和生产力,提高项目管理水平。但就国内工程建设管理实践而言,多采用政府投资,运用BOT建设管理模式的则较少。由于三地共同投资建设,因此在确定投融资模式的同时,还需要确定粤、港、澳三地的投资责任分摊比例问题,如何进行比例划分,如何制定具体的投融资实施方案也将是十分复杂的问题。

随着港珠澳大桥项目工程可行性研究的不断推进,特别是对港珠澳大桥投融资涉及的法律事项的系统分析,影响项目投融资的诸多相关因素正逐步趋向明朗,最终三地政府通过了大桥投融资方案深化研究计划,着重对以下五种方案进行深化研究。

方案一:口岸设施及连接线工程三地各自负责,组成项目建成或代建管理机构统一负责桥隧主体工程的建设管理;由中央政府牵头,联合粤、港、澳三地政府组建建设协调领导小组,协调有关事宜;项目法人以1家或2家中央企业为发起人,联合粤、港、澳等地有关机构组成。内地资本金占51%以上(含中央补贴),对香港、澳门投资人进行招股,对香港、澳门投资人的股份比例进行上限限制。

方案二:口岸设施及接线工程三地各自负责,内地、香港及澳门分别负责各自范围内大桥的融资及建设;由中央政府牵头,联合粤、港、澳三地政府组建建设协调领导小组,协调有关事宜;内地部分项目法人以1家或2家中央企业(含中央补贴)为发起人,联合广东等地有关机构组成。

方案三:口岸设施及接线工程三地各自负责,由中央政府牵头,联合粤、港、澳三地政府组建建设协调领导小组,协调有关事宜;对多个由内地资本控股的项目投资者(含联合体)进行 BOT 招标(无中央政府补贴),中标人负责大桥建设管理及运营。

方案四:口岸设施及接线工程三地各自负责,由中央政府牵头,联合粤、港、澳三地政府组建协调领导小组,协调有关事宜;大桥主体以 BOT 方式融资,通过国际公开招标,选择投资人。

方案五:由中央政府牵头,联合粤、港、澳三地政府组建建设协调领导小组,协调有关事宜;大桥主体、口岸设施以及接线工程全部由社会企业投资,政府在政策上给予适当支持。

通过对融资对象的界定、对法律可行性的研究及对三地政府承担的责任和风险的分配,粤、港、澳三地政府就投融资方案达成最终共识,确定本项目桥隧主体采用"政府出全部资本金,资本金以外部分由粤、港、澳三方共同组建的项目管理机构通过贷款解决"的融资方式。按照粤、港、澳三地经济效益费用比相等原则确定投资责任分摊比例,香港、澳门、内地分别为 50.2%、14.7%、35.1%,香港、澳门、内地政府在资本金比例为 35% 的情况下各自分配投资 67.5 亿元、19.8 亿元和 47.2 亿元。中央政府对海中桥隧主体工程给予资金支持,内地政府资本金由 47.2 亿元提高至 70 亿元,香港、澳门政府的出资额不变,得到项目资本金总额为 157.3 亿元,资本金比例约为 42%。项目资本金以外部分,由粤、港、澳三地共同组建的项目管理机构通过贷款解决。大桥建成后,实行收费还贷,项目性质为政府出资收费还贷性公路。粤、港、澳三地政府分别负责口岸及连接线的投资。

2018 年 10 月 23 日,港珠澳大桥开通仪式在广东珠海举行,习近平出席仪式并宣布大桥正式开通。

思考

1. 什么是投资结构?影响投资结构设计的因素有哪些?常用的投资结构又有哪些?
2. 什么是融资模式?工程项目融资模式的选择有哪些原则?
3. 工程项目融资模式具体有哪些?

3.1 工程项目融资的投资结构

一般来说,工程融资项目资金需求量大,风险程度也比较高,远超出单一投资者的承受能力,因此该类项目的实际投资者通常不止一个,这样就产生了项目的投资结构问题。在工程项目融资中,项目的投资结构是指项目的实际投资者对项目资产权益的法律拥有形式和项目投资者之间的法律合作关系。项目投资结构对工程项目融资的组织和运行起着决定性的作用,一个项目的投资结构在法律上是否严谨决定着该项目的融资能否实现。本书虽然是从广义的角度(即从公司融资和特许经营项目融资的视角)来阐述工程项目融资的,但由于在进行投资结构设计时,公司融资和特许经营项目融资所考虑的因素是大致相同的,为了避免重复,本书将在10.3节"特许经营项目融资的投资结构"中具体予以阐述。

3.2 工程项目融资模式选择的原则

工程项目融资模式是指项目法人取得资金的具体形式,是特许经营项目融资整体结构的核心部分。因此工程项目的融资模式,需要与项目投资结构的设计同步考虑,并在项目的投资结构确定下来之后,进一步细化完成融资模式的设计工作。

由于项目所在行业的性质、投资结构等方面的差异,以及投资者对项目的信用支持、融资战略等方面的不同考虑,国际上很少有两个项目的融资模式完全一样。然而,无论一个项目的融资模式如何复杂,有一些具有共性的关键性因素是投资者在设计项目的融资模式时所必须考虑的。虽然本书是从广义的角度来阐述工程项目融资的,但是在选择融资模式时,特许经营项目融资和公司融资所遵循的原则大致相同,所以为避免重复,在这一节中将只介绍特许经营项目融资模式选择的原则。

1. 争取适当条件下的有限追索融资

实现融资对项目投资者的有限追索,是设计特许经营项目融资模式的一个最基本原则。但一个具体项目其债务资金的追索形式和追索的程度,取决于贷款银行对项目风险的评价以及特许经营项目融资结构的设计。具体来说,取决于包括项目所处行业风险系数、投资规模、投资结构、项目开发阶段、项目经济强度、市场安排以及项目投资者的组成、财务状况、生产技术管理、市场销售能力等在内的多方面因素。

为了实现适当条件下的有限追索责任,需要考虑以下三个方面的问题:第一,项目的经济强度在正常情况下是否足以支持融资债务偿还;第二,特许经营项目融资是否能够找到强有力的来自投资者以外的信用;第三,对于融资结构的设计能否做出适当的技术性处理,如提供必要的担保等。

2. 实现项目风险的合理分担

工程项目融资模式设计的第二条基本原则是保证项目直接投资者不承担项目的全部风险责任,处理该问题的关键是在投资者、贷款银行以及其他与项目利益有关的第三方之间有效地划分项目的风险。项目在不同的阶段有不同的风险,我们可以通过设计合理的融资模式分散风险。例如,项目建设期和试生产期的风险项目的直接投资者(有时包括项目的工程承包公司)可能需要承担全部的风险,但是,一旦项目建成投产,项目直接投资者所承担的风险将被限制在一个特定的范围内,如直接投资者(有时也包括对项目产品有需求的第三方)有可能只需要以购买全部或绝大部分产品的方式承担项目的市场风险,而贷款银行也有可能同样承担项目的一部分经营风险。这是因为尽管项目直接投资者或者项目投资者以外的第三方产品购买者以长期协议的形式承购了全部的项目产品,但对于贷款银行来说仍然存在两种潜在的风险:第一,国际市场上产品价格过低从而导致项目现金流不足;第二,项目产品购买者不愿意或者没有能力购买项目产品而造成项目的市场销售问题。这两种潜在风险所造成的问题,除非贷款银行可以从项目直接投资人方面获得其他方面的支持,否则将无法解决。

3. 最大限度地降低融资成本

一般来说,特许经营项目融资所涉及的投资金额大,资本密集程度高,运作周期长,因此,如何最大限度地降低融资成本是项目发起人最关心的问题之一。为降低项目的融资成本,在具体设计工程项目融资模式时,应尽量从以下三个方面入手:第一,完善项目投资结构设计,增强项目的经济强度,降低风险以获取较低的债务资金成本;第二,合理选择融资渠道,优化资金结构和融资渠道配置;第三,充分利用各种税收优惠,如加速折旧、优化亏损结转、减免预提税、费用抵税等。

4. 实现发起人较少的股本投入

如何使发起人以最少的资金投入最大限度地控制和占有项目,是设计工程项目融资模式必须加以考虑的问题之一。任何项目都需要项目发起人注入一定的股本资金作为对项目开发的支持。但是在特许经营项目融资中,这种股本资金的注入方式可以比公司融资方式更为灵活,这就为特许经营项目融资模式争取实现发起人对项目较少的股本投入提供了条件。在特许经营项目融资中,项目的发起人除了可以以认购项目公司股本或提供一定的初始资本金的方式提供股本金,还可以以担保贷款、信用证担保等非传统的方式代替实际的股本投入。

5. 处理好融资与市场之间的关系

长期的市场安排是实现有限追索特许经营项目融资的一个信用保证基础,没有这个基础,特许经营项目融资将很难组织起来。但是对于大多数的非股权型合资结构的投资者来说,可能存在一种矛盾:从投资者自己的角度来说,其参与投资的主要动机是为了以低于公平的市场价格的价格取得项目的最终产品,如果价格高于公平的市场价格,投资者的投资将失去意义;但对于贷款银行来说,低于公平价格的市场安排意味着银行将要承担更大的市场风险。因此,在设计特许经营项目融资模式时,能否确定以及如何确定项目产品的公平市场价格就成为借贷双方谈判的一个焦点问题。在多年发展中,特许经营项目融资实践积累了大量处理融资与市场关系的方法和手段,其中主要有无论提货与否均需付款协议、提货与付款协议产品支付等[①]。

---

① 无论提货与否均需付款协议为一种由项目公司与项目的有形产品或无形产品的购买者之间所签订的长期的无条件的供销协议,与传统的贸易合同或服务性合同的本质区别是项目产品的购买者对购买产品义务的绝对性和无条件性。提货与付款协议是在取得产品的条件下才履行协议确定的付款义务。以上两个合同中的产品价格是按照国际市场价格制定价格公式,并随国际市场价格的变化而变化,项目公司可以以两种合同为担保进行项目融资。而产品支付是一种独特的信用保证融资模式。这种融资模式是通过让贷款银行直接拥有项目产品的所有权来融资。在产品支付融资模式中一般要求成立一个融资中介机构,即所谓的专设公司,专门负责从项目公司中购买一定比例的产品,在市场上直接销售或委托项目公司作为代理人销售产品,并负责归集产品的销售收入和偿还贷款。

6. 争取实现资产负债表外融资

实现资产负债表外融资,是一些投资者选用特许经营项目融资方式筹集项目资金的重要原因之一。通过项目投资结构的设计,在一定程度上也可以做到不将所投资项目的资产负债与投资者本身公司的资产负债合并,但是多数情况下,这种安排只对于共同安排融资的合资项目中的某一个投资者而言是有效的。如果是投资者单独安排融资,怎样才能实现投资者的资产负债表外融资的要求,是在设计项目融资模式时需要考虑的问题。

例如,可以把一项贷款或一项为贷款提供的担保设计成为商业交易的形式,按照商业交易来处理,因为商业交易在国际会计制度中是不必进入资产负债表的。这样既实现了融资的安排,又达到了不把这种贷款或担保列入投资者资产负债表的目的。再比如在 BOT 项目融资模式中,政府以授予特许金融权为手段利用私人资本和项目融资兴建本国的基础设施,一方面达到改善本国基础设施状况的目的;另一方面又有效地减少了政府的直接支出,使政府所承担的义务不以债务的形式出现。

7. 处理好项目投资者的近期融资战略和远期融资战略的关系

从世界各国特许经营项目融资的情况来看,特许经营项目融资一般都采用 7~10 年的中长期贷款,期限最长的甚至可以达到 20 年左右。而在项目投资过程中,由于投资者自身的特点不同,他们在特许经营项目融资时的考虑也不尽相同,有的投资者偏好近期融资安排,有的投资者则更多考虑的是项目长期融资的需要。如果投资者对于某个国家或是某个特定投资领域不是十分熟悉,对项目的风险及未来发展没有十分的把握,或者是出于投资者在财务、会计或税务等方面的特别考虑,其可能会选择短期融资战略。在项目运行过程中,如果影响融资方式的各种决定性的因素变化不大,则投资者就会长期地保持这种特许经营项目融资的结构;一旦这些因素朝着有利于投资者的方向发生较大的变化,例如,银行放松或是取消了对投资者的种种限制,投资者的融资成本降低了,他就会希望重新安排融资结构,这就是在特许经营项目融资中经常会遇到的"重新融资问题",也是投资者基于经济利益因素而做出的正确选择。基于这个方面的原因,在设计特许经营项目融资结构时,投资者需要明确选择某种特许经营项目融资方式的目的以及对重新融资问题是如何考虑的,尽可能地把近期融资与远期融资结合起来。不同的特许经营项目融资结构在重新融资时的难易程度是有所区别的,有些结构比较简单,有些结构相对复杂,所以投资者在特许经营项目融资模式的设计时必须充分考虑这一问题。

8. 争取实现融资结构最优化

所谓融资结构是指融通资金的诸多组成要素,如资金来源、融资方式、融资期限、利率等的组合和构成。要做到融资结构的优化,应该把握的基本原则是:以融资需要的资金成本和融资效率为标准,力求融资组成要素的合理化、多元化,从融资人的实际资金需要出发,注意与内部直接融资相结合,以提高融资的效率与效益。

3.3 工程项目融资的主要模式

3.3.1 传统工程项目融资的主要模式

1. 权益融资

权益融资是指企业依法向投资者筹集可长期使用、无须还本付息的资本的一种融资方式。以这种方式所筹集的资本在权益上表现为股东权益,代表着投资者对企业的所有权,其性质是企业的自有资本。权益融资一般通过吸收直接投资和股票市场的渠道筹集,但是近年来在高成长型企业的权益融资中,风险投资正扮演着越来越重要的作用。在权益融资中,资本的提供者(即投资者)是以企业所有者的身份参与企业的管理并取得收益的,同时承担相应的责任。以权益融资方式所筹集到的资金是企业的永久性资本,除依法转让外,资本的所有者一旦提供了资本,不得以任何方式从企业中抽回,企业无须承担还本付息的责任。与债务融资相比,权益融资财务风险相对较小,但投资者要求的资本收益率较高,因此资金成本较高。

2. 债务融资

债务融资是指企业按约定代价和用途取得资金,且需要按期还本付息的一种融资方式。就其性质而言,是不发生所有权变化的单方面资本使用权的临时让渡。债务融资一般通过银行借款、发行债券、商业信用、租赁等方式筹集。在债务融资模式中,投资者与融资项目或企业之间建立的是债权债务关系,债权人有权按期索取利息并到期收回本金,但无权参与企业的经营管理,对企业经营不承担任何责任。债务融资属于企业的临时性资本,在债务合约下,出资人可以退出,并享有固定收益。在资金成本方面,企业可以在约定的期限内使用债务融资,但必须履行按期还本付息的偿债责任,财务风险较高,但由于债权人要求的是固定收益,因此资金成本较低。

3. 租赁融资

租赁是资产所有者以取得一定租金为条件,在一定期限内将其所拥有的物资或资产转让给他人支配和使用的一种服务性商业信用活动。实际上租赁通过"融物"达到了为企业"融资"的目的,它提供的是一种商业信用,经济关系实质上是一种借贷关系。按租赁的目的不同,租赁分为经营租赁和融资租赁。

租赁融资作为一种特殊的融资方式,有其自身的特征,概括起来主要有以下两个方面。

其一,融资与融物相结合。出租人出租设备的目的是收取用租金形式表现的超过购买设备所需机会成本的超额利润,是一种投资行为或贷款形式;承租人租赁设备以取得设备使用权,弥补本身资金的不足,同时可以取得预期的高额利润,是一种融资行为。

其二,租赁标的物的使用权和所有权分离。在租赁过程中,出租人向承租人让渡的是标的物的使用权,并未将所有权让渡给承租人;而承租人取得的是标的物的使用权,没有所有权。

4. 出口信贷融资

出口信贷是一国政府为支持和扩大本国大型机械、成套设备、大型工程项目等的出口,提高其国际竞争能力,以对本国的出口给予利息补贴并提供信贷担保的方法,鼓励本国的银行对本国出口商或国外进口商(或其银行)提供较低利率的贷款,以解决本国出口商资金周转的困难,或满足国外进口商对本国出口商支付货款需要的一种融资方式,是扩大销售市场的一种手段。出口信贷按时间长短分为短期、中期、长期信贷。按借贷关系划分,出口信贷可以分为买方信贷和卖方信贷。另外有些国家还提供福费廷、混合贷款、信用安排限额、出口信贷保险、签订存款协议等形式的出口信贷。

出口信贷作为一种国际信贷方式,具有四个方面的特点。首先,出口信贷的发放一般是为了支持和扩大本国大型设备等的出口,所以是以实物资产的出售为基础的,通常贷款金额大,借款偿还期长,中期一般为1~5年,长期为5~10年,属于对外贸易中的长期贷款。其次,出口信贷的利率一般比较优惠。一国利用政府资金进行利息补贴,可以改善本国出口信贷条件,扩大本国产品的出口,增强本国出口商的国际市场竞争力,进而带动本国经济增长。所以,出口信贷的利率水平一般低于相同条件下资金贷放市场利率,两者之间的差额由出口国政府补贴。其三,出口信贷的发放与出口信贷担保相结合,可以避免或减少信贷风险。最后,出口信贷的贷款金额通常只占买卖合同金额的85%左右,其余10%~15%由进口商用现汇支付。

3.3.2 特许经营项目融资模式

1. BOT 融资模式

BOT(build-operate-transfer)①是 20 世纪 80 年代中期在国际上出现的一种主要应用于基础设施项目,如铁路、公路、港口、桥梁等工程建设中的新的融资模式。在BOT 融资模式中,项目所在国政府或其所属机构与项目公司签署特许权协议(concession agreement),把项目建设及经营特许权授予项目公司,项目公司依据该特许权协议安排融资,并在项目特许经营期内,利用项目收益偿还贷款及支付营运支出,获得利润,特许经营期满后,将项目以极低的名义价格或无偿转让给东道国政府或其下属机构。BOT 方式在不同的国家有不同称谓,在我国一般称其为"特许权"。

BOT 模式的应用有三个方面的优越性。其一,有利于直接减轻政府的财政负担。政府通过采取让外商或私营企业融资、建设、经营的方式,来参与基础设施项目,特许经营项目融资的所有责任都转移给了私营机构,政府不必负担债务。其二,

---

① 有关 BOT 的具体内容将在本书第 8~10 章详细介绍。

有利于提高项目的运营效率。一方面 BOT 方式通过组建项目公司的方式,集中有关各方专家完成该项目,解决了政府机构承担某些项目能力不足的问题;另一方面,BOT 项目一般都涉及巨额资金的投入、项目周期长,由于外商或私营企业的参加,贷款机构对项目公司的要求就会比对政府更加严格,项目公司为了减少风险多获利,客观上也会加强管理、控制造价。其三,可提前满足社会与公众的需求。采用 BOT 方式,可在外商或私营企业的积极参与下,使一些本来急需建设而政府却无力投资的基础设施提前建成并发挥作用,从而有利于社会生产力的提高。

2. PFI 融资模式

PFI(private finance initiative)[①]是一种新型的公私相互合作提供基础设施服务的方式,产生于 20 世纪 90 年代初的英国。PFI 总体上是指在以往由政府部门所从事的各类公共服务、社会资本筹备、运营等工作领域上,引进民间机构的资金、技术、经营管理能力,并由民间机构主导从事项目的设计、建设、运营等一系列活动的总称。依据英国财政部的定义,PFI 可依据资金回收方法不同、公共部门及民间角色划分等特性,区分为独立核算型、提供公共服务型及合伙经营型三种,当然,随着 PFI 的不断演进还会有其他类型出现。

PFI 融资方式产生的理论逻辑起点是为了解决公共设施的融资及其公共产权问题,其与 BOT 有相似之处,都是政府部门引进民间资本,但是 PFI 还具有一些自身的特征。

(1) 资金主体的民营性。作为 PFI 项目的主体,私人投资者组建的 PFI 公司(特别目的公司,简称 SPV)通常是私人或私营实体的组合,尤其以民营企业家居多。

(2) 应用领域的公共性。PFI 模式的应用领域主要是公用事业项目,不仅应用于经营收益性的公共设施项目,还用于非营利性的公益项目,如学校、医院、监狱等。

(3) 项目组织的弹性。私人投资者组建 SPV 来负责项目运作,SPV 成立后投标项目,政府对 SPV 进行资格审查(包括开发能力审查、公司成立资格审查),如果审查完毕后中标,SPV 负责项目的实施,然后项目转移,最终 SPV 解散,因此组织具有较强的弹性,这是 SPV 一个最大的优点。

(4) 服务的导向性。典型的 PFI 项目实际上是一种政府或公众对公共物品私人生产者提供的公共服务的购买。通常政府与 SPV 之间签订的合同属于长期服务合同,政府部门在合同中确定所需服务的标准,SPV 按照服务的标准进行设计、融资、建设及运营。

(5) 重视民间创意。PFI 模式下,政府重视民间创意,充分给予民间创意以自由发展的空间。

(6) 完全的代理制。SPV 通常不具备项目设计、建设和管理的能力,因此在项目开发中,SPV 广泛应用现代社会的代理关系,实行全面代理。为保证项目开发的安

---

① PFI 融资模式将在第 8~10 章详细介绍。

全性及可靠性,代理关系通常事先确定,并在投标书和合同中明确。

(7) 重视风险分担机制和项目资金价值最大的原则。对政府部门来说,PFI 有两个最大受益点:一是可以将适当的风险转移到私营部门;二是实现衡工量值(value for money,VFM)最优。这两点的实现意味着在风险很小的情况下,政府部门对项目的财务贡献会很小(有时为零投资)。

3. PPP 融资模式

PPP(public private partnership)[①],也称为 3P 模式,即公私合作伙伴制,是 20 世纪 90 年代后在发达国家特别是欧洲流行起来的一种特许经营项目融资模式,主要是指为了共同完成某些有关公用事业项目的投资、建设及运营任务,政府部门与民营机构签署合同明确双方的权利和义务,达成伙伴关系。作为一种新型的公私合作型特许经营项目融资模式,PPP 模式的特征主要表现为以下几个方面。

(1) 很好地结合了公私部门的优势。由于民营机构的参与,公共部门和民营机构可以取长补短,充分发挥政府公共机构和民营机构各自的优势。

(2) 具有特许权期限。一般项目的周期是指项目从启动到不能再提供产品或者服务为止的全寿命期。对于 PPP 项目特别是特许经营项目而言,项目具有特许权期限,特许权期限结束,则表明项目周期的终止。合理的特许权期限能够对私营部门起到良好的激励作用,有利于提高私营部门的投资积极性和项目运作的效率。一般情况下,特许权期限是按照投资者收回投资成本并获得合理的回报率来考虑的。根据世界各国开展基础设施特许经营的经验来看,特许权期限有很广的变化范围,管理合同一般为 3~10 年,租赁合同为 10~15 年,BOT 项目的合同一般为 15~30 年,有的甚至更长。

(3) 参与主体多元化。PPP 模式一般具有多个投资主体,除了政府投资,还包括来自私营部门的资金投入。根据项目的特点和各方的资金情况,各个不同投资主体合理分摊 PPP 项目投资。

(4) 风险分担更加合理。在公共部门与民间资本以特许权协议为基础进行合作的全过程中,政府和民间资本共同对项目的整个周期负责。公私双方共同参与项目的确认、技术设计和可行性研究工作,对采用融资的可能性进行评估,并采取有效的风险分配方案,把风险分配给最有能力的参与人来承担。这就改变了以往由公共部门独自承担风险的局面,使风险分担更加合理。

(5) 带来了公共部门职能的转变。PPP 模式可以促使政府部门转变职能、更新观念并提高管理水平。政府可以从微观管理的繁重事务中走出来,从过去的公共事业的提供者变成监督者。一方面能够借助私人部门的技术、管理经验保证公共事业项目的质量,另一方面可以在财政预算方面减轻政府的压力。

4. ABS 项目融资模式

根据美国证券交易委员会(SCE,1997)的定义,资产证券化(asset-backed

---

① PPP 融资模式将在第 10 章具体介绍。

securitization,ABS)是通过对金融工具"资产担保证券"的界定来进行的。"资产担保证券"是指主要由一个特定的应收款资产池或者其他金融资产池来支持,保证偿付的证券。这些金融资产的期限可以是固定的,也可以是循环周转的。根据资产的条款,在特定的时期内可以产生现金流和其他权利,或者资产证券也可以由其他资产来保证服务或保证按期向证券持有人分配收益。简单地说,资产证券化是指将缺乏流动性但又能产生可预期的稳定现金流的资产汇集起来,通过一定的结构安排对资产中的风险与收益要素进行分离与重组,在加以信用评级和增级后,将其转变成可以在金融市场上出售和流通的证券的过程。资产证券化注重资产运作,是从信用融资的基础上发展起来的,又称为"二级证券化"。

到目前为止,在北美、欧洲和新兴市场上已被证券化的资产种类繁多,但运用最多的还是以抵押贷款、应收款等金融资产为对象的信贷资产证券化。不过,近年来ABS已经开始应用于基础设施项目等大型项目融资中,例如,在我国,水电、住房、道路、桥梁、铁路等项目的共同特点是收入安全、持续、稳定,适合 ABS 方式的基本要求,因而都可以采用 ABS 项目融资模式进行融资。

【案例讨论题】

本章案例中的港珠澳大桥采取的是什么样的投资结构?(结合本章内容讨论)

【复习思考题】

1. 什么是工程项目投资结构设计?在进行工程项目投资结构设计时需要考虑哪些因素?
2. 项目的投资结构不同,其财务处理的方法往往也存在差异,这种差异主要体现在哪些方面?
3. 什么是股权合资结构?股权合资结构有哪些特征?
4. 什么是普通合伙制?普通合伙制与股权结构有哪些区别?
5. 在设计项目融资模式时需要遵循哪些原则?
6. 工程项目融资的模式有哪些?

第二部分
公司融资模式

第4章　权益融资
第5章　债务融资
第6章　租赁融资
第7章　出口信贷

第4章 权益融资

【案例】

丰台科技园东三期项目位于国家级高新区——北京丰台科技园区三期用地范围内,是全国知名的总部经济示范区。其位于四环路西南角,属于科技企业聚集地和核心城市功能区,区域周边各项设施配套完善,是北京丰台科技园东三期总部基地东区的"黄金地块"。丰台科技园东三期项目总投资30多亿元,整体定位为集高档写字楼和商业等功能为一体的城市综合体。总体占地面积为6万平方米,总建筑面积18.8万平方米,其中有1516-25、1516-27两个地块,25号地建设用地面积1.6万平方米,总建筑面积6.4万平方米;27号地建设用地面积1.51万平方米,总建筑面积7.57万平方米。该项目中的1516-25、1516-27地块由北京丰科建股份有限公司(以下简称"北京丰科建")于2011年7月18日以9.24亿元获得,属于其旗下的主要资产。而2012年7月24日,华夏幸福基业股份有限公司(以下简称"华夏幸福")全资间接控股公司九通基业投资有限公司(以下简称"九通投资",为公司全资子公司廊坊京御房地产开发有限公司的全资子公司)以11.8亿元竞得北京丰科建100%的股权及9.45亿元债权。

丰台科技园东三期项目由北京丰科建进行开发经营,由其母公司华夏幸福提供资金支持。该项目资金总需求量为30多亿元,华夏幸福向北京丰科建注入约20亿元资金后仍存在10亿元的资金缺口。

丰台科技园东三期项目的资金需求量巨大,结合国家政策及自身资金情况来看,北京丰科建必须寻求其母公司华夏幸福的帮助。但对于华夏幸福这样的房地产开发企业来说,公司2011年末资产负债率为85.46%,2012年末继续走高至88.52%,一直处于高杠杆运行状态。自顾不暇的华夏幸福显然无法帮助北京丰科建弥补资金缺口。因此,华夏幸福为北京丰科建提供担保,由华澳信托公司进行融资注入项目中。

九通投资及北京丰科建与华澳信托通过项目融资方案洽谈拟募集资金10亿元。融资资金全部用于丰台科技园东三期1516-25、1516-27地块商业金融项目开发经营,其中7.6亿元用于增资北京丰科建,2.4亿元向北京丰科建提供信托贷款。

本次融资计划中资金的募集和投入均分多次进行,具体安排如下:首期投入1亿元,募集达到1亿元后,华澳信托向北京丰科建缴付增资款0.76亿元,并将剩余0.24亿元向北京丰科建发放期限为60个月的信托贷款,同时九通投资须向北京丰科建缴付增资款0.28亿元。

后续任何一期募集资金 A(其中 A 的总额不超过 9 亿元);九通投资将于第一轮增资获得的新增北京丰科建股权全部质押给华澳信托,华澳信托继续募集信托资金 A,向北京丰科建缴付增资款 $B(B=A\times 76\%$,其中 B 不超过 6.84 亿元),九通投资须同步缴付增资款 $C(C=B\times 50\%$,其中 C 不超过 3.42 亿元)。

九通投资将后续任何一期增资获得的新增北京丰科建股权全部质押给华澳信托后,华澳信托以后续任何一期募集的剩余资金 $D(D=A-B)$ 向北京丰科建发放信托贷款。华澳信托有权根据信托计划的实际募集情况调整每期信托资金募集规模和该期资金用于向北京丰科建增资和发放股东借款的比例。

本次项目增资之前,北京丰科建由九通投资全资控股,其注册资本为人民币 1 000万元;首次增资完成后,北京丰科建的注册资本增加 10 400 万元,变为人民币 11 400万元,其中九通投资出资 3 800 万元,持股 33.33%;华澳信托出资 7 600 万元,持股 66.67%;最终融资计划达成预定规模后,北京丰科建的注册资本增加102 600 万元,变为人民币 114 000 万元,其中九通投资出资 38 000 万元,持股 33.33%,华澳信托出资 76 000 万元,持股 66.67%。

北京丰科建通过此次增资扩股,获得股本资金,在项目开发上获得资金支持。

思考

1. 对于工程项目资金需求者而言,权益融资有何优势和不足?
2. 权益融资有哪些渠道?

4.1 项目资本金

4.1.1 项目资本金的概念及其特点

1. 项目资本金的概念

项目资本金又称项目的权益资本,是指在建设项目总投资中,由投资者提供的资金。投资者可按其出资的比例享有资金的所有者权益,也可以转让其资金,但不能以任何方式抽回出资。

国家为了从宏观上调控固定资产投资,根据不同行业和项目的经济效益,对投资项目资本占总投资的比例有具体的规定。《国务院关于调整和完善固定资产投资项目资本金制度的通知》(国发〔2015〕51 号)指出,为进一步解决当前重大民生和公共领域投资项目融资难、融资贵问题,增加公共产品和公共服务供给,补短板、增后劲,扩大有效投资需求,促进投资结构调整,保持平稳健康发展,国务院决定各行业固定资产投资项目的最低资金比例按以下规定执行:

(1)城市和交通基础设施项目:城市轨道交通项目由 25%调整为 20%,港口、沿海及内河航运、机场项目由 30%调整为 25%,铁路、公路项目由 25%调整为 20%;

（2）房地产开发项目：保障性住房和普通商品房项目维持20%不变，其他项目由30%调整为25%；

（3）产能过剩项目：钢铁、电解铝项目维持40%不变，水泥项目维持35%不变，煤炭、电石、铁合金、烧碱、焦炭、黄磷多晶硅项目维持30%不变；

（4）电力等其他项目维持20%不变。对于城市综合管廊、城市停车场项目，以及经国务院批准的核电站等重大建设项目，可以在规定的最低资本金比例的基础上适当降低。金融机构在提供信贷支持服务时，要坚持独立审贷，切实防范金融风险。要根据借款主体和项目实际情况，按照国家规定的资本金制度要求，对资本金的真实性、投资收益和贷款风险进行全面审查和评估，坚持风险可控、商业可持续原则，自主决定是否发放贷款以及具体的贷款数量和比例。

国家根据经济形势的发展和宏观调控的需要，适时调整了固定资产投资项目最低资本金的比例。项目投资资本金可以用货币出资，也可以用实物、产权、土地使用权等非货币出资，但必须要经过法定的资产评估机构依法评估。

项目资本金是项目存在和从事生产经营活动的前提，是决定企业偿债能力、承担债务风险能力的最低限度的担保，也是连接投资者原始产权和企业法人财产权的物质载体，体现了投资者对项目的投资和对收益的所有权。在项目偿还所有债务后投资者有权分享利润，同时也要承担项目可能出现亏损的风险。

2. 项目资本金的特点

（1）项目资本金是项目权益资金，对建设项目来说是非债务性资金，没有使用期限，项目法人不承担任何利息和债务，因此，不会给企业造成债务负担。

（2）投资者可以按其出资比例依法享有所有者权益，也可以出资转让，但一般不得抽回。

（3）项目为资本金支付股利与否或支付多少，视项目实际经营效果而定，因此项目法人的财务负担较小，项目融资风险也较低。

（4）项目资本金是自有资金，在企业破产清算时，其求偿权次于债务资金，风险相对较大，同时投资者对资本金的收益率要求较高，所以权益资金的成本较高，对企业的管理水平要求较高。

4.1.2 项目资本金的来源

根据项目融资主体的不同，项目融资方式可以分为既有法人融资和新设法人融资，对于某个具体项目来说，其资本金的来源渠道和筹措方式，应根据项目融资主体的特点进行选择。以既有法人为融资主体的建设项目，其新增资本金可以采用原有股东增资扩股、吸收新股东投资、发行股票申请政府投资等方式。以新设法人为融资主体的建设项目，可以采用股东直接投资、发行股票、申请政府投资等方式。具体方式如下。

1. 既有法人内部融资

既有法人的资产也是项目建设资金来源之一，既有法人资产在企业负债表中表现为企业的现金资产和非现金资产,它可能由企业的所有者权益形成,也可能由企业的负债形成。既有法人内部融资的渠道和方式包括:可以用于项目建设的现有货币资金、未来生产经营活动可能获得的盈余资金、资产变现的资金、资产经营权变现的资金和非现金资产等。

2. 股东直接投资

股东直接投资按照投资主体的不同,可以分为国家资本金、法人资本金、个人资本金和外商资本金。以既有法人为融资主体的建设项目,股东直接投资表现为扩充既有法人的资本金,包括原有股东或投资者增资扩股和吸收新股东投资。以新设法人为融资主体,股东直接投资表现为项目投资者为项目提供资本金。

3. 股票融资

无论是以既有法人还是以新设法人为融资主体,凡符合有关规定的都可以通过发行股票在资本市场募集股本资金。股票融资具有下列特点:所筹资金为项目的股本资金,可以作为其他方式筹资的基础,可以增强融资主体的举债能力;所筹资金没有到期偿还的问题,投资者购买股票便不得退股;普通股股票的股利支付视经营好坏和经营需要而定,因为融资风险较小;股票融资资金成本较高,因为股利需从税后利润中支付,不具有抵税作用,且发行股票的费用较高。

4. 政府投资

政府投资资金,包括各级政府的财政预算内资金、国家批准的各种专项建设基金、统借的国外贷款、地方政府按规定收取的各种费用及其他预算外资金。政府投资主要用于关系国家安全的市场机制不明显、不能有效配置资源的经济社会领域,包括加强公益性和公共基础设施建设,保护和改善生态环境,促进欠发达地区的经济和社会发展,推进科技进步和高科技产业化。对于政府投资资金,国家根据资金来源、项目性质和调控需要,分别采取直接投资、资本金注入、投资补助、转贷和贷款贴息等方式,并按项目安排使用。

4.2 股票市场融资

发行股票是融资主体为建设工程项目向全社会公开募集资金的一种融资方式。实施工程项目的企业可以在国内也可以在国外的资本市场融资。

4.2.1 股票概述

1. 股票的基本概念

股票是股份有限公司签发的证明股东所持股份的凭证,是一种股东可以获得股息或红利的有价证券。通过发行股票融资的意义在于汇集社会资金,用于工程项目的开发建设和运营。股份是公司的资本金按相等金额划分而成的计量单位,股票是股东拥有公司履权的法律凭证,它应当载明公司名称、公司登记成立的日期、种类、票面金额及代表的股份数、编号等事项。它具有以下基本特性。

（1）股票是一种证权证券。"证权"即对权利的存在和归属等问题的证明。证权证券是指证券所代表的权利在制作之前就已存在，证券仅起权利证书的作用。股票的作用是证明股东的权利。

（2）股票是一种要式证券。要式证券是指证券必须记载法定事项，其制作应当符合法定形式，其发行必须经过有关机构的正式批准。

（3）股票具有流动性。流动性是指股票可以依法在市场上流通转让。股票的投资者不能要求股份公司退还股金，投资者若想收回投资，可以将股票转让给其他投资者。

2. 股票的种类

1）按股东享有权益和承担风险的不同，可以将股票划分为普通股和优先股

（1）普通股。

普通股是股份公司为筹措权益资本而发行的、代表股东享有对等的权利和义务的、股利不固定的股票。普通股是所有股票中最基本和最普遍的一种，具有各种股票的基本性质。

①普通股股东的权利。

a. 收益分配权。当公司经营获得利润且股东大会决定进行利润分配时，所有普通股股东按所持股份享有相应的利润分配权利；若公司经营未取得足够利润，或股东大会未通过向普通股股东分配公司利润的决议，普通股股东将不能获得或暂时不能获得利润分配。因此，普通股股东的收益是不稳定的，有一定的风险。

b. 公司经营管理权。普通股股东可以依据其持有的股份数额直接或间接地参与公司的经营管理活动。大股东可以通过股东大会的选举成为公司董事会成员或直接作为经理人员参与到管理中，而中小股东则通过参加公司股东大会行使其表决权间接参与公司的经营管理。此外，普通股股东有权查阅公司章程、股东大会与董事会的会议记录以及公司财务报表，有权监督公司的经营活动，并提出建议和质询。

c. 优先认股权。当公司因需要资金或其他原因增发新股时，原有股东有权按一定的比例优先认购公司新发行的股票。股东配股一般享有一定的优惠条件，但股东可以放弃或转让优先认股的权利。

d. 剩余财产请求权。公司在解散或破产清算时，对缴纳税款、支付职工工资、偿还债务和支付优先股股利之后的剩余财产，普通股股东有权按照持股比例平等地参与分配。

e. 股票转让权。普通股股东有权依法自由地处置所持有的股票。

f. 公司章程约定的其他权利。

② 普通股融资的优点。

a. 普通股融资无固定到期日和利息负担,不需偿还,财务风险较小。公司发行普通股所筹集的资金是永久性资本,在公司持续经营期间可长期使用,能够满足公司最低的资金需求;普通股的股利分配取决于公司的盈利水平和股利政策,公司没有盈利或盈余不足时,可以不分配或少分配股利,不存在还本付息的财务压力和风险。

b. 普通股融资能增强企业的举债能力。普通股融资为企业带来更多权益资本,使得企业权益资本在总资产中的比例更高,则资产负债率会相应降低,企业的债务偿还能力增强。普通股融资可以改善企业的资本结构,提高企业的信用水平。因此可以说,普通股融得的权益资本是公司债务融资的基础。

c. 普通股融资比优先股或债务融资受到的限制少,并有利于增加公司经营的灵活性。

d. 普通股的发行有利于提高公司的知名度,尤其是公开发行普通股并上市(IPO)可以大幅提高公司的知名度,促进公司的发展。

③ 普通股融资的缺点。

a. 普通股融资的资金成本较高。对企业而言,公开发行普通股费用较高,且股利不能抵扣所得税;从股东的角度来看,由于股票投资风险大,所以股东一般要求较高的收益率作为补偿。因此,普通股的资金成本要大于债券。

b. 普通股融资会分散原有大股东对公司的控制权。公司向原有股东以外的投资者发行新股会引进新股东,通常会分散公司的控制权,增加公司被潜在投资者兼并收购的风险。

c. 普通股融资可能稀释每股收益,降低股票价格。发行新股使得更多的股东分享公司盈余,新股东对公司已积累的盈余具有分配权,降低了每股收益,可能引起股价的下跌。

d. 普通股融资可能暴露公司的经营状况。对于上市融资的公司而言,必须按照要求定期公开披露财务报告以及一些重大的经营活动(如项目的投资情况等),因此可能暴露公司的商业机密,引起更为激烈的竞争。

(2) 优先股。

优先股是一种兼具普通股和债券特点的混合型有价证券,它属于股份有限公司的权益资本,但又与债券一样要求固定的股息收益。优先股股东一般不享有参与公司经营管理的权利,但在利益分配方面较普通股股东享有一定优先权。优先股的利益分配优先权主要体现在两个方面:一是优先分配利润,即公司的利润分配顺序是先按约定支付优先股股利,然后再分配普通股股利;二是优先分配公司剩余财产,即在公司解散清算时,必须先将剩余财产分配给优先股股东,剩下的再在普通股股东中进行分配。优先股是发达国家企业常用的一种融资方式,尤其在风险投资和私募股权投资中被广泛运用。

① 优先股的分类。

a. 不参与优先股、参与优先股与部分参与优先股。不参与优先股是指优先股股东只能按约定股息率优先分配利润,而不能参与剩余利润的分配;参与优先股是指优先股股东在按约定的股息率分得股息之后,还可以和普通股股东一起平等分配公司的剩余利润;部分参与优先股则介于两者之间,即在按约定的股息率获得股息后,再参与一定额度的剩余利润分配。

b. 累积优先股与非累积优先股。在公司经营出现困难、不能发放股息时,累积优先股的股息可以累积到下一个年度,而非累积优先股的股息则不能累积到下一年。

c. 可转换优先股与不可转换优先股。可转换优先股的股东有权在约定的期限内,按照约定条件将其所持有的优先股转换为普通股。不可转换优先股是指优先股发行后,其持有者只能享受固定股利,不能将其转换成其他种类的股票。

d. 股息率可调整的优先股和股息率固定的优先股。有的公司在发行优先股时并不确定股息率,而是根据银行存款利率和资本市场的收益率随时调整股息率。

e. 可赎回优先股和不可赎回优先股。可赎回优先股是指在优先股的发行条款中设有赎回条款,当赎回条件出现时,公司有权按预定的价格和方式赎回已发行的优先股。不可赎回优先股是指发行后根据约定不能赎回的优先股。

从企业的角度看,由于普通股股息并不固定,而是随着公司的经营不断变动,如果经营情况不好,就不需要支付股息,即便公司有利润,也可以由股东大会决议不进行分配。因此普通股的成本相对较低,但是普通股的变动可能引起公司控制权的相应变动。优先股的股息率较高,而且常常是固定的,公司支付股息的压力较大,从而使公司的融资成本相对较高,公司经营不善时财务风险加大,但是由于优先股通常不带有控制权(如董事会的席位和表决权等),所以,优先股的变动不易导致公司控制权的转移。不过,总体而言,公司更乐于发行普通股,只有在公司对资本产生迫切需要,而普通股的发行又比较困难时,才会选择发行优先股。

② 优先股融资的优点。

a. 优先股融资没有固定到期日,不需偿还,股利支付也有一定的弹性。只有在特定情况下,公司才需要赎回优先股,这减轻了公司的财务压力;通常优先股采用固定股利,但在公司经营状况不佳、利润较少时,对累计优先股公司可暂不支付股利,这样既保护了普通股股东的权利,又降低了公司的财务风险。

b. 优先股融资能够增强公司的举债能力。作为公司的权益资本,优先股和普通股一样能增强公司的举债能力。

c. 优先股融资能够确保普通股股东对公司的控制权。优先股股东不具备对公司的经营管理权,因此发行优先股可以筹措股权资本,却不会分散原有股东对公司的控制权。

③优先股融资的缺点。

a. 优先股融资的资金成本低于普通股融资,但高于债券融资的资金成本。优先股和普通股一样,股利要用税后利润支付,不能抵扣所得税。

b. 优先股融资给公司带来的限制较多。例如,公司不能连续3年拖欠优先股股利、约定对普通股股利支付的限制以及对公司借款的限制等,都降低了公司经营的灵活性。

c. 优先股融资可能形成较重的财务负担。优先股要求支付固定股利,但又不能在税前扣除,因此,在公司盈利下降时,优先股的股利可能成为公司一项较重的财务负担。尤其是对于不可赎回优先股,公司必须长期支付固定股利,这必然会成为公司长期的财务负担。

2) 按股票持有者是否有对公司的经营管理活动进行表决的权利,可以将股票分为表决权股和无表决权股

表决权股股东有权在股东大会上对公司的经营管理进行表决,而无表决权股股东不享有这一权利。表决权股又分为多种情况,如一股一票、一股多票和多股一票等。通常情况下,无表决权股是优先股。对公司而言,可以根据具体情况选择是发行表决权股还是无表决权股。

3) 按发行对象和上市地区划分,可以将股票分为 A 股、B 股、H 股和 N 股等

在我国,股票一般分为 A 股、B 股。A 股是以人民币表明票面金额的股票,B 股是以外币认购和交易的股票。另外,还有 H 股和 N 股,H 股是在香港上市的股票,N 股是在纽约上市的股票。

4.2.2 股票发行方式

1. 按募集对象划分,股票发行可分为私募和公募两种

1) 私募

私募是指只向少数特定的投资者发行。私募的对象主要有两类:一是个人投资者,如发行公司的客户、本公司职工或专业的个人投资者;二是机构投资者,如大的金融机构、投资基金(尤其是风险投资基金与私募股权投资基金等)和与发行企业业务来往密切的战略合作伙伴等。私募发行具有节省发行费用和发行时间,发行手续相对简单,投资人确定、不必担心发行失败等优点,可以吸引同行或相关行业的战略投资者,这样不仅可以获得权益资本,还可以获得相关的行业经验,进而也提升项目公司的治理水平。但这也意味着私募发行会分散公司经营管理的控制权,对于投资者而言,私募获得的股权投资短期难以转让和变现。

2) 公募

公募是指面向市场上大量的非特定投资者公开发售股票。公募发行的融资潜力大,并无须向投资者提供优厚的条件,对于发行企业而言,企业仍具有较大的经营

管理独立性;对于投资者而言,股票可在二级市场流通转让,较快地获得投资资本,具有极大的灵活性。但公募工作量大、准备工作复杂、时间长,因而通常需要专业的咨询公司和承销商协助。公司经国务院证券监督管理机构核准公开发行新股时,必须公告新股招股说明书和财务报告,并制作认股书。虽然公募发行较麻烦,费用也较高,但公募可以扩大股票的发行范围,而且只有采取公募方式发行的股票才能上市交易,从而提高发行者的知名度和证券的流动性。因此,在可能的情况下,多数融资者愿意选择公募发行方式。

2. 按销售人划分,股票发行可分为直接发行和间接发行两种

1) 直接发行

直接发行是指发行者不通过股票发行中介机构,在获得相关部门批准后,直接向投资者发行股票,一般以少数关系密切的单位或个人为发行对象。直接发行手续简单,发行费用较低,但发行数额有限。私募发行的股票通常都采用直接发行方式。

2) 间接发行

间接发行是指通过股票发行中介机构即承销商向社会发行股票。除金融机构外,绝大多数公司公募发行都采取间接发行方式。间接发行具有发行面广、推销易、知名度高的优点,但承销费用较高,手续较复杂。按发行风险的承担、所融资金的划拨及手续费用的高低等因素的不同,间接发行又可分为全额包销、余额包销和代销三种。

(1) 全额包销是指由股票发行的承销商先全部认购所发行的股票,并向发行者支付全部股票款项,然后再按市场条件转售给投资者。在这种发行方式下,发行者可以及时得到所需资金,承销者承担全部发行风险。

(2) 余额包销是指由承销商按照约定的发行额和发行条件,在约定期限内向社会推销,到销售截止日,未售出的余额由承销商负责认购,承销商要按约定时间向发行者支付全部股票款项。余额包销的承销商要承担部分发行风险,因此手续费较高。这种发行方式可以保证发行人融资计划的顺利实现。

(3) 代销是指发行者与承销商签订协议,由承销商代为办理发行业务,承销商不负责承购剩余数额股票的责任,发行风险由发行者自己承担。代销的承销费较低,但发行者不能保证其融资计划顺利实现。

3. 按发行价格划分,股票发行方式可分为溢价发行、平价发行和折价发行三种

(1) 溢价发行是指股票的发行价格高于股票面值的发行。溢价收益列入资本公积。溢价发行的优点是公司能够得到高于票面价值的资本数量,但过高的溢价存在着募股失败的风险。

溢价发行又分为时价发行和中间价发行。时价发行是指新股的发行价以股票市场上公司已发行股票或同类股票的近期交易价格为主要参照标准定价发行。中间价格发行是指股票的发行价格取股票票面价值和市场价格的中间值,这种定价方法通常在公司需要增资扩股但又需要照顾原有股东的情况下采用。中间价发行的对象一般为公司原有股东,实际上是将一部分差价收益让给原有股东,一部分差价收益归公司所有。

(2) 平价发行是指以股票面值作为股票的发行价格,又称为面额发行。平价发行的优点是简便易行,不受股票市场行情所影响,并且由于股票的市价通常高于面值,从而使认购者得到因价格差异而带来的收益,认购者乐于购买,公司往往可以顺利实现融资。但是,平价发行缺乏市场性,不能根据股票市场的价格确定合理的股票价格,得不到溢价发行的好处。

(3) 折价发行是指股票的发行价格低于股票面值。《中华人民共和国公司法》第一百二十七条明确约定,股票发行价格可以按票面金额,也可以超过票面金额,但不得低于票面金额。因此,在我国是禁止采用折价发行的。

近年来,随着股票市场的发展,我国股票的发行大多数采取了溢价发行方式。

4.2.3 股票市场融资

1. 股票的发行

在国内,股票的发行通常有在公司设立时首次公开发行股票并上市与增发新股两种情况。

1) 首次公开发行股票并上市

依据中国证券监督管理委员会(以下简称"中国证监会")的相关规定,首次公开发行股票并上市应当具备《中华人民共和国证券法》《中华人民共和国公司法》《首次公开发行股票并上市管理办法》规定的发行条件。发行人依法披露的信息,必须真实、准确、完整,不得有虚假记载、误导性陈述或者重大遗漏。保荐人及其保荐代表人应当遵循勤勉尽责、诚实守信的原则,认真履行审慎核查和辅导义务,并对其所出具的发行保荐书的真实性、准确性、完整性负责。

首次公开发行股票并上市,对于发行主体有较为严格的要求,具体表现如下。

①发行人应当是依法设立且合法存续的股份有限公司。经国务院批准,有限责任公司在依法变更为股份有限公司时,可以采取募集设立方式公开发行股票。

②发行人自股份有限公司成立后,持续经营时间应当在3年以上,但经国务院批准的除外。有限责任公司按原账面净资产值折股整体变更为股份有限公司的,持续经营时间可以从有限责任公司成立之日起计算。

③发行人的注册资本已足额缴纳,发起人或者股东用作出资的资产的财产权转移手续已办理完毕,发行人的主要资产不存在重大权属纠纷。

④发行人的生产经营符合法律、行政法规和公司章程的规定,符合国家产业政策。

⑤发行人最近3年内主营业务和董事、高级管理人员没有发生重大变化,实际控制人没有发生变更。

⑥发行人的股权清晰,控股股东和受控股股东、实际控制人支配的股东持有的

发行人股份不存在重大权属纠纷。

公司的规范运作是企业顺利发行股票的关键因素。

①发行人已经依法建立健全股东大会、董事会、监事会、独立董事、董事会秘书制度,相关机构和人员能够依法履行职责。

②发行人的董事、监事和高级管理人员已经了解与股票发行上市有关的法律法规,知悉上市公司及其董事、监事和高级管理人员的法定义务和责任。

③发行人的董事、监事和高级管理人员具备法律、行政法规和规章规定的任职资格,且不得有下列情形:a.被中国证监会采取证券市场禁入措施尚在禁入期的;b.最近36个月内受到中国证监会行政处罚,或者最近12个月内受到证券交易所公开谴责;c.因涉嫌犯罪被司法机关立案侦查或者涉嫌违法违规被中国证监会立案调查,尚未有明确结论意见。

④发行人的内部控制制度健全且被有效执行,能够合理保证财务报告的可靠性、生产经营的合法性、营运的效率与效果。

⑤发行人的公司章程中已明确对外担保的审批权限和审议程序,不存在为控股股东、实际控制人及其控制的其他企业进行违规担保的情形。

⑥发行人有严格的资金管理制度,不得有资金被控股股东、实际控制人及其控制的其他企业以借款、代偿债务、代垫款项或者其他方式占用的情形。

对于发行人的财务和会计状况,按照规定,发行人应当达到下列条件。

①发行人资产质量良好,资产负债结构合理,盈利能力较强,现金流量正常。

②发行人的内部控制在所有重大方面是有效的,并由注册会计师出具了无保留结论的内部控制鉴证报告。

③发行人会计基础工作规范,财务报表的编制符合企业会计准则和相关会计制度的规定,在所有重大方面公允地反映了发行人的财务状况、经营成果和现金流量,并由注册会计师出具了无保留意见的审计报告。

④发行人编制财务报表应以实际发生的交易或者事项为依据;在进行会计确认、计量和报告时应当保持应有的谨慎;对相同或者相似的经济业务,应选用一致的会计政策,不得随意变更。

⑤发行人应完整披露关联方关系并按重要性原则恰当披露关联交易。关联交易价格公允,不存在通过关联交易操纵利润的情形。

⑥发行人应当符合下列条件:a.最近3个会计年度净利润均为正数且累计超过人民币3 000万元,净利润以扣除非经常性损益前后较低者为计算依据;b.最近3个会计年度经营活动产生的现金流量净额累计超过人民币5 000万元,或者最近3个会计年度营业收入累计超过人民币3亿元;c.发行前股本总额不少于人民币3 000万元;d.最近一期期末无形资产(扣除土地使用权、水面养殖权和采矿权等后)占净资产的比例不高于20%;e.最近一期期末不存在未弥补亏损。

⑦发行人依法纳税,各项税收优惠符合相关法律法规的规定。发行人的经营成

果对税收优惠不存在严重依赖。

⑧发行人不存在重大偿债风险，不存在影响持续经营的担保、诉讼以及仲裁等重大或有事项。

⑨发行人的申报文件中不得有下列情形：a.故意遗漏或虚构交易、事项或者其他重要信息；b.滥用会计政策或者会计估计；c.操纵、伪造或篡改编制财务报表所依据的会计记录或者相关凭证。

⑩发行人不得有下列影响持续盈利能力的情形：a.发行人的经营模式、产品或服务的品种结构已经或者将发生重大变化，并对发行人的持续盈利能力构成重大不利影响；b.发行人的行业地位或发行人所处行业的经营环境已经或者将发生重大变化，并对发行人的持续盈利能力构成重大不利影响；c.发行人最近1个会计年度的营业收入或净利润对关联方或者存在重大不确定性的客户存在重大依赖；d.发行人最近1个会计年度的净利润主要来自合并财务报表范围以外的投资收益；e.发行人在用的商标、专利、专有技术以及特许经营权等重要资产或技术的取得或者使用存在重大不利变化的风险；f.其他可能对发行人的持续盈利能力构成重大不利影响的情形。

发行股票需要遵循一定的程序，一般而言如下所示。

①发行人董事会应当依法就本次股票发行的具体方案、本次募集资金使用的可行性及其他必须明确的事项作出决议，并提请股东大会批准。

②发行人股东大会就本次发行股票作出的决议，至少应当包括下列事项：本次发行股票的种类和数量、发行对象、价格区间或者定价方式、募集资金用途、发行前滚存利润的分配方案、决议的有效期、对董事会办理本次发行具体事宜的授权、其他必须明确的事项。

③按照中国证监会的有关规定制作申请文件，由保荐人保荐并向中国证监会申报。特定行业的发行人应当提供管理部门的相关意见。

④中国证监会收到申请文件后，在5个工作日内作出是否受理的决定。

⑤对申请文件进行初审，并由发行审核委员会审核。初审过程中，征求发行人注册地省级人民政府是否同意发行人发行股票的意见。

⑥中国证监会依照法定条件对发行人的发行申请作出予以核准或者不予核准的决定，并出具相关文件。自中国证监会核准发行之日起，发行人应在6个月内发行股票；超过6个月未发行的，核准文件失效，须重新经中国证监会核准后方可发行。股票发行申请未获核准的，自中国证监会作出不予核准决定之日起6个月后，发行人可再次提出股票发行申请。

⑦发行申请核准后、股票发行结束前，发行人发生重大事项的，应当暂缓或者暂停发行，并及时报告中国证监会，同时履行信息披露义务。影响发行条件的，应当重新履行核准程序。

股票发行上市交易申请具体应向证券交易所报送以下文件：上市报告书、申请股票上市的股东大会决议、公司章程、公司营业执照、经会计事务所审计的公司最近3年的财务会计报告、法律意见书和保荐人出具的上市保荐书、最近一次的招股说明书、证券交易所上市规则规定的其他文件。上述文件由上市公司聘请的主承销商、分销商以及上市推荐人、会计事务所、律师事务所、资产评估事务所、财务顾问等中介机构出具。另外,股票上市还需要经过证券交易所依法审核、订立上市协议,股东名录登记备案,披露上市公告书以及股票上市交易等程序。

2) 增发新股

增发新股的程序与公司设立时的股票发行程序大致相同,不过相对简单些:在增发新股时,股东大会首先做出增股的决议,然后准备与申请增发新股相关的文件,并完成同上述公司设立时发行股票相类似的步骤,在募足股款后向公司登记机关办理变更登记并公告。

股票上市程序如图 4-1 所示。

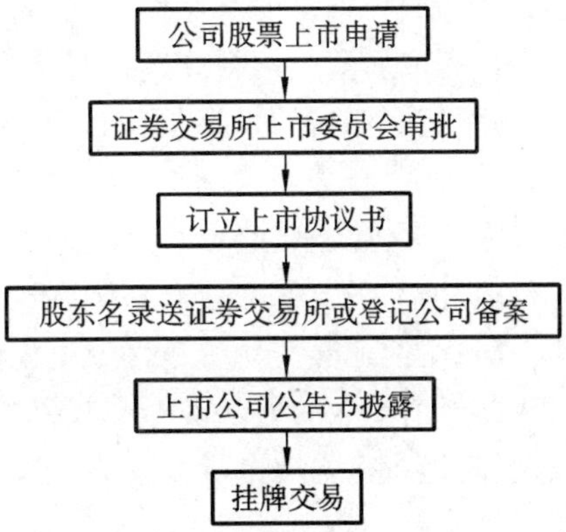

图 4-1 公司股票上市程序

2. 股票交易市场

股票交易市场也称流通市场或二级市场,是各种股票交易和流通的场所,由证券交易所市场和场外交易市场两大部分组成。此处仅对证券交易所市场予以详细介绍。

证券交易所是证券买卖双方公开交易的场所,是一个有组织、有固定地点和设施、集中进行证券交易的场所。根据《中华人民共和国证券法》的约定,证券交易所是为证券集中交易提供场所和设施、组织和监督证券交易、实行自律管理的法人。证券交易所本身并不买卖、持有证券,也不决定证券的价格,而只是为证券交易提供一定的场所和设施,配备必要的管理和服务人员,并依法对证券交易的全过程进行周密的组织和严格的管理。

证券交易所具有以下几个特点。

①有固定的交易场所和交易时间。证券交易所是一个有形市场,有专门的机构来组织交易,有系统、完备的交易规章和制度,交易时间也是固定的。

②交易采用经纪制。在交易所里参加交易者必须为具备交易所会员资格的证券经纪商,一般的投资者不能直接进入交易所买卖证券,只能通过委托证券经纪商(通常都是证券交易所的会员)间接地进行证券的买卖。

③交易的对象限于合乎一定标准的上市证券。交易所对证券的上市有严格的约定,不符合交易所要求的证券只能在交易所以外的市场进行交易。随着证券市场的发展,在证券交易所上市的证券除了股票,还包括债券、证券投资基金和证券衍生投资工具。

④通过公开竞价的方式决定证券的价格。交易所场内人员代表众多的买者和卖者在交易所内集中展开买竞卖,根据"价格优先、时间优先"的原则对客户的买卖委托进行撮合成交。近年来由于计算机和通信技术的发展,场内竞价、撮合成交基本上由计算机代替人工自动完成。

⑤本着"公开、公平、公正"原则,对证券交易实行严格的管理。各国的证券交易所都有严格的规章制度和操作规程,对于进场交易会员的资格、证券的上市、交易程序及交易完成后资金的结算等都有严格的约定,凡违反者都要受到严厉的处罚。同时,交易所还有严格的信息披露制度,要求所有的上市公司和机构必须全面、真实、准确、及时地公布其经营成果、财务状况及其他一些重大事项,目的是在投资者买卖证券时为其提供决策的参考。

目前,国外主要的证券交易所有纽约证券交易所、东京证券交易所、伦敦证券交易所,其中纽约证券交易所是世界上规模最大、组织最健全、管理最严格的证券交易所。我国目前较大的两家证券交易所,即上海证券交易所和深圳证券交易所都实行会员制,其组织机构由会员大事会、监事会、总经理及其他职能部门组成。

4.2.4 股票融资方案的制定和优化

(1) 股票发行数量的确定。

股票发行数量的多少决定着企业的财务结构、经营风险和融资成本。决策时,应当考虑以下因素。

①政策规定。必须按照《中华人民共和国公司法》的规定,达到法定资本金的最低数量要求。

②公司的经营规模。规模越大,资金的需求量就越多,股票发行的数量一般也就越多。

③公司的融资结构。主要的决定因素是公司的资产负债率和自有资本率。对于资产负债率较低、自有资本率较高的公司,其财务杠杆风险较小,可以较多地采用资金成本较低的银行贷款等融资方式。反之,可以更多地依赖发行股票等权益融资方式。

④企业的控制权。债权人与股东对企业的控制程度不同,债权人只能定期取得本息,不能参与企业管理;而股东对企业的重大投资决策、收益分配等具有表决权。因此,注重控制权集中的公司不能发行过多的股票,否则会削弱原股东对企业的控制权。

⑤股东收益。保持股东收益的不断增长是企业的经营目标之一。发行过多的股票尤其是普通股股票会使得企业的税后利润被更多的股份分享,降低企业的每股收益水平。

(2) 股票发行面值的确定。

股票按照有无票面金额可以划分为有面值股票和无面值股票。持有有面值股票的股东,对公司享有的权利和承担的义务的大小,以其所有的全部股票的票面金额之和占公司发行在外的股票面额总额比例的大小确定。无面值股票的特点是股票价值随公司财产的增减而变动,发行无面值股票,有利于促进投资者在购买股票时注意计算股票的实际价值。《中华人民共和国公司法》规定,股票应标明票面金额,即我国不允许发行无面额股票。一般来说,股票面值定的价低,可便于投资者购买,有利于促进股票的发行和流通,但是过低的话则会增加发行成本。因此,企业应视具体情况而定。

(3) 股票发行价格的确定。

我国企业发行股票基本都是溢价发行,对于发行企业而言,溢价发行至少有两点好处:①股东可以获得溢价收入;②增加债务人的安全感。因为溢价发行获得的超面值股本增加股东的权益,提高偿还债务的保障程度。股票发行价格的测算可以采用下列公式:

股票发行价格＝(股票面值×年股息率＋每股红利)/资金市场平均利率

企业在实际定价时,还应考虑到投资者愿意付出的价格,同时也应考虑二级市场上股票价格上升的余地以及当时整体的经济状况。一般股票定价应考虑的因素包括:公司的经营业务、市场对公司前景的看法、在市场上其他同类公司的市盈率、市场当时的状况和期望、同期的新股发售成绩,以及企业的社会声誉、资本构成、发行费用、发行方式等因素。股票发售的理想价格应使公司尽可能多地获得售股收入,同时使得公司股票上市后有活跃的市场。

(4) 股票发行时机的确定。

股票发行时机的选择,直接影响到发行价格以及股票发行能否达到预期目的。选择发行时机应考虑以下因素。

①社会经济发展趋势。社会经济发展趋势决定企业和个人的收入水平、投资能力以及投资信心。当社会经济处于增长繁荣时期,企业和个人的收入增加较快,股民投资欲望增强,市场股票价格上涨,反之亦然。

②股市行情。股市行情是实际经济活动的反应,股市波动最终取决于宏观经济发展形势。除此之外,国家产业政策、金融政策和宏观调控手段变化,以及其他各种客观与主观因素都会对股市产生影响。发行股票的公司要抓住股市上扬、交易活跃的机会。

③银行等金融机构的利率水平。一般来说,企业和个人的资金有投资和储蓄两种,是投资还是储蓄或是按一定比例分配,其中的决定因素便是银行等金融机构的利率水平。通常是投资和利率成反比关系,即利率越高,投资越小;利率越低,则投资越大。相对来说,应选择在银行等金融机构利率较低的时期或利率调高之前发行股票。

④企业产品或劳务的销售情况。新发行股票的公司,其产品一般有自身的特点,受到大众的欢迎。企业应当选择产品市场较为成熟、盈利较为可靠的时机发行

新股,增强对潜在投资者的吸引力。

4.3 非股票形式的权益融资

非股份制公司在为工程项目进行权益融资时,主要通过吸收直接投资和企业留存收益等非股票形式进行。

4.3.1 吸收直接投资

1. 吸收直接投资的含义

吸收直接投资,也称投入资本融资,是指非股份制企业以签订投资协议的形式吸收投资者直接投入资本的一种融资方式。吸收直接投资融资不以股票为媒介,只适用于非股份制企业。无论是在企业设立时,还是在企业存续期间,非股份制企业都可以采用吸收直接投资的方式筹集权益资本,它也是非股份制企业在进行工程项目融资时最常使用的融资方式之一。

在吸收直接投资的工程项目融资中,"共同投资、共同经营、共担风险、共享利润"是投资各方遵循的基本原则。投资者作为企业的所有者,拥有对企业的经营管理权和利润分配权,同时也承担企业的经营风险。投资者向企业投入的资本成为企业的法人财产,是企业承担民事责任的物质保障。此时,企业拥有对法人财产的占有、使用和支配的权利,但投资者不能任意处置法人财产,只能依法享有和行使企业所有者应有的权利。

2. 吸收直接投资的主体

吸收直接投资的主体是指筹集投入资本的企业。按照组织形式不同,企业可以分为独资企业、合伙制企业和公司制企业。在我国,公司又分为股份有限公司和有限责任公司。吸收直接投资的企业只能是非股份有限公司,具体包括独资企业、合伙企业和有限责任公司。

(1) 独资企业。独资企业是指由个人出资经营、归个人所有和控制、由个人承担经营风险和享有全部经营收益的企业。独资企业设立程序简单,但它不是一个独立的法律主体,其财产和对外所负的债务在法律上视为业主个人的财产和债务,企业行为实质上是业主个人的行为,业主有权处置企业的财产和收益,并以其个人财产对企业的债务负无限责任,而且独资企业不是纳税主体,应按照个人所得税法缴纳个人所得税。在工程项目融资中,独资企业较少作为吸收直接投资的主体。

(2) 合伙企业。合伙企业是指自然人、法人和其他组织依照《中华人民共和国合伙企业法》在我国境内设立的,由两个或两个以上的合伙人订立合伙协议,为经营共同事业,共同出资、合伙经营、共享收益、共担风险的营利性组织,其包括普通合伙企业和有限合伙企业。合伙企业与独资企业的特点基本相同,不同之处是应当订立书面契约,明确各方的责、权、利关系,约定企业收益的分配办法、出资额的转让办法、企业的解散与清算程序等。合伙企业具有各个合伙人之间可以互相代理、各个合伙人对企业的债务承担无限偿还的连带责任、企业的财产归合伙人共有等特征。

(3) 有限责任公司。有限责任公司指 50 个以下的股东共同出资,每个股东以其所认缴的出资额对公司承担有限责任,公司以其全部资产对其债务承担责任的经济组织。有限责任公司是一个法律主体,它对公司的财产拥有法人财产权,可以依法使用和处置其资产,股东只是对公司的净资产有要求权;公司以全部资产对公司的债务承担有限责任,股东以其认购的股份为限对公司承担有限责任。有限责任公司是一个纳税主体,适用企业所得税法,股东持有的股份不能以任何方式抽回,但可以依法转让。

3. 吸收直接投资的渠道

按照我国当前的市场环境和现实情况,我国企业吸收直接投资的渠道主要包括以下几种。

(1) 国家资金。国家资金是我国国有企业最主要的资金来源。现在,国家对国有企业的投资形式发生了调整和改变,财政和主管部门拨给企业的专项拨款,以及现阶段有权代表国家投资的政府部门、机构向企业投资形成的资本等都属于国家投入资本,其相应产权为国有资本,国家成为企业的所有者之一。

(2) 非银行金融机构资金。非银行金融机构主要包括信托投资公司、保险公司、融资租赁公司、证券公司、企业集团财务公司和其他金融企业。这些金融机构的资金实力没有银行雄厚,但是资金供应灵活、方便,为企业融通资金、融通物资、发行和承销证券等提供了通道。

(3) 其他企业资金。其他企业资金的来源主要体现在两个方面:一是其他企业通过联营、入股、合资、合作等形式对企业进行投资;二是企业在购销业务中因形成债权债务关系而造成的债务人对债权人资金的短期占用。

(4) 职工和社会个人资金。企业内部职工和社会个人对企业的投资,属于个人资金渠道。随着股份制和证券市场的发展,它已经成为企业资金的又一重要来源。

(5) 国外资金。国外资金是指从外国投资者处获得的资金,包括吸收国外银行或国际金融机构的直接投资、在境外发行股票、与外商合资经营和合作经营等形式。

4. 吸收直接投资的一般程序

企业吸收直接投资的一般程序如下。

(1) 确定资本数量。无论是新建还是改扩建项目投资,都应首先确定所需资金的数量。

(2) 选择出资形式。企业应根据经营性质、实际需要,以及资本市场、产品市场的状况,选择适当的吸收投资的形式。

(3) 签署出资协议。国有企业由国家授权的投资机构等签署创建或增资拨款的协议,合资企业由合资各方共同签署合资或增资协议。

(4) 按期取得资本。根据出资协议中规定的出资期限和出资方式,企业逐步取得资本。投资者以实物资产或无形资产出资的,应当经专业的评估机构进行资产评估后,再办理资产转移手续。

4.3.2 留存收益

1. 留存收益的概念

留存收益是指企业从历年实现利润中提取或形成的留存于企业内部的积累,来源于企业经营活动所实现的利润。留存收益构成企业股权资本的一部分,是企业进行权益融资的重要方式。依据我国现行的财会制度,留存收益由盈余公积和未分配利润两部分组成。

2. 留存收益融资的优缺点

(1) 现代企业越来越多地利用留存收益来筹集资金,是和这种融资方式的优点分不开的。其优点表现如下:

①留存收益融资不发生融资费用,可以节约大量的融资成本;

②留存收益融资迅速便捷,避免因融资问题耽搁而贻误投资时机;

③留存收益属于权益融资,可以改善企业资本结构,提高企业举债能力;

④留存收益融资可以为股东获得纳税上的利益,利用留存收益融资,股东所获得的现金股利减少,因而缴纳的所得税相应减少。

(2) 留存收益融资也有其缺点,主要表现在保留盈余过多,会导致分红、股利较少,从而打击股东或投资人的积极性。

4.4 风险投资融资

风险投资作为一种独特的权益融资形式,在高成长性企业的权益融资中扮演了越来越重要的角色。高科技、高成长、高回报、高风险的工程项目融资可能以风险资本作为其权益融资的来源渠道。新兴企业的起步资金一般是创业者通过自身积累等方式融资,另外由于企业资产规模小、历史短,往往很难申请到银行贷款,企业资金来源渠道和数额也都有限,因此来自于风险投资的权益融资在新兴企业的进一步发展和扩张中具有举足轻重的地位。

4.4.1 风险投资的定义与特征

1. 风险投资的定义

风险投资是指具有资金实力的风险投资专业机构及个人通过科学筛选,向中小型成长性企业、项目、产品注入资本换得公司股权、准股权或具有附带条件的债权,并投入管理、人力资本等一揽子资源帮助公司尽快实现投资收益,旨在项目成功后出售股权实现资本增值,高风险和高收益对等的投资行为。

2. 风险投资的特征

1) 风险投资是一种主要面向中小型高新技术企业的投资

风险投资是传统投资机制的发展和延伸,它所投资的对象通常为发展速度快、风险高的中小型高新技术企业。这类企业发展前景良好,但起步之初往往资金薄弱,资信程度低,较难获得银行贷款,而且一般投资机构的投资意愿也较低。

2) 大部分风险投资是规模较大的权益投资

风险企业拥有的核心资产通常是人力资本与技术,一般没有足够可供担保的实物资产,不容易获得银行信贷的支持;且由于借贷融资需要偿还本利,对于年轻的企业来说,财务压力过大。由于发展时日尚短,风险企业一般不可能达到上市融资的标准,因此也不能通过股票市场融资。总之,风险企业很难通过一般的公司融资方式进行融资。

风险投资正好满足了风险企业此时的资金需求,它以股权投资的方式注入资金,使得风险企业能够长期发展。风险投资的对象主要是处于新兴阶段的企业和产品,而这一阶段的企业和产品往往需要有大量的资金投入。另外,风险投资的高失败率和多轮次、多阶段的投资特征,使得风险投资者必须具有充裕的资本才能进行大规模的风险投资。

3) 风险投资是一种高风险与高收益并存的投资

风险投资一般投资于高科技或新兴的高成长性风险企业,而风险企业面临着较大的研发风险、市场风险、技术风险、资金风险和管理风险等,特别是市场风险。新兴企业由于技术和产品都不够成熟,市场前景极其不确定,使得风险企业失败的概率远远高于已经发展到一定程度的传统企业。根据统计数据来看,风险投资的成功率是较低的,一般在 15%～20%,但是风险投资的高风险总是与高收益相伴而生的,被投资的风险企业一旦获得成功,并首次公开上市,则可以获得十倍、几十倍,甚至上百倍的投资回报。一般来说,投资于种子期或创立期的公司,所要求的年投资回报率在 40% 左右;对于成长中的公司,年回报率要求在 30% 左右;对于即将上市的公司,要求 20% 以上的回报率。只有这样潜在的高回报才能补偿风险投资的高风险。

4) 风险投资属于典型的买方金融投资,参与性很强

传统金融投资(如商业银行、投资银行和保险公司等的投资)通常属于卖方金融投资,这是因为它们的职能是通过出售自己的中介服务赚取利润,其收入主要表现为利差、押金和手续费。与传统金融投资不同,风险投资属于典型的买方金融投资,其操作模式是:先要募集资本并设立风险投资基金,然后将资本注入创新型企业(或项目),经过若干年经营与培育后再出售股份,并回收投资,其盈利来源主要是资本买卖的差价。与卖方金融投资相比,买方金融投资的融资难度更大,融资成本更高。在整个投资过程中,买方金融投资不仅强调融资(购买资本),更强调投资后的管理参与。

由于风险企业往往处于初期发展阶段,其管理也并没有达到规范化和制度化的

要求,风险投资家除了为风险企业提供企业初期发展紧缺的资金,还要利用他们长期积累的专业知识、行业经验和社会关系网络为其提供包括经营管理、市场开拓等多方面的增值服务,帮助企业对管理团队进行重构,以现代企业制度规范处于创业阶段的企业,从而为企业的进一步发展奠定基础,因而风险投资是一种参与程度非常高的专业投资。风险投资者向企业投入资金,直接目的是通过企业的发展和扩张,实现资本增值。因此,他们往往要参与企业的管理,参与经营战略、重大经营方针的制定,使企业尽快达到上市公司的标准,最终实现风险资本的增值和循环。

5) 风险投资是一种流动性很小的中长期投资

风险投资作为企业的权益资本,在投入之后一般不会轻易退出,其投资周期要经历研究开发、产品试制、正式生产、扩大生产到盈利规模进一步扩大、生产销售进一步增加等阶段,即使在中、前期过程中略有收入,也需要立即再投入到运作中去进行扩大再生产。资本往往在风险投资企业创立之初就投入,直至公司股票上市、股价上升之后才能撤出。这一过程少则3~5年,多则7~10年,是一种中长期投资,其流动性很低,风险资本在很长一段时间内无收益、无回报。有关美国157家由创业资本支持的企业的调查资料表明:风险投资企业平均用30个月实现收支平衡,用75个月时间恢复原始股本价值。另外,在创业资本最后退出时,如果不能公开上市,必须寻找到合适的退出渠道(如并购、回购等方式),达到合理的增值利润,才能撤出投资,进行下一轮次的资本轮回。风险投资家一般根据创业企业的发展阶段分次注入资金,并且融资额度逐步上升,这样不但可以防范风险,而且可以增加资金的流动性。

6) 风险投资是一种连接金融资本与高科技的投资

风险投资本身就是一种金融活动或者说是一种金融行为,一般归于金融投资领域,其投资对象一般是高科技企业(或创业企业)。通过风险投资可以实现资金和技术的有效结合,使科技成果迅速地实现产业化和商品化。风险投资的目的是在退出后实现资本增值,而风险资本退出后又需要资本市场,当然也需要技术产权市场实现股权的转让,风险投资有利于资本与科技的嫁接。风险投资灵活运用各种投资工具和投资组合,实现风险与收益的匹配,沟通资本市场与科技,引导社会资金投向,优化投资结构,在风险投资的运作下,可以把技术、资本和管理有机地结合起来。因而,风险投资通常被认为是一种连接金融资本与高科技发展的投资活动。

4.4.2 风险投资的资金来源

风险投资资金的主要来源包括富有家庭和个人、政府、机构投资者、企业、外商资本。

1. 富有家庭和个人

从风险投资发展历程来看,现在个人投资者的资本数量已经不占优势,但由于个人投资者承受风险的能力相对较好,在风险投资发展初期是不可缺少的重要力量。这一投资群包括具有敏锐商业头脑和大量资金的公司经理、商业银行和投资银行的富有的客户等。例如,在 1978 年美国的风险投资基金总额中,天使投资者[①]的风险资本供给占了 32%,若统计来自个人的低级风险资本供给,至少占到 80% 左右,而当时养老基金仅占 15%。富有家庭和个人以其资金、丰富的金融行业和企业经营管理经验以及面对风险的魄力创造了高回报的投资,为风险投资早期的蓬勃发展作出了贡献,他们的投资填补了机构投资者由于投资金额小、风险又过大而不愿意参与的工程项目融资需求空白。

2. 政府

政府介入风险投资行业主要是基于发展经济、促进相关高新技术产业发展和增强国际竞争力的需要。政府提供资金的方式包括直接投资和融资担保等。政府直接投资是指政府作为风险投资的一个投资主体,通过财政拨款或通过发行政府债券的形式形成风险投资基金,组建风险投资公司直接参与风险投资,或者将风险投资基金投入到由非政府机构经营的风险投资公司中去,形成风险资本,以填补市场的空白。政府所提供的融资担保包括:一种是为风险投资公司提供融资担保,另一种是对风险企业的融资进行担保。在我国,政府资金是风险投资的一个重要资金来源,尤其在风险投资开始启动时政府的介入是必不可少的。

3. 机构投资者

机构投资者是指资本市场上那些以其能利用的资金进行各类股票和债券投资的金融中介机构,主要包括商业银行、保险公司、捐赠基金、投资银行、养老基金等。机构投资者出于投资分散化的考虑和受风险资本的高回报的吸引,对风险企业进行投资。在国外,风险投资公司通过发行股票、债券等方式向银行、保险公司等金融机构融资,或由银行、保险公司等金融机构融资向风险企业投资。目前发达国家风险投资资金大都来自机构投资者,这种状况以美国最为明显。养老金、保险基金、捐赠基金等大的机构投资者是美国风险投资资金基本和主要的来源,这些机构投资者的进入扩大了风险投资的规模。

4. 企业

企业通常组建风险投资部门或下属机构进行风险投资,也有大公司和风险投资公司横向联合,依照"风险共担、利润共享"的原则发展高技术企业,充分利用大公司的资金、技术、市场网络与人力资源优势,降低投资风险,或向符合公司发展战略的外部风险企业直接投资。大企业进入风险投资业的原因如下。首先,对于有价值的但企业无意经营的研究成果,大企业可以以入股的方式参与到新创企业中去,并为其提供有价值的经营管理经验和市场技术支持,一旦投资项目成功就可以获得高回报。其次,如果某些技术对于大企业的战略发展具有重大的意义,大企业可以通过适当金额的投资对本企业或外企业的高新技术创新给予支持。这样做既可获得该技术,又能减少自己的研发投入和风险,把融资标准与技术战略结合起来的决策,用

---

① 天使投资者是指那些具有丰厚收入并为初创企业提供启动资本的个人。

市场机制取代上下级协调机制,对企业发展非常有利。

5. 外商资本

引进外商资本也是一个国家或地区风险投资的重要资金来源。对发展风险投资比较晚的国家或地区而言,引进外国风险资本,可以改善国内或地区内资金来源不足的状况。由于美国、英国、以色列、新加坡等国家都有了较为成熟的风险投资经验,我国也是借鉴上述国家发展风险投资的经验,通过引进外国风险资本来逐步发展国内的风险投资的。

纵观风险投资的发展历程,风险资本的供给主体并不是一成不变的。各国因为经济社会背景不同,风险资本的来源也不尽相同,但其发展趋势表明,不同投资主体天然具有不同投资选择偏好,这一点是主体系统日益多元化的内在原因。这是高新技术企业创业过程不同阶段资金需求特点和风险表现特点引起的主体投资分工的细化,而这种细化分工,又正好能保证高新技术企业融资的完整性和有效性。

4.4.3 风险资本的退出方式

尽管风险投资者在创业企业中占有相当数量的股权,但他们投资的目标不是长期控股,而是通过合适的渠道从创业企业中退出以实现资本增值,然后向新的项目投资以实现资本循环。对风险投资公司来说,顺利退出是风险投资取得成功的关键。从发达国家的经验来看,风险投资的退出一般采取三种方式。

1. 出售

出售方式包括并购和股票回购。并购是指公司间的收购与兼并,如创业企业被大公司、其他企业收购或兼并。股份回购是指创业资本通过赎回来实现退出的方式,主要是指风险投资机构将持有的创业企业股份全部返回给被投资的创业企业。对风险投资者而言,只要将被投资企业出售后其资本收益的折现率比被投资企业仍保持独立存在时的折现率高,则通过兼并收购撤出投资就是合算的。当然,出售或兼并决策还要考虑被投资企业预测的增长率、市盈率(PE)、新增融资成本、适当的折现因子以及协议转让被市场接受的程度等。

2. 清算

风险投资是一种高收益高风险的投资方式,部分或完全失败在风险投资业是很普遍的。对于风险投资者来说,一旦确认风险企业成长太慢或经营每况愈下且难以扭转,不能给予投资者预期的回报时,风险投资者就会果断地选择退出,收回资金以用于下一轮投资,他们是不会让一个无前途的项目占用大量资金的。以清算方式退出虽然是痛苦的,但这却是避免更大损失的权宜之计。因此,及时有效地清理失败项目也是风险资本退出的重要方式。

3. 首次公开发行(IPO)

在美国,大约有30%的风险投资采用IPO的方式退出,有23%通过兼并收购,

6%通过企业股份回购,9%通过股份转卖,6%是亏损清偿,26%是因亏损而注销股份。对于风险资本,IPO通常是最佳的退出方式。通过公开发行股票,风险投资公司将持有的股票在公开市场上抛售,获取高额回报。例如,苹果公司首次发行获得235倍的收益,莲花公司是63倍,康柏公司是38倍。近年来互联网创业公司股票上市,更是创造了华尔街的许多奇迹:亚马逊在3年时间内,将原始投资由1万美元变成1.3亿美元;1995年网景公司从初创到上市,创纪录地仅用了18个月,并使网景创始人一夜之间成为亿万富翁。因此,IPO成为风险投资首要的、最理想的撤出渠道。但是,要做到这一点,所培育企业必须经营状况良好,财务结构健全,且具有持续成长的潜力,并符合政策、法律对企业上市的规定。

IPO可以在主板市场,也可以在二板市场,但一般来讲,在二板市场的比较多,因为二板市场一般是专为创业企业上市而设立的。二板市场又叫新市场、另类投资市场、第二交易系统、创业板市场,它是与主板市场相对的概念,是主板市场之外、专为小企业和新兴公司提供融资和退出机制的市场。目前,世界各国的二板市场主要有美国的纳斯达克(NASDAQ)市场、英国的另类投资市场、欧洲新市场(European New Market)、欧洲的EASDAQ市场、加拿大风险交易所、法国新市场、德国新市场、日本的JASDAQ市场、新加坡的SENASD市场和香港的创业板市场。我国的深圳创业板市场自2009年运行以来,已有多家创业企业的股票在此上市交易,这极大地促进了国内风险投资的发展。

根据世界各国的运行情况看,二板市场一般具有如下特点。

① 具有前瞻性,上市标准较低。二板市场对公司历史业绩要求不高,市场关心的是公司是否有发展前景和成长空间,是否有较好的战略计划和明确的主题概念,以便为相关中小企业提供一个持续融资的途径,以助其尽快地成长与壮大。因此,其上市的规模与盈利条件都比较低,大多对盈利不做较高要求,进入二板市场的上市费用也比较低廉。公司进入二板市场的上市标准和成本都要比主板市场低很多。

② 市场监管严格。由于二板市场上市公司的规模较小,交易不如主板市场活跃,资产与业绩评估分析的难度也较高,因而容易出现内幕交易和被少数人操纵市场的现象。为了保护投资者的利益,应为投资者提供完备的风险管理工具,增强投资者承受风险的能力,避免因二板市场系统风险突发对经济和金融稳定造成重大冲击。

③ 主要面向机构投资者。二板市场具有高投资风险的特征,它主要针对的是寻求高回报、愿意承担高风险、熟悉投资技巧的机构和个人投资者,包括专项基金、风险投资公司、共同基金以及有经验的私人投资者。对于资本总额在1亿~10亿美元的公司,纳斯达克的机构投资者比例明显高于美国证交所。

④ 实行电子化交易。二板市场大多采用高效率的计算机交易系统,无须交易场地,因而具有交易费用低、效率高、透明度极高的突出优势。例如,纳斯达克市场即是从场外交易发展而来的,从一开始就没有集中的交易场所和交易大厅,而是通过

电话和计算机网络进行证券交易。目前,纳斯达克已经在多个国家和地区设立了终端,形成了一个由复杂的计算机和电信网络组成的庞大市场。

4.5 产业投资基金融资

4.5.1 产业投资基金的概念和特点

产业投资基金是一个大类概念,一般是指专业投资机构集合社会公众的资金,将其投向非上市公司,持有其股权或购买其他形态财产,以获取的收益向投资者分配。产业基金的主要参与人包括:①基金持有人(即投资人);②基金受托人,一般由银行或职业的受托管理公司如信托投资公司担任,负责保护投资者在基金中的资产和权益不受损害,以及监督基金管理人的工作;③基金管理人,负责产业基金投向及其投资项目的日常经营管理。一些国家规定,基金受托人和基金管理人必须由两个完全独立的机构担任。

产业投资基金的特点如下。

(1) 产业投资基金直接投资于非上市公司,并促进该公司的发展与成长,最终引导其上市。它以追求长期资本利益为目标,投资者投资于产业投资基金的目标主要不在于短期收益,而在于所投资的产业项目的成长性和资本的保值增值性。

(2) 产业投资基金的收益一方面来自投资项目产生的分红,另一方面来源于股权投资的资本增值。它的收益是来源于真正意义上的直接投资,投资者获得收益需要的时间比证券投资基金更长。在某种意义上,这样既起到了树立长期投资理念的作用,又起到了减少投机的作用。

(3) 产业投资基金的风险主要来自对所投资项目的立项选择、项目管理及基金退出等方面。它的风险也存在于企业之中,是经营风险。基金管理人对项目的筛选、评估等前期工作的成败直接决定了产业基金风险的大小。因此,产业基金在进行投资时,要分散风险,不能将全部资金投向个别项目或公司,而应在相关行业和项目上分别进行投资。

(4) 产业投资基金直接投资于产业,由于受投资组合的限制,投资项目周期较长,所需的资金量巨大,故资产的流动性较差。

(5) 产业投资基金不仅仅对企业提供资金支持,而且还通过直接向企业注入资本金和通过产权约束来促进企业转变经营机制,通过提供特有的资本经营服务来提高企业的管理水平,解决许多尚未达到上市标准的、有发展前途的企业因资本金不足而带来的一系列问题,最终扶持企业上市。因此,可以说产业投资基金在很大程度上直接支持了新产业和新企业。

(6) 产业投资基金对投资对象的股权投资不以控股为目的,一般对投资对象的直接管理参与较少,但基金管理公司也会利用本身的商业及财务专长,来辅助投资对象发展业务。

4.5.2 产业投资基金的分类

(1) 根据产业发展的阶段不同,可将产业投资基金分为创业投资基金、支柱产业投资基金、基础产业投资基金和重组/并购基金等。

①新兴产业与创业投资基金。新兴产业还处于成长期,市场份额小,产出比重小,没有稳定的现金流,往往不能实现财务上的盈亏平衡,高风险是其本质特征。但新兴产业通常代表产业发展的新方向,代表科学技术产业化的新水平,能对整个产业结构的调整起到促进作用。传统的融资渠道不能承受投资创业企业的高风险,所以新兴产业最需要创业投资基金的大力支持。

②支柱产业与支柱产业投资基金。支柱产业多指产出或收入比重较大的产业,它在一国的产业结构中占据重要的地位,如我国的房地产业。传统意义上的融资方式只能提供资金,不参与管理,而产业投资基金的介入不仅带来了充足的资金,还带来了现代企业的发展理念、科学的管理模式,有利于促进产业升级,增强国际竞争力。

③基础产业与基础产业投资基金。合理调整产业结构,大力发展交通、通信、能源、农业、水利等基础设施与基础产业对实现中国经济持续稳定发展、协调发展具有重要意义。基础产业投资具有较小的风险和稳定的收益,具有一定的投资价值。但企业和个人投资者往往因为其建设周期长、投资额巨大、投资回收慢而导致资金流动性差等问题而不愿介入。于是设立基础产业投资基金有利于集中社会闲散资金,解决国家基础设施建设资金不足、政府支出压力过大等问题,有效解决我国基础设施建设资金短缺的问题。

④衰退产业与重组/并购基金。衰退产业是指那些处在衰退期阶段的产业,它们的市场需求逐渐萎缩,在整个产业结构中的地位和作用不断下降。通过引入外部资金可以帮助其实现改造、再创新,或者是资源转移,退出现有的产业结构。而这类企业类似新兴企业,无论是生产还是销售都面临再创业,投资风险较大,产业重组基金则能满足其资金需求,更重要的是能引入外部管理和监督,在全国范围内甚至世界范围内实现产业的重组和并购,促进衰退企业的更新。

(2) 根据产业投资基金的组织形式不同,可以分为公司型产业投资基金和契约型产业投资基金。

①公司型产业投资基金。其以股份公司的形式存在,基金的每个投资者都是基金公司的股东,有权对公司的经营运作提出建议和质疑。公司型产业基金是法人,聘请的管理公司有限,所有权和经营权没有彻底分离,投资者将不同程度影响公司的决策,一定程度上制约了基金管理公司对基金的管理运作。

②契约型产业投资基金是通过信托投资契约的形式,向投资者发行受益凭证,募集资金设立投资基金。这种投资基金通常由基金委托人、基金受托人和基金投资者即受益人三方共同订立一个信托投资契约,委托人依照契约规定运用信托财产进

行投资;受托人依照契约规定负责保管信托财产,一般为银行或信托投资公司;投资者,即受益人持有受益凭证,依照契约规定享受投资成果。

(3) 根据基金受益凭证数额是否固定、是否可赎回,产业投资基金可以分为开放型产业投资基金和封闭型产业投资基金。

①开放型产业投资基金在设立基金时发行的基金总额不封顶,基金单位总数不固定,可视经营策略和实际需要连续发行。投资者可以按一定的手续购买或赎回一定数量的基金单位,这些基金单位的价格,按基金的净资产计算。因为基金券的发行量不固定,可追加,所以又叫追加型投资基金。

②封闭型产业投资基金,是指基金受益凭证持股数是固定的,发行期满后基金就封闭起来,总持股数不再增减。封闭型产业投资基金可以与普通股股票一样上市交易,投资者可以在证券交易市场或者其他交易市场上购买或出售基金持股,基金凭证的价格由市场供需状况决定,并不一定反映基金的资产净值。封闭型基金的投资收益一般高于开放型投资基金,这是因为投资者在投资期间不得抽回资金,基金管理公司不需要保留现金资产以应对投资者赎回的要求,可完全用于投资。在经股东大会表决及基金管理部门的批准的情况下,封闭型产业投资基金也可转为开放型产业投资基金。

4.5.3 产业投资基金在项目融资中的作用

产业投资基金进行投资的主要过程为:首先,选择拟投资对象;然后,进行尽职调查,当目标企业符合投资要求后,进行交易构造,在对目标企业进行投资后参与企业的管理;最后,在达到预期目的后,选择通过适当的方式从所投资企业退出,完成资本的增值。

产业投资基金对企业项目进行筛选主要考虑以下几个方面:

(1) 管理团队的素质被放在第一位,一个团队的好坏将决定企业最终的成败;

(2) 项目的市场潜力,如果项目的市场潜力巨大,那么即使目前尚未带来切实的盈利,也会被基金看好;

(3) 项目的独特性,只有具有独特性的项目才具有竞争力与未来的发展潜力。

产业投资基金在所投资项目发展到一定程度后,最终都要退出所投资企业。其选择的退出方式主要有三种:一是通过所投资企业的上市,将所持股份抛出获利;二是通过其他途径转让所投资企业股权;三是所投资企业发展壮大后从产业基金手中回购股份等。

【案例讨论题】

1. 结合本章案例,谈一谈企业为什么要进行项目权益融资?
2. 企业在进行权益融资时,需要考虑哪些问题?

【复习思考题】

1. 什么是权益融资？与其他融资方式相比,有什么优点？
2. 什么是普通股？普通股融资方式有什么优缺点？
3. 什么是吸收直接投资？其渠道有哪些？
4. 风险投资有什么特点？资金来源有哪些？

第 5 章 债务融资

【案例】

　　胶州湾大桥(原名为青岛海湾大桥)是我国北方冰冻海域首个特大型桥梁集群工程,是山东省"五纵四横一环"公路网框架的组成部分。大桥起于青岛市环湾大道李村河口处,终于黄岛侧胶州湾高速公路东,顺接济青高速南线起点,中间设立红岛互通与红岛连接线相接。主线桥宽 35 m,高速公路双向六车道,设计行车速度 80 km/h,全长 288 km,其中海上全长 261 km,设计基准期 100 年。

　　胶州湾大桥项目于 2005 年 3 月获得国家发展和改革委员会核准,经青岛市人民政府批准,青岛海湾大桥项目采取特许经营模式运作,通过公开招标方式确定项目法人。2006 年 8 月,青岛市交通运输委员会根据招标程序选定了山东高速集团有限公司为中标人。

　　山东高速集团有限公司组建项目公司山东高速青岛公路有限公司,项目公司的项目资本金为项目工程总投资的 35%,其中项目资本金为 33.36 亿元,项目公司首笔注册资本金不少于 6 亿元,在项目公司成立之日缴足,并在一年内注册资本到位应不少于 10 亿元。银团贷款 62.11 亿元,建设资金由项目公司向由中国工商银行等十家银行组成的银团融资完成。

思考

　　1. 与权益融资相比,债务融资对于工程项目投资者的影响有何不同?
　　2. 在工程项目融资决策中,决策者在选择债务融资方式时应综合考虑哪些因素?

5.1 短期负债融资

5.1.1 短期借款

1. 短期借款概述

　　短期借款是指期限在一年以内的借款。短期借款主要指商业银行向需贷款企业发放的贷款,故短期借款一般指短期银行借款。按照不同的划分标准,短期借款可划分为不同种类:按偿还方式的不同短期借款可分为一次性偿还借款和分期偿还借款;按利息支付方式的不同短期借款可分为收款法借款、贴现法借款和加息法借款;按借款的资本用途不同短期借款可分为流动基金借款、生产周转借款、临时借款、结算借款等;按有无担保短期借款可分为担保借款和无担保借款。本书仅就担保借款和无担保借款对短期借款进行介绍。

1) 担保借款

担保借款,是指借款者以自己或第三人的财产所有权作为抵押或质押而向贷款银行取得的借款。担保借款需要借、贷双方签订抵押或质押借款合同,可以将企业的应收账款、存货、有价证券、设备及不动产等资产作为抵押品或质押品。在合同中必须注明抵押品或质押品的名称及有关说明,同时应将该合同送一份到有关政府机关备案,以保证债权人的权益。

贷款的安全程度取决于抵押品的价值和变现速度。通常抵押品的价值越大,变现能力越强,贷款银行面临的风险越小。在借款者不能偿还债务时,贷款银行有权处理抵押品或质押品,将所得款项作为补偿。当处理抵押品或质押品所得价款超过债务本息时,差额部分应当归还借款者;当所得价款低于债务本息时,其差额部分则变为一般无担保债权。

短期借款的抵押品或质押品一般包括应收账款、存货、有价证券、设备及不动产等,本章将对以应收账款和存货为抵押品或质押品的短期借款进行重点介绍。

(1) 应收账款质押借款。

应收账款质押借款是指以借款者的应收账款作为质押品向银行取得资金,主要包括应收账款担保借款和应收账款让售借款两种形式。

①应收账款担保借款。在这种方式下,借款者以其应收账款的债权作为担保品,贷款银行拥有应收账款的受偿权,一旦商品买方无力支付货款,贷款银行还可以对借款企业行使追偿权。因此,运用应收账款质押的方式来实现融资的企业仍要承担应收账款的违约风险。通常,贷款人一般选择信用等级较高的销售发票作为质押品来降低相应的贷款风险。此外,贷款人的贷款额度通常低于质押的应收账款总额。

②应收账款让售借款。应收账款让售借款是指借款人将其所拥有的应收账款债权卖给商业银行或有关金融机构,当商品买方无力支付账款时,商业银行或有关金融机构不能对借款人行使追索权,而要自行承担损失。在应收账款让售借款业务中,借款企业与贷款人要签订质押协议书,明确双方应遵循的程序和各自的法律责任。其基本程序如下:当企业收到买方订单时,应填写信用评估表送交贷款人审查;在贷款人认同并批准贷款后,借款企业才能将销售发票寄往买方,并要求买方直接付款给贷款人。对借款企业来说,以应收账款作为质押进行融资不仅可以获得应收账款投资的资本来源,而且可在一定程度上转让应收账款,从而降低了风险。该借款形式的缺点是,当发票数量多且金额较小时,应收账款融资的管理成本较高。

(2) 存货担保借款。

存货在企业资产中属于变现能力较差的资产,而且由于其性质和品种的复杂性,银行难以与企业签订完善的担保协定。因此,在以存货为抵押品的借款方式下,贷款银行十分慎重,不仅要对抵押存货的变现能力进行保守估计,还要适当提高借款的利息率。银行一般只愿意接受易于保管、易于变现的存货作为短期贷款的抵押品。在存货担保借款中,贷款人主要考虑以下几个因素:第一,存货的变现性、耐久性以及市场价格稳定性;第二,存货的清理价值,即当企业违约时抵押存货的清理价值是否足以补偿贷款的本金和利息;第三,考察公司的现金流动状况,以确定公司的偿债能力。担保贷款通常按抵押存货市价的一定百分比发放,该百分比随存货变现性、市场稳定性和耐久性等特性的变化而变化。

2) 无担保借款

无担保借款又称为信用借款,是指企业无须财产的担保,凭借自身的信誉从银行取得的借款。信用借款是信誉好的大规模企业短期资金的重要来源,通常用于满足季节性营运资金变动需要。银行在根据企业近期的财务报表、现金预算和预测报表等资料对企业进行风险收益分析后,决定是否向企业贷款和以怎样的贷款条件向企业贷款。银行发放信用贷款的利率较高,并常带有不同的信用条件,构成了不同信用条件的信用借款,主要内容如下。

(1) 信用额度。

信用额度是指在一定时期内,借款企业与银行之间的正式或非正式协议中约定的银行授予借款企业无担保贷款的最高限额。信用额度的确立一般以银行出具的信函通知书(或者一份更为正式的、具有法律约束力的协议)为准,上面写明银行的信用额度、期限或贷款条件等。当信用额度更新时,信用限额、利率及其他条件也会随之变化。在非正式协议下,如果企业信誉恶化,或银行信贷资金吃紧,银行并不必须承担按最高借款限额保证贷款的法律义务。

(2) 周转信贷协议。

周转信贷协议是指银行在法律上承诺向协议签订企业提供不超过某一最高限额的贷款协议。在协议的有效期内,只要企业的借款总额未超过最高限额,银行必须满足公司任何时候提出的借款要求。而企业通常要按照一定的费率,对贷款限额的未使用部分支付承诺费(一般按信用额度总额中尚未使用部分乘以一定的承诺费率计算得出)。周转信贷协议不仅可以满足公司季节性资本需要,而且还可以满足一般流动资本需要。

(3) 补偿性存款余额。

补偿性存款余额是银行要求借款者在银行中保持按贷款限额或实际借用额的一定百分比(一般为 $10\%\sim20\%$)计算的最低存款余额。从银行的角度看,补偿性存款余额有助于降低贷款风险,当借款企业因资金短缺而无法按期支付利息时,由于补偿性存款余额的存在,银行可以自动划转补偿性存款余额以支付到期利息,补偿其可能遭受的贷款损失;对于借款公司来说,尽管补偿性存款余额提高了借款的实际利率,但也降低了企业还贷逾期被罚息的风险。

2. 短期借款的成本

对融资企业而言,短期借款成本主要取决于银行贷款的利率。银行贷款利率的高低主要受以下因素影响。

(1) 借款人的信用程度。借款人的信用程度越好,贷款利率越低。

(2) 贷款银行所要求保持的补偿性存款余额。贷款银行所要求保持的补偿性存款余额比例越小,贷款的实际利率越低。

(3) 银行提供贷款服务的成本。信用调查和贷款处理过程中发生的成本越低,贷款利率越低。

(4) 借款人与银行的业务关系。借款人与银行之间的业务关系越密切,贷款利率越低。

3. 短期银行借款利息支付方法

一般来讲,借款企业可采用四种方法向银行支付利息。

(1) 银行划转支付法。

银行划转支付法是比较普遍的利息支付方法,指在借款使用期内,由银行按期(月或季)自动划转支付。形成利息逾期支付的,借款企业还要为此支付逾期罚息。

(2) 收款法。

收款法又称一次支付法,是在短期借款到期时一次性向银行支付全部利息的方法。

(3) 贴现法。

贴现法是银行向企业发放贷款时,先从贷款中扣除利息的方法。借款人实际得到的金额是借款额扣除利息后的余额,而到期偿还时必须按借款额偿还,由此造成借款的实际利率要高于银行的名义利率。此时的利息可以看作补偿性余额,比如,一家企业向银行借款 100 万元,银行以 10% 的名义利率先从贷款中扣除 10 万元,则实际利率为 $10/(100-10) \approx 11.11\%$。

(4) 加息法。

加息法是银行发放分期等额偿还贷款时采用的利息收取方法。在分期等额偿还贷款时,银行要将根据名义利率计算的利息加到贷款本金上计算出贷款的本息和,并要求企业在贷款期内分期偿还本利和的金额。由于贷款分期均衡偿还,借款企业实际上只平均使用了贷款本金的半数,而却要支付全额利息。因此企业所负担的实际利率就很高,几乎高出名义利率的一倍。例如,假设向银行借款 120 万元,贷款年利率是 10%(年利息 12 万元),银行要求每个月等额还本金 10 万元,还利息 1 万元,此时实际可用借款额最高是 120 万元,最低是 0 万元,平均的可用借款额为 $120/2=60$ 万元,因此年实际利率为 20%。

4. 短期借款的优缺点

1) 短期借款的优点

(1) 短期借款是一种及时、方便的融资方式。银行的资本力量雄厚,企业获得短期借款所需时间较短且资金量充足,是信誉好的企业获取营运资金和临时性资本的主渠道。

(2) 短期借款具有较好的弹性和灵活性。企业可以在需要资金时借入款项,在资金比较充裕时归还借款,另外,银行借款兼结算,使企业用户借款较为方便。

2) 短期借款的缺点

(1) 资金成本较高。与商业信用融资和发行短期融资券相比,短期借款的利率都比较高,短期借款融资的资金成本较高。如果采用抵押借款,还需要支付相应的管理和服务费用,从而增加了融资费用。对于资信状况不佳的企业,银行可能还要上浮利息率,资金成本会更高。

(2) 限制条件较多。由于银行也是经营性机构,也要考虑收益和风险。因而在企业向银行申请借款时,银行都会对企业的生产经营状况和财务状况进行严格的调查,并在借款合同中附加许多限制性条款,可能还要企业把流动比率、负债比率维持在一定的范围之内,以降低贷款风险,这些都会构成对企业的限制。在企业使用贷款期间,银行还要进行贷后管理,检查企业是否执行了借款合同中约定的有关条款。

5.1.2 商业信用融资

1. 商业信用概述

商业信用是企业之间的一种直接信用关系,也是社会信用体系中最重要的一个组成部分。在商品交易中由于赊销赊购现象的存在,而发生了货币与实物在时间上和空间上的分离,购销双方之间形成了借贷关系,实现了资本的融通活动,赊购方从销售方筹措到一笔短期资本,这样就产生了商业信用。采用商业信用方式进行商品交易对双方都有好处,一方面,购买方在缺乏货币资本的情况下,能够顺利地购进这批商品并进行销售,最终获得商业利润;另一方面,销售方虽然没有收到现款、推迟了收款时间,但毕竟产品已销售出去,促进了货物周转。在高度发达的市场经济中商业信用依然存在,并成为促销的重要手段。

2. 商业信用的种类

商业信用的主要形式包括应付账款、应付票据、应付费用、预收账款等。

(1) 应付账款。

应付账款是最典型、最常见的商业信用形式,是指企业在正常的经营活动和商品交易中,由于赊购商品或劳务而与其他企业形成企业间信贷关系。购货方可以利用应付账款筹集到一定数量的资本,但是这种资本使用期限较短,购货方应当在销售方给予的信用期限内支付货款,否则就会影响企业的信誉。

应付账款融资按其是否支付代价,可分为免费融资和有代价融资两种。如果供应商所提供的信用条件只约定信用期,不提供现金折扣(比如 $n/30$),购货方在信用期限(30 天)内任何时间支付货款均无代价。如果供应商在提供信用期限的同时又提供了现金折扣和现金折扣期的约定,那么购货方在折扣期限内支付货款也没有融资成本;如果购货方虽然在约定的信用期限内付款,但超过了现金折扣期,就意味着放弃现金折扣的付款优惠,则放弃的现金折扣就构成了融资的代价。

(2) 应付票据。

应付票据是指企业在商品或劳务交易中，向供应商承诺在将来特定时日支付一定货款而签发的反映债权债务关系的信用凭证。应付票据的承兑期限由交易双方商定，一般为 1~6 个月，最长不超过 9 个月。应付票据可以带息，也可以不带息。带息应付票据的利息率通常低于短期借款利率，且不用保持相应的补偿性余额和支付手续费。票据贴现实际上是在持票人需要资金时，可持未到期的票据向其开户银行申请贴现，支付一定利息以获得短期银行借款的行为。贴现银行需要资金时，可持未到期的票据向其他银行转贴现。贴现和转贴现的期限一律从其贴现之日起到汇票到期日止。

依据不同的标准，可以对应付票据进行不同的分类。按承兑人的不同，分为商业承兑汇票和银行承兑汇票两种；按是否附息，分为附息票据和无息票据；按能否立即兑付，分为即期票据和远期票据。

(3) 应付费用。

应付费用是企业内部在生产经营中预先提取但尚未支付的费用，或已经形成但尚未支付的款型，如应付工资、应付税金和预提费用等。这些费用使企业受益在前、支付在后，相当于享受了收款方的借款，可以在某种程度上缓解企业资金紧张的压力。但由于应付费用通常都规定有一个必须支付的最后期限，企业一旦延期支付，就会面临缴纳滞纳金和赔偿金以及罢工威胁等风险，这就要求企业必须合理调度资金，以保障应付费用的按时支付。

(4) 预收账款。

预收账款是卖方企业在交付货物之前向买方预先收取部分或全部货款的信用形式。对于卖方来讲，预收账款相当于向买方借用资金后用货物抵偿。这种信用条件一般在下面情况时采用：

a. 对于市场上供小于求的商品，销售方会要求购货方预付账款；

b. 需根据订单生产，且生产周期较长、价值较高、需占用较多资金的产品，销售方为减少资金占用而要求购货方预付账款；

c. 销售方对购货方的信用状况缺乏了解，或购货方信用欠佳，为降低销售风险而要求购货方预付货款。

需要指出的是，企业在生产经营活动中往往还存在一些自发性融资的应付费用，如应付职工薪酬、应交税金、应付利息、其他应付款等。以应付职工薪酬为例，职工总是在企业付酬前就已提供了劳务，而职工薪酬总是在薪酬结算期末才发放。同样，企业的应交金也要到税务局约定的纳税日才缴纳。也就是说，应付费用通常不在发生时支付，而在之后的指定日期支付，相当于企业获得无息借款，构成了企业的无代价融资。应付费用融资的优点是取得容易，不用办理任何正规的手续；其缺点是融资数量有限，且期限通常具有强制性，不能由企业自主斟酌使用。

3. 商业信用融资的优缺点

1) 商业信用融资的优点

商业信用融资的取得方便、及时。商业信用融资是与商品交易同时进行的,只要销售方同意赊销商品,购货方就可以通过商业信用筹集到相应数量的资金,因此,融资手续简单方便。与银行借款、发行债券等债务融资方式相比,在通过了销售方对赊购企业的信用审查后,销售方就会为赊购企业提供商业信用,一般无特别限制条件。在没有现金折扣,或者企业不放弃现金折扣的情况下,商业信用基本上无融资成本。

2) 商业信用融资的缺点

商业信用融资的期限较短,金额有限。商业信用融资的期限通常都较短,购货方应当在销售方给予的信用期限内支付货款,否则就会给企业带来信誉上的损失。在有现金折扣的情况下,如果为了取得现金折扣,企业在折扣期限内支付款项,则融资期限会更短。如果放弃现金折扣,企业则须付出相当高的隐含利息成本。

5.1.3 短期国际融资

对于跨国公司而言,除了上述传统的短期融资方式,还可以通过跨国公司内部调度和向国际金融机构借款等方式进行短期的资金融通。对跨国公司来说,需要资金的跨国公司子公司在寻求外部资金渠道之前,首先是依靠公司总部,利用内部资金调配工具实现子公司之间的资金融通。内部资金调配,不仅可以利用公司的闲置资金,从整体上提高公司的资金使用效率,还可以在外部市场利率较高时降低企业融资成本。跨国公司短期国际融资的方式除了跨国公司内部资金调配,还包括在当地进行货币融资、发行票据等。国际银行短期借款有许多种形式,主要包括无担保贷款、担保贷款、辛迪加贷款、多种货币贷款、分享股权贷款、累进偿还贷款、合成货币贷款等。

5.2 长期负债融资

5.2.1 长期借款

1. 长期借款概述

长期借款是指企业向银行或其他金融机构借入的还款期限在1年以上(不含1年)的借款。长期借款是企业筹集长期负债资本的一种重要方式,尤其是不具备发行债券条件的中小型企业,基本上都需要通过长期借款来筹集长期负债资本。在企业融资活动中,长期借款可以满足企业日常经营活动对长期资本的需求,调整资本结构,降低综合资金成本,并具有财务杠杆作用。

2. 长期借款的种类

长期借款有多种分类方法,较为常见的有以下几种。

(1) 按照提供借款的金融机构不同,可分为专业性银行借款、商业性银行借款和非银行金融机构借款三类。

专业性银行借款是指企业通过专业性银行借款。由于专业性银行只经营指定范围的金融业务和提供专门的金融服务,所以能够选择专业性银行借款的企业通常都是一些特定行业或从事特定业务的企业。专业性银行的长期贷款利息率一般比商业性银行低,期限较长,贷款条件相对优惠。商业性银行借款是企业长期借款的主要形式。财务公司、投资公司等非银行金融机构的借款与商业性银行相比期限较长,利率较高,对借款企业的信用审查和担保的选择比较严格。目前在我国,非银行金融机构借款会受到一定限制。

(2) 按照是否需要担保,可分为担保借款和无担保借款。

担保借款是指银行要求借款企业提供一定的担保物权作为担保的一种借款方式,其担保物必须是能够变现的动产、不动产或权利(如专利权、应收账款等)。对于银行来说,抵押借款有利于降低银行贷款的风险,提高安全性;对于借款企业来说,企业可以通过这种方式比较顺利地取得借款。信用借款是指不以抵押品作为担保,仅凭借款企业的信用而向银行取得借款的借款方式。信用借款一般只限于那些与银行长期合作、信用可靠、经营稳定的企业。

(3) 按照企业借款的用途不同,可分为基本建设借款、更新改造借款、科研开发和新产品试制借款等。

3. 取得长期借款的条件

一般来说,企业申请长期借款应当具备以下条件:

(1) 企业必须是独立核算、自负盈亏、具有良好的还款能力的法人单位;

(2) 企业的经营方向和业务范围应当符合国家的产业政策,借款用途属于银行贷款办法约定的范围,并出具借款项目的可行性报告;

(3) 应当提供一定的物资和财产保证,担保单位应当具有相应的经济实力;

(4) 财务管理和经济核算制度健全,且资本使用效益和经济效益良好;

(5) 在相关银行开立账户并能办理结算。

4. 长期借款合同

为了维护借、贷双方的合法权益,保证资金的合理使用,借款企业提出的借款申请经贷款银行审查认可后,双方即可在平等协商的基础上签订借款合同。借款合同依法签订后即具有法律效力,借贷当事人各方必须遵守合同条款,履行合同约定的义务。借款合同一般应当具备以下条款。

(1) 借款种类。按贷款人的不同可以分为自营贷款、委托贷款和特定贷款。按贷款的信用程度可分为信用贷款、担保贷款和票据贴现。贷款的分类是相互交叉的,一般贷款合同中的贷款类型会同时涉及上述几种类型。在实际情况中直观机械地划分贷款种类并无实质性意义,主要是通过这种区别规范贷款行为。

(2) 借款用途。借款人应该按照约定的用途使用贷款。贷款合同载明的借款用途不得违反国家限制经营、特许经营以及法律、行政法规明令禁止经营的约定。对借款人而言,贷款合同可以维护自己使用资金的权利;对贷款人而言,贷款合同可以监督资金的流向,规避贷款风险。

(3) 借款金额。贷款币种、金额,是贷款合同中的数量条款,是贷款人向借款人提供的具体货币及其数量,是计算贷款利息的主要依据。

(4) 借款利率。长期借款利率的大小取决于金融市场的供求状况、借款期限、抵押品的变现能力和价值以及企业的信誉等因素。长期借款利率通常分为固定利率、变动利率和浮动利率。

固定利率是指借、贷双方以市场中类似风险程度的贷款利率为参考确定长期借款利率,利率一经确定不得随意改变;变动利率是指在借款期限内长期借款利率可以根据具体情况进行调整,一般根据金融市场的行情每半年或一年调整一次,或者在贷款协议中约定根据金融市场的变动情况随时调整,借款企业未偿还的本金按调整后利率计算利息;浮动利率是指经借、贷双方协商,同意按照金融市场变动情况随时调整利率,调整后的贷款余额按新利率计算利息。

一般情况下,长期借款的利率要高于短期借款利率。

(5) 借款期限。借款期限是根据借款人的生产经营周期、现金流量、还款能力和贷款人的资金供给能力由借贷双方共同商议后确定,并在贷款合同中载明。

(6) 还款资金来源及还款方式。目前长期借款的偿还方式主要有三种形式:到期日一次偿还本息;定期偿还相等份额的本金;不定期分批偿还,每批金额不等,具有一定弹性。

(7) 保护性条款。由于长期借款的期限长、风险大,按照国际惯例,银行通常对借款企业提出一些有助于保证贷款按时足额偿还的条件,形成了合同的保护性条款,分为一般性保护条款、例行性保护条款和特殊性保护条款。

① 一般性保护条款。一般性保护条款应用于大多数借款合同,其内容主要包括:对借款企业流动资金保持量的限制,其目的在于保持借款企业资金的流动性和偿债能力;对支付现金股利和再购入股票的限制,其目的在于限制现金流出;对资本支出规模的限制,其目的在于减少企业日后不得不变卖固定资产以偿还贷款的可能性;对其他长期债务的限制,其目的在于防止其他贷款人取得对企业资产的优先求偿权。

② 例行性保护条款。作为例行常规,例行性保护条款在大多数借款合同中都会出现,其内容主要包括:借款企业定期向银行提交财务报表,其目的在于及时掌握企业的财务状况;不准在正常情况下出售较多资产,以保持企业正常的生产经营能力;如期清偿应缴纳的税金和其他到期债务,以防止被罚款造成现金流失;不准以任何资产作为其他承诺的担保或抵押,以避免企业加重负担;不准贴现应收票据或出售应收账款,以避免或有负债;限制租赁固定资产的规模,其目的不仅在于防止企业负

担巨额租金以致削弱其还债能力,还在于防止企业以租赁固定资产的办法摆脱对资本支出和负债约束。

③特殊性保护条款。特殊性保护条款是针对某些特殊情况而出现在借款合同中,其内容主要包括:专款专用,限制企业投资项目范围,限制企业高级职员的薪金和奖金总额,要求企业主要领导人在合同有效期间担任领导职务,要求企业主要领导人购买人身保险等。

(8)违约责任。贷款合同中的违约可分两类:一类是违反贷款合同本身的约定,例如,到期不还本付息、不履行约定的义务或对事实的陈述与保证不正确等;另一类是预期违约,即借款人明确表示或自己的行为表明到期不能履行合同义务时,银行即可在违约事实发生之前提前追究借款人的违约责任。借款合同应对违约一方所承担的经济及法律责任进行详细约定。

5. 长期借款的评价

1)长期借款的优点

长期借款融资与发行股票、债券等长期融资方式相比,具有以下优点。

(1)融资速度快。利用长期借款融资,一般所需时间较短,程序较为简单,可以使企业快速获得现金。相比之下,发行股票、债券筹集长期资本由于必须得到证券管理部门的审批,并做好发行前准备工作,如印制证券等,融资程序比较复杂,所需时间较长。

(2)融资成本较低。由于借款利息可在所得税前扣除,可以减少企业实际负担的利息,因此其融资成本比股票要低。另外,长期借款利率一般低于债券利率,并且借款属于间接融资,融资费用也比发行债券所需费用少得多。因此,与股票融资和债券融资相比,长期借款融资的资本成本较低。

(3)借款弹性较大。在借款时,企业与银行直接商定贷款的期限、数额和利率等;在用款期间,企业如因财务状况发生某些变化,亦可与银行再行协商,及时变更借款数量及还款期限等。因此,长期借款融资对企业具有较大的弹性和灵活性。

(4)可获得财务杠杆效应。如果公司借入款项所投入的项目的投资收益率大于长期借款利率,公司即可获得财务杠杆的良性效应,增加股东收益。

2)长期借款的缺点

(1)财务风险较高。当企业经营不利、财务困难的时候,长期借款的固定利息支出无疑加重了企业的负担,甚至可能使企业无法偿付到期债务,引发破产。

(2)限制条款较多。银行出于安全性考虑,在与企业签订的借款合同中通常附加了许多限制性条款。这些条款限制了企业对借入资本的灵活运用,并在一定程度上影响了企业的再融资能力。

(3)融资规模较小。长期借款只是向某个或几个金融机构融资而不是向社会融资,所以很难像发行股票或债券那样筹集大量的资本。

5.2.2 发行债券

1. 债券概述

（1）债券的概念。

债券是债务人为筹集债务资本，按照法定程序发行的，约定在一定期限内向债权人还本付息的有价证券。债券是一种标准化的确定债权债务关系的书面凭证，一般可以在金融市场上流通转让，具有期限性、流动性、收益与风险并存的特征。

（2）债券的基本要素。

①票面价值。债券的票面价值简称面值，是发行人对债券持有人在债券到期后应偿还的本金数额，具体包括币种和票面金额。币种是指以何种货币作为债券价值的计量标准。票面金额是指票面所标明金额的数值。除零息债券以外，大多数债券以票面价值为基础计算并支付利息。

②票面利率。债券的票面利率是指发行债券公司一年内向债券持有人支付的利息占债券票面价值的比率。一般来说，债券票面利率的确定取决于债券期限、发行者资信状况、银行利率、当时资本市场资金供求关系以及利息计算方法等因素。

③期限。债券期限是指债券从发行到偿还本金或发行者提前赎回时的时间长度。

④发行价格。债券的发行价格是指债券投资者认购新发行的债券时实际支付的价格。债券发行价格有三种：平价发行（发行价格等于债券面值）、折价发行（发行价格低于债券面值）和溢价发行（发行价格高于债券面值）。

⑤付息方式。债券的付息方式包括一次性付息或按一定时间间隔分次向债券持有人支付利息。其中一次性付息方式又可分为利随本清方式和利息预扣方式两种。企业具体选择时，要综合考虑降低融资成本与增加债券对投资者的吸引力。

⑥偿还方式。债券的偿还方式是指债券发行者向债券持有人偿还本金的方式。具体内容可参见债券契约中相关的债券回收条款，如偿债基金、可赎回条款等约定。按偿还日期划分，偿还方式有期满偿还、期中偿还和延期偿还三种。按偿还方式划分，又可分为货币偿还、债券偿还和股票偿还三种。

2. 债券的种类

债券的分类方法有很多，不同种类的债券在风险与收益上具有不同的特点。一般来说，债券按发行主体不同可以分为政府债券、金融债券和公司债券。这里主要介绍公司债券的种类。公司债券是指公司依照法定程序发行、约定在一定期限还本付息的有价证券。公司债券有很多种分类方法，这里主要介绍公司债券的七种分类。

（1）按照债券券面上是否标明持券人的姓名或名称，可分为记名债券和无记名债券。

记名债券是指在债券券面上记有持券人的姓名或名称的债券。记名公司债券由债券持有人以背书方式或者法律、行政法规约定的其他方式转让，转让后由公司将受让人的姓名或者名称及住所记载于公司债券存根簿。无记名债券是指在券面上不记载持券人的姓名或名称的债券。无记名债券的还本付息仅以债券为凭据,其转让只由债券持有人将债券交付给受让人后即发生法律效力。

(2) 按照发行债券是否有担保,可分为担保债券和无担保债券。

担保债券,是指发行企业有特定财产作为担保物而发行的债券。其中,可以作为担保物的有动产、不动产和企业持有的债券和股票。当债券发行企业违约时,信托管理人就可以将抵押财产变卖处置,以保证债权人的优先求偿权。无担保债券是指没有担保物,完全凭借企业信誉发行的债券。无担保债券通常只有实力雄厚、信誉良好的企业才能发行。无担保债券没有担保,并且财产清偿的顺序位于担保债券之后,对债权人而言风险较大,因此,其利率要比同一时期发行的担保债券利率略高。

(3) 按照债券的利率是否固定,可分为固定利率债券和浮动利率债券。

固定利率债券是指债券的利率在发行之初就已确定的,并且在整个债券存续期内固定不变,不随市场利率的变化而调整的债券。对于发行公司来说,如果在债券到期之前市场利率水平发生较大幅度的下降,发行固定利率债券的利率风险较大。浮动利率债券是指债券的利率在其存续期内随市场利率水平的变动而调整的债券。典型的浮动利率债券通常是半年调整一次利率。浮动利率债券的利率根据市场基准利率加上一定的利差来确定,可以降低因市场利率水平发生较大变动而给发行公司带来的风险。

(4) 按照债券持有人是否有权利参与公司利润分配,可分为参与公司债券与非参与公司债券。

参与公司债券是指附有可参与公司利润分配条款的公司债券。参与公司债券的持有人除可以得到预先约定的利息外,在一定程度上还享有参与发行公司利润分配的权利。非参与公司债券是指债券持有人只能按照约定的利率获得利息,无权参与公司利润分配。公司债券大多为非参与公司债券。

(5) 按照是否可转换为公司股票,可分为可转换债券和不可转换债券。

可转换债券是发行企业依照法定程序发行、在特定期限内依据固定比例可以转换成企业股票的企业债券。可转换债券兼有债权和股权的双重性质。不可转换债券是指债券发行后不能转换成普通股的债券。由于可转换债券赋予债券持有人将来成为公司股东的权利,因此,可转换债券的利率一般低于不可转换债券。

(6) 按照是否可提前偿还,债券可分为可赎回债券和不可赎回债券。

可赎回债券是指在债券到期前,发行企业可以以事先约定的赎回价格提前收回的债券。可赎回债券有利于发行企业灵活地调整资本结构,回避利率风险。但是,发行企业必须在发行债券时就约定赎回期限及赎回价格,并且赎回价格必须高于发行价格,以便对债券持有人予以补偿。不可赎回债券则是指不能在债券到期前提前偿还的债券。不可赎回债券的持有人只能按照债券发行时约定的利率获得收益,在市场利率上升时,对债券持有人不利。

(7) 按照发行方式划分,可以分为公募债券和私募债券。

公募债券是指按照规定程序经过证券主管部门批准公开向社会公众投资者发行的债券。私募债券是指以特定的少数投资者为对象发行的债券,发行手续简单,一般不能公开上市发行。

3. 债券市场概述

1) 债券市场

债券市场是资本市场的一个组成部分,是债券发行和买卖的场所。债券市场最常见的分类有以下两种。

(1) 根据债券的运行过程和市场功能,可分为发行市场和流通市场。债券发行市场,又称一级市场,是发行单位初次出售新债券的市场。它将政府、金融机构以及企业等向社会发行的债券分散发行到投资者手中。债券流通市场,又称二级市场,指已发行债券在投资者之间买卖转让的场所。债券流通市场增强了债券的流通性,同时也在影响着后续债券在一级市场的发行价格,为投资者提供了实现资本增值和投资组合多元化的渠道。根据市场组织形式,债券流通市场又可分为场内交易市场和场外交易市场。发行市场是整个债券市场的源头,发达的流通市场构成了发行市场的重要支撑,二者相辅相成,互相依存。

(2) 据债券发行地点的不同,债券市场可以划分为国内债券市场和国际债券市场。国内债券市场的发行者和发行地点同属一个国家,而国际债券市场的发行者和发行地点不属于同一个国家。

2) 债券的发行条件

根据我国 2014 年修订的《证券法》第十六条的约定,企业发行公司债券必须符合下列条件:

(1) 股份有限公司的净资产不低于人民币 3000 万元,有限责任公司的净资产不低于人民币 6000 万元;

(2) 累计债券余额不超过公司净资产的 40%;

(3) 最近 3 年平均可分配利润足以支付公司债券 1 年的利息;

(4) 筹集的资金投向符合国家产业政策;

(5) 债券的利率不超过国务院限定的利率水平;

(6) 国务院规定的其他条件。

此外,发行公司债券所筹集的资本,必须按审批机关批准的用途使用,不得用于弥补亏损和非生产性支出。

法律上约定发行债券的条件,主要是为了保证发行公司具有足够的偿还能力,保障债权人的合法利益,加强国家的宏观经济管理,保证社会资本流向经济发展最需要的产业,优化经济资源配置。

3) 债券发行种类

债券发行企业在确定发行债券的类型时,应首先考虑不同债券对投资者的吸引力。发行公司的收益水平高低和偿债能力大小,是债券吸引力强弱的决定性因素。因此,发行公司应对自身的知名度、收益水平、偿债能力与其他发行公司进行横向比较,分析其优势,扬长避短,才能决策出债券适合发行的种类。如果企业通过比较,认为本公司在投资者心目中有相当高的吸引力,即公司已经具有良好的信誉和知名度,可选择发行普通的、无附加条件的债券;如果发行企业认为普通债券对投资者的吸引力不足,则应选择有附加条件的债券,如可转换债券、抵押债券、担保信托债券、设立偿债基金债券,以促进债券的销售。当然,附加条件越多,对发行企业的束缚也就越多。

4) 债券发行方式

(1) 按债券发行对象不同,其发行方式有两种,即私募发行和公募发行。

① 私募发行。私募发行是指面向少数特定的投资者发行。私募发行由债券发行人与投资者直接接触,洽谈发行条件和其他具体事务,不需要承销商,也不必向证券管理机关办理发行注册手续,属于直接发行,节省了承销费用和注册费用。另外,私募发行手续简便、发行时间短、效率高,投资者往往已事先确定,不必担心发行失败,但私募债券不能公开上市,流动性较差,投资者一般要求其提供比公募债券更高的收益率,发行数量相对有限。

② 公募发行。公募发行又称公开发行,是指公开向广泛不特定的公众投资者发行债券。公募债券发行者需向证券管理机关办理发行注册手续。公募债券的发行数额较大,通常委托证券公司等中介机构进行承销。公募债券发行后可上市转让,流动性强,因而利率一般比私募发行低。但公募发行的要求较高,手续复杂,需要承销商参与,发行时间慢,费用一般较私募发行高。

(2) 按债券发行是否有中介人,可分为直接发行和间接发行。

直接发行是指发行人不通过承销商等中介机构,直接向投资者发行债券的方式。直接发行可以节约委托发行的费用,但是,发行人需自己办理各种发行手续,工作量较大,发行失败的风险较大。直接发行一般适用于私募发行债券、金融债券或者信用级别较低的公司债券。

间接发行是债券发行人委托投资银行、证券公司等中介机构办理债券发行事务。间接发行要向中介机构支付一定比例的委托费用,但是通常能够保证发行工作顺利完成。公募发行债券普遍采用间接发行方式。其承销方式包括代销、余额包销和全额包销。

5) 债券发行价格

公司债券发行价格的高低,主要受以下四项因素的影响。

(1) 债券面额。债券面额是计算债券利息的基础,它是决定债券发行价格的最基本因素,但不是所有的债券面额都等同于发行价格。一般而言,债券面额越大,其发行价格就越高。

(2) 票面利率。债券的票面利率是债券的名义利率,通常在发行债券之前即已确定,是计算债券利息的依据。票面利率的高低决定了债券收益水平的高低,但票面利率并不等同于投资者的实际收益率。一般而言,债券的票面利率越高,发行价格也越高。

(3) 市场利率。市场利率是由金融市场上资本供求等多种因素决定的,投资者往往以市场利率为参照来衡量债券票面利率的高低,并据此来评估债券的投资价值。因此,发行公司必须参照市场利率来确定债券的发行价格。一般而言,在债券票面利率一定的情况下,市场利率越高,债券的发行价格越低;反之,市场利率越低,债券的发行价格就越高。

(4) 债券期限。债券期限不仅影响着债券利息的计算,也影响到债券风险的大小。一般来说,在其他因素不变的情况下,债券期限越长,债权人承受的风险越大,要求的利息报酬就越高。

由此可见,债券的发行价格受诸多客观因素的影响,是上述四项主要因素综合作用的结果。债券发行价格应该是发行公司和投资者双方都能接受的一个公允价格。如果债券发行价格定得过高,势必增加发行的难度;如果债券发行价格定得过低,发行公司就会遭受损失。

6) 债券发行数量

债券发行数量是制定债券融资方案的基础。发行规模过小,筹集资本不足,达不到最初的发行目的,或影响企业的正常经营;发行规模过大,造成资本闲置和浪费,加重企业债务负担,影响资金使用效果。债券发行数量的确定应参考以下因素。

(1) 企业经营规模目标。以企业合理的资金占用量和投资项目的资金需要为前提,对企业的未来经营规模进行规划。

(2) 企业的财务状况,尤其是偿债能力和未来获利能力。偿债能力、获利能力越强,债务融资的规模就可以越大。

(3) 各种融资方式的资金成本和方便程度。各种融资方式的资金成本不同,取得资金的难易程度也不同。企业应选择最经济最方便的金融方式。通过比较分析,确定是否采用债券融资方式以及发行的规模。

企业发行债券规模不能超过负债界点。负债界点反映了企业偿还债务、支付本息的盈利状况,企业债券融资规模如果超过了负债界点,不仅偿还债务有问题,且会因支付的利息过大而发生亏损。

7) 债券发行利率

确定发行债券的利率,要符合国家的有关规定,同时要充分考虑企业的经营状况,支付能力以及对投资者的吸引力。确定债券利率应主要考虑以下因素。

(1) 银行同期储蓄存款的利率水平。银行储蓄和债券是可供投资者、居民选择的两种投资方式,且一般而言公司债券的信用不如银行,故债券的利率应略高于同期储蓄存款利率水平,同期利率水平是公司债券利率的下限。

(2) 我国规定企业债券的利率一般不得高于银行同期利率的40%,这是企业债券利率的上限。

(3) 发行公司的信用级别。如果发行公司的社会知名度高,信用较好,则可以相应降低利率。

(4) 如果发行债券附有抵押、担保等保证条款,利率可适当降低。

(5) 为保证债券到期还本付息,需要计算投资项目的经济效益,投资项目的预计投资报酬率是决定债券利率的重要依据。

8) 债券发行的期限

确定债券的还本期限,应当考虑以下因素。

(1) 投资项目的性质。投资项目的期限是决定偿债期的主要依据,若为生产性建设项目,期限应长;若是设备更新改造融资,期限可以相对较短;若仅是为了满足暂时的周转资金而发行债券,则期限可以安排在几个月之内。总体而言,债券期限要与投资项目的性质相适应,目的是付出最小的代价,最大限度达到融资目的。

(2) 债券交易的方便程度。证券市场的完善程度对发行债券的期限有很大影响,如果证券市场完善,债券流通活跃,交易方便,就应发短期债券。债券期限越长,则债券利率越高,融资成本越高。因此应尽量发行短期债券。

(3) 证券市场利率变化趋势。如果预测未来利率将要降低,就选择发行期限较短的债券,以便将来再以较低的债券利率发行新债券。反之,可以发行期限较长的债券。

为了规避利率变动风险,发行企业可以在发行债券时就规定可以提前偿还,或在债券到期日前选择适当的有利时机,购回发行在外的公司债券。为保障债券按期偿还,某些公司的债券合同中有专门的条款,规定债券发行公司按期从资产设备折旧或利润中提存一定数额的专门款项,交由银行或信托公司保存。这种为公司债券偿还而提存的专款,一般称为"偿债资金"。

9) 债券发行程序

(1) 制定发行计划和发行章程。公司在发行债券之前的首项工作是制定发行计划和发行章程,明确本次债券发行的目的、可行性和实施内容。

(2) 评定信用等级。评定信用等级指的是信用评级机构对企业发行债券所募集资金使用的合理性和按期偿还债券本息的能力及其风险程度所做的综合评价。一般只有企业在资信评估机构出具的债券等级证明为 A 级以上时,才允许企业正式提出发行申请。

(3) 提出发行申请。公司董事会就债券发行事宜做出决议后须向证券管理机关提出发行申请。若未经批准,企业不得发行债券。申请审核的文件主要有申请报告、项目批文、财务报告和公司资料等。

(4) 签订承销合同。间接发行债券时,发行公司需与承销人就本次债券的发行承销问题进行谈判,确定本次债券的发行总额、发行方式、承销方式、发行价格、发行时间等有关事宜,并约定承销者所承担的责任和义务、承销者的报酬和承销者缴款的日期。

（5）发布发行公告。在上述发行准备工作完成后，发行公司应以公告形式公布发行内容，主要包括公司经营管理简况、公司财务状况、发行计划、发行债券的目的、债券总金额、发行条件、还本付息方式、募集时间等。

（6）认购人应募交割。在募集期间，应募人填写认购申请书，认购人在约定的时间缴纳债券价款，发行公司则交割认购人的债券，进行钱、券两清的了结。

4. 债券融资的优缺点

1）债券融资的优点

（1）资金成本低于股票融资。与股票的股利相比，债券的利息允许在所得税前计入成本费用，从而抵减了所得税，发行公司可以享受税收利益，实际负担的资本成本较低。

（2）具有财务杠杆作用。发行债券属于债务融资，具有财务杠杆的作用。无论发行公司盈利多少，债券持有者一般只收取固定的利息，不再参与公司净利润的分配，这样就会将更多的收益用于分配给股东或公司经营，实现股东财富的最大化。

（3）保障股东对公司的控制权。由于债券持有人只从企业获取固定的利息收入，无权参与发行公司的管理决策，因此，公司发行债券不会像增发新股那样可能会分散股东对公司的控制权。

（4）便于调整资本结构。企业可以利用偿还债券的时机进行资本结构调整。如果仍然要保持原有的资本结构，就可以用发行的新债券来偿还旧债券；如果要改变资本结构，就可以利用股权融资来调整资本结构。可转换债券或可提前赎回债券更便于企业主动调整资本结构。

2）债券融资的缺点

（1）增加企业财务风险。发行公司必须承担按期还本付息的义务，在公司经营不善、财务状况不景气时，这可能会给公司带来更大的财务风险，甚至使公司陷入财务困境。

（2）限制条件较多。与长期借款、租赁等融资方式相比，发行债券融资的限制条件比较多。这些限制条件一方面来自国家法律，另一方面来自债券发行契约。这样会制约公司对债券融资方式的使用，甚至会影响公司以后的融资能力。

（3）发行债券筹措的资金有限。公司利用债券融资一般会受额度的限制。例如，根据我国《证券法》第十六条的约定，公开发行公司债券，其累计债券余额不超过公司净资产的40%。

5.2.3 长期国际债务融资

1. 长期国际债务融资概述

公司所需的长期资金不仅可以由国内资金市场供给，而且还可以在国际资本市场中筹措，其中常见的国际资金来源包括国际商业银行贷款、国际债券和国际金融组织贷款、国外政府贷款等。

2. 国际商业银行贷款

(1) 国际商业银行贷款是指借款人从外国商业银行或金融机构提供的自由外汇贷款。中长期银行贷款主要有独家银行贷款和银团贷款两种。独家银行贷款是由一国的某家商业银行独家承担。这种贷款多为中期贷款，期限一般为3~5年，其金额不超过1亿美元。银团贷款(又称辛迪加贷款)是指由一国的某家商业银行牵头，若干个来自不同国家的银行参加，组成国际银团后共同向借款人提供贷款。银团贷款金额较大，期限较长。

(2) 中长期国际商业银行的贷款条件主要包括利率及费用、偿还方式与期限和贷款币种等。

①利率及费用。为了规避贷款期限长而造成利率变动风险，中长期国际商业银行贷款一般采用按市场利率分期进行调整的浮动利率，调整期限通常为每三个月一次或半年一次。市场利率一般以伦敦银行同业间拆放利率为基准，加上一定的利差形成借款利率。借款人除了按期支付利息外，还要负担包括管理费、杂费、代理费、承担费等其他相关费用。

②偿还方式与期限。中长期国际商业银行贷款偿还方式包括到期一次偿还、分期等额偿还和宽限期满分次等额偿还。为防范汇率风险，在贷款协议中还要决定是否包括提前偿还贷款的条款。

③贷款币种。贷款所使用的币种直接决定了借贷双方所承受汇兑风险的大小。贷款货币选择软币还是硬币，将影响还款所用本币数额的多少，应该综合考虑汇率和利率两个因素。

3. 国际债券

国际债券市场作为全球最大的融资市场之一，已成为跨国公司融资的重要渠道。国际债券是各国融资者在国际金融市场上融资时，向债权人出具的到期支付利息并偿还本金的凭证。国际债券的种类很多，这里主要介绍外国债券和欧洲债券两种。

(1) 外国债券。外国债券是指在某个国家的债券市场上，由外国融资者发行的以所在国货币为币种的债券。外国债券市场主要有瑞士法郎债券市场、美国扬基债券市场、德国马克债券市场、日本武士债券市场，次要的有荷兰盾、加拿大元、法国法郎和香港港币等债券市场。近几年，美国扬基债券作为一种非常有效的融资手段，已成为世界上最大、流动性最强的债券市场。

(2) 欧洲债券。欧洲债券是发行者在本国以外的国际资本市场上发行的、以第三国货币计价、并由国际包销团在各国推销的一种国际债券。例如，我国企业在法国债券市场上发行的以美元计价的债券，就属于欧洲债券。欧洲债券的特点是：发行人为一个国家，发行在另一个国家，债券币种使用的是第三个国家的货币。

国际债券市场一般有严格的管理制度，一般对发行者有如下要求：①必须经过正式申请登记,由专门的评审机构对发行者进行审查;②发行者必须公布财务状况和资产负债情况;③在发行期间,每年应向投资人报告资产负债盈亏情况;④债券发行获得批准后,必须根据市场容量,统一安排发行的先后次序;⑤债券的发行与销售一般只允许证券公司或投资银行经营,代理登记及还本、付息、转让等业务;⑥一般须有发行者所在国政府或中央银行担保,担保必须是无条件的和不可撤销的。

发行国际债券与其他融资方式相比,优点在于投资者一般对筹款的使用没有严格要求,且一旦通过了评级,发行了债券,还可以提高发行者在国际市场的信誉,有利于拓宽其他融资渠道。缺点是发行费用较高,评级过程需要提供大量相关的材料,发行手续复杂。

4. 国际金融组织贷款

常见的国际金融组织贷款包括世界银行集团贷款和区域性开发银行贷款两类。

(1) 世界银行集团贷款。

世界银行集团由国际复兴与开发银行(IBRD)、国际开发协会(IDA)和三个其他机构(国际金融公司、多边投资担保机构和解决投资争端国际中心)组成。

国际复兴与开发银行只对会员国中低收入国家的政府或政府批准和保证的项目发放贷款。贷款主要针对特定的大型基础工程项目。该贷款的贷款条件较严格,俗称硬贷款;采用浮动利率制,参照借入资金的平均成本加上 0.5%,每半年调整一次,略低于市场利率;贷款期限为 $15\sim25$ 年,有 $3\sim5$ 年宽限期。国际开发协会贷款投向及用途则侧重于有收入的项目,贷款要考虑偿还。此种贷款条件较优惠,俗称软贷款。该贷款不收利息,只收手续费和承担费;贷款期限可长达 $35\sim40$ 年,并有 10 年的宽限期。国际金融公司的贷款主要为发展中国家会员国的私人企业的发展项目提供融资,对象为中型企业及采矿业和原材料部门。这种贷款利率视借款者资信而定,一般略高于国际复兴与开发银行的贷款利率,接近或略低于市场利率;贷款期限为 $7\sim15$ 年,无须政府担保。

(2) 区域性开发银行贷款。

区域性开发银行有亚洲开发银行(ADB)、美洲开发银行(IADB)、欧洲投资银行(EIB)、非洲开发银行(ADB)等。它们主要为对地区发展具有重要意义的制造业、农业及基础性项目提供资金,以推动该地区的经济一体化。区域性开发银行的贷款多数为 $5\sim15$ 年期的中长期贷款,且有较优惠的利率。

亚洲开发银行成立于 1966 年,总部设在菲律宾马尼拉,其成员国和地区共有 67 个,包括中国、日本、印度、新加坡等。亚洲开发银行的贷款有以下三类。①硬贷款,即普通贷款,按平均贷款的成本外加 0.5% 的利差来确定利率,定期调整;期限 $10\sim30$ 年,宽限期 $2\sim7$ 年;主要用于基础设施项目,贷款条件较严格。②软贷款,又称特别基金贷款,期限长达 40 年,宽限期 10 年;宽限期后的 10 年每年还本 2%,以后 20 年每年还本 4%;不收取利息,只收 1% 的手续费;另外,还为科技落后的成员国提供用于项目咨询的技术援助特别基金,属于赠款。③联合融资,指亚洲开发银行和外来资金共同资助一个项目,分为平行融资、共同融资、伞形融资、窗口融资、参与性融资等不同类型。

(3) 国际农业发展基金组织贷款。

国际农业发展基金组织是按照世界粮食会议决定,于1977年设立的一个联合国专门机构,是专门为发展中国家提供优惠贷款发展粮食生产的国际组织。其提供的贷款分为三类:一是优惠贷款,偿还期为50年,含宽限期10年,每年收取1%服务费;二是中等贷款,偿还期是20年,宽限期5年,年利率4%;三是普通贷款,偿还期15~18年,宽限期3年,年利率8%。贷款原则上不能用于发展盈利业务,主要用于增加粮食生产、消除贫困等。

(4) 国际货币基金组织。

国际货币基金组织的宗旨是促进国际货币合作,支持国际贸易的发展,稳定国际汇兑,提供临时性融资,帮助成员国调整国际收支的暂时失调。它不向成员国提供一般的项目贷款,只在成员国发生国际收支暂时不平衡时,通过出售特别提款权或其他货币换取成员国货币的方式向成员国提供资金援助。该组织贷款条件严格,按成员国在基金中的份额、面临国际收支困难的程度及解决这些困难的政策是否有效等条件确定贷款的金额。

该组织的贷款种类包括以下几个。

①普通贷款,用于解决会员国一般国际收支逆差的短期资金需要。贷款期限为3~5年,每一个会员国借款累计最高额为该会员国认缴份额的125%,并根据贷款额度的不同,收取不同的贷款利率和手续费。

②中期贷款,用于解决会员国较长期国际收支逆差需要。贷款额度较大,期限为4~8年,贷款利率随借用年限递增。会员国使用这种贷款的最高额为认缴份额的140%。该项贷款与普通贷款两项总额不超过会员国认缴份额的165%。使用中期贷款时,应先向基金组织提出申请,并附有为克服国际收支困难所应采取的有关措施。基金组织经审查同意后才能提供贷款。会员国在贷款期间还需定期向基金组织提供有关资料,以便进行监督检查。

③出口波动补偿贷款,当初级产品出口国发生国际收支困难时,在原有普通贷款外另外申请的一种贷款。贷款期限为3~5年,贷款最高额为会员国认缴份额的100%。

④缓冲库存贷款,用于帮助初级产品生产国为稳定销往国际市场的产品价格所需的资金。贷款期为3~5年,最高额为会员国认缴份额的75%。

⑤补充贷款,主要用于补充普通贷款的不足,解决会员国巨额和持续的国际收支逆差所需金额较大、期限较长的资金。贷款期限为3.5~7年。贷款最高额为会员国认缴份额的140%。

⑥信托基金,是国际货币基金组织出售其所持有的一部分黄金而得到利润对低收入会员国提供的一种条件优惠的临时性贷款,期限为5年,利率0.5%。每半年偿

还一次，分期还清。目前该项贷款已取消。

⑦扩大资金贷款，由沙特阿拉伯及少数西方国家提供，用于解决成员国国际收支困难。贷款期限为3.5～7年，贷款限额第一年为份额的150%，第三年为450%。

⑧结构调整贷款，仅向低收入国家提供，属于援助性贷款。

5. 国外政府贷款

国外政府贷款是政府之间利用国库资金提供的长期低息优惠贷款，具有援助性质，可以无息。年利率一般为2%～3%；偿还期限平均20～30年，有的长达50年，其中包含10年左右只付息不还本的宽限期。政府贷款一般规定用于基础设施建设，且有一定的附加条件。目前对我国进行政府贷款的国家主要有日本、比利时、意大利、法国、加拿大、科威特、瑞典、英国、德国、瑞士，以及丹麦、芬兰、挪威、澳大利亚、荷兰、卢森堡、奥地利、西班牙等国。

政府贷款通常由政府有关部门出面洽谈，有时在政府首脑出国访问期间经双方共同商定，签订贷款协议。例如，法国对外提供贷款时，由其主管部门法国财政部国库司代表法国政府对外谈判，签订贷款总协议，拟定贷款的额度、期限等一般条件，然后听取法国国民议会有关机构的意见。

国外政府贷款的程序不尽相同，一般有以下几个步骤：①债款接受国选定贷款项目，进行贷款前准备；②借款国向贷款国提供贷款申请；③贷款国对项目进行分析审查；④借款国如接受对方提供的条件，双方对贷款的基本条款和条件进行谈判；⑤双方签订贷款协议；⑥政府指定银行实施贷款协议；⑦支付贷款；⑧贷款机构对项目执行和经营阶段的活动进行监督管理；⑨返还贷款。

外国政府贷款分为两种。一是纯政府贷款，即完全由政府财政性资金提供的贷款，一般无息或利率很低，还款期较长，用于城市基础设施等非盈利的开发性项目。二是政府混合贷款，由政府财政性资金与商业性贷款混合而成，是外国政府贷款的主要形式，主要有三种类型：①政府财政性资金与一般商业性资金混合起来的贷款，比一般商业性贷款优惠；②一定比例的赠款和信贷混合而成，赠款部分占25%～45%；③政府财政性资金和商业银行出口信贷混合的贷款，这是最普遍采用的贷款形式。

【案例讨论题】

本章案例中贷款结构安排是否合理，为什么？

【复习思考题】

1. 短期借款的担保品都有哪些？
2. 影响贷款利率的因素有哪些？
3. 短期借款的优缺点分别有哪些？
4. 商业信用的主要形式有哪些？它们各有哪些优缺点？

5. 取得长期借款的条件和优缺点分别是什么？长期借款合同应包含哪些内容？

6. 债券的基本要素以及债券价格的主要影响因素是什么？债券融资的优缺点分别有哪些？

7. 中长期国际商业银行的贷款条件是什么？

第 6 章 租赁融资

【案例】

云南昆石高速公路是全线采用沥青混凝土路面、控制出入的收费高速公路。主线全长 78.08 km，工程总投资约 374 801.5 万元人民币，平均每千米造价 4 800 万元。公路技术等级为山岭重丘区高速公路，计算行车速度为 100 km/h，路基宽度分别为 40.5 m、26 m、24.5 m。昆石高速公路沿线设 9 个收费站，全部控制出入口，除两个收费站设于公路主线上，其余的 7 个收费站全部设于互通式立交道。

2009 年 5 月 22 日，历时近半年多的云南昆明至石林高速公路融资租赁从意向到合同谈判整个工作顺利完成，云南省公路开发投资有限责任公司与深圳国银金融租赁有限公司、国家开发银行云南省分行三方在昆明举行了合同签字仪式。

昆石高速公路融资采用的是固定资产售后租回模式，云南省公路开发投资有限责任公司将昆石高速公路 37.48 亿元的固定资产解除质押后，转让给国银金融租赁有限公司，再由公司在 5 年内以同期银行利率加上租赁费逐年等额回购。这种融资模式既不改变公司对昆石公路的管理和经营权，又能及时为公司筹集到大额建设资金，为在建(新建)公路项目提供有效的资金保障。

昆明至石林高速公路固定资产开展融资租赁售后租回实现融资 37.48 亿元，是国内融资租赁行业的重大创新，也是云南省近年来交通基础设施第一笔获得除银行贷款以外的融资。这不仅为云南省公路开发投资有限责任公司加快发展及时提供了资金，增强了企业的实力和影响力，同时也为交通基础设施建设拓宽融资渠道，优化资本结构，降低资金成本和提高资本运作能力，起到了良好的示范作用，必将对云南省公路开发投资有限责任公司的发展、对云南省交通基础设施的融资工作产生促进作用。

思考

1. 在工程项目融资中，租赁融资主要适用于什么情形？
2. 除了案例所述融资方式之外，租赁融资还有哪些方式？

6.1 租赁融资概述

6.1.1 租赁的概念及特征

租赁的含义随着社会经济制度的变迁而不断发生变化，在不同国家有不同的含义,即使在同一国家也由于发展阶段的不同而不同。

美国的财务会计准则委员会第十三号公告对融资租赁的定义为:①租赁设备是由承租企业选择并指示出租企业购买;②租赁期间双方不得随意解除租赁合同;③承租企业按期向出租企业支付租金,租期与设备的经济耐用年限基本相等,租金的合计金额超过设备的原价。

国际会计准则委员会在其制定的《国际会计准则第 17 号》文件中对融资租赁的定义:融资租赁是指出租企业将实质上属于资产所有权上一切风险和报酬转移给承租企业的一种租赁方式,租赁期结束时,其名义所有权可以转移,也可以不转移给承租企业。

我国《企业会计准则第 21 号——租赁》中对融资租赁的定义:实质上转移了与租赁资产所有权有关的几乎全部风险和报酬的租赁。其所有权最终可能转移,也可能不转移。

《中华人民共和国合同法》规定:融资租赁合同是出租人根据承租人对出卖人、租赁物的选择,向出卖人购买租赁物,提供给承租人使用,承租人支付租金的合同。

租赁凭借"融物"的方式达到了"融资"的目的,经济关系的实质是一种借贷关系。本书将租赁界定为:资产所有者以取得一定租金为条件,在一定期限内将其所拥有的物资或资产转让给他人支配和使用的一种服务性商业信用活动。

租赁作为企业一种特殊的融资方式,有其自身的特征,概括起来主要有以下特征。

(1) 出租人的目的是通过出租设备收取以租金形式表现的超过设备价值的超额利润,是一种投资行为或贷款形式;承租人的目的是通过租赁设备以取得设备使用权,解决资金不足的问题,同时可以取得预期的利润,是一种融资行为。

(2) 租赁标的物的使用权和所有权分离。在租赁过程中,出租人向承租人让渡的是标的物的使用权,并未将所有权让渡给承租人。

(3) 租金的分期归流。对项目单位来说,只需要付一定的租金就可以超前获得设备的全部使用价值。

(4) 融资租赁包括两个或两个以上的合同。融资租赁由出租方向供货方购买设备,同时又将设备向项目单位出租,由此产生了出租方与供货方的买卖合同和出租方与项目单位的租赁合同。

(5) 项目单位对设备和供货人有选择的权利。同时,项目单位也承担设备保养、维修和保险的责任。

(6) 租赁合同一经签订不得撤销。租赁合同签订后,项目单位不得中途退租或要求退租,出租方也不能单方面要求撤销合同。

(7) 融资租赁至少涉及三方当事人——租赁公司、承租人和供货商,并至少有两个合同——买卖合同和租赁合同,是一项自成体系的三边交易,这三方当事人相互关联、相互制约。

(8) 拟租赁的设备由承租人自行选定,租赁公司负责按用户的要求给予融资便利,购买设备,不负担缺陷、延迟交货等责任和设备维护的义务;承担人也不得以此为由拖欠和拒付租金。

(9) 全额清偿,即租赁公司在基本租期内只将设备出租给一个特定的用户,租赁公司从该用户收取的租金总额应等于该项租赁交易的全部投资及利润,或根据租赁公司所在国关于融资租赁的标准,等于投资总额的一定比例,如80%。换言之,租赁公司在一些交易中就能收回全部或大部分该项交易的投资。

(10) 设备的保险、保养、维护等费用及设备过时的风险均由承租人负担。

6.1.2 租赁的作用

租赁为企业提供了一种无须购买即可获得设备使用权的方式,企业只需支付租金,就可以尽早采用先进的生产设备及工艺。这种方式不仅提高了企业利用资金的效率,也为企业提供了更加广阔的融资渠道。针对目前我国很多企业所面临的融资难的困境,租赁不失为走出这一困境的捷径。

1. 租赁对承租人的作用

1) 为承租人提供融通资金的途径

对于资金短缺的企业来说,支付巨额的设备购买费用无疑是十分困难的,而通过租赁,企业只需支付租金就可以引进先进的设备和技术来扩大生产规模或进行技术改造和设备更新。每年支付租金的数额通常相当于购买设备价款的10%~20%,租金的支付方式根据承租人的要求经双方当事人协商确定。对某些企业来说,寻求其他融资方式有时是十分困难的,对信誉度不高的中小企业尤其如此。在我国,银行对中小企业的贷款审核更为严格,中小企业想通过银行贷款来融资困难重重,并且融资金额十分有限,此时租赁不失为一种行之有效的融资渠道。

2) 对于季节性或暂时性需要的设备,租赁可以节省费用

对有些季节性的设备,如农机设备、夏天的制冷设备和其他暂时需要的设备,又如在生产或建筑施工过程中需要的重型吊装设备、大型的建筑工程机械设备等,一般这种设备使用次数不多,但又无法代替。如果企业自融资金购置所需的设备,耗资巨大,易给企业造成压力,也会造成设备资金的浪费,保养储藏这些设备也会产生很多费用。如果采用租赁的方式,以上问题即可迎刃而解,既便利,又节约。

3) 租赁可以使企业免遭通货膨胀的损失

租赁的租金一般是按照预定的金额分期支付的,每期租金金额通常是固定不变的,在通货膨胀、货币贬值的情况下,设备的价格必然不断上升,而承租人无需增加租金仍可租到设备,还有可能从中得利。

4) 租金支付方式灵活多样,提高了企业现金周转的灵活性

租赁合同中对租金支付方式的约定相当灵活,承租人可以用使用设备所产生的收益来支付租金,一般都在设备投产以后按年、季等平均支付;也可以根据承租人的生产或现金流量状况采用不均等的支付方式。例如,可根据承租人的生产和产品销

售情况来安排租金的支付时间和金额,开始年份由于销售量小,支付的租金额度可约定得低一些,待产品销售进入旺盛时期再提高租金额度,这样有利于承租人提高资金周转率。企业如果通过向银行贷款来购置设备,则需在贷款将到期时一次性偿还大部分本金,这样企业在资金运转时会有一定困难。而在租赁贸易中,租金分期支付额由承租人和出租人双方在考虑了各自的现金周转状况后确定,企业现金周转灵活性较大。

5) 租赁期间可熟悉设备的性能

有些租赁方式,如经营性租赁,对那些技术密集型设备的安装、维修保养、人员培训、技术服务以及可能发生的风险,均由租赁公司负责。承租人通过租赁既可得到技术培训,又可在操作实践中逐步熟悉设备的性能、结构和各项经济技术指标,为今后设备的留购创造好条件,或为日后直接购买时做参考,以免盲目购买。

6) 租赁能使企业回避技术设备陈旧过时的风险

现代科技日新月异,设备的技术复杂程度逐步加大,更新换代的速度也日益加快。企业购置的设备,特别是价格昂贵并且技术变革较快的技术密集型设备,经常会出现使用年限未到技术却已落后淘汰的情况。在这种情况下,如果企业提前报废设备,将蒙受重大的经济损失;然而如继续使用,经济效益又太低;把设备转让出去,恐怕也无人问津。面对这一难题,租赁给出了解决之道。因为针对上述类型产品的租赁协议,一般都约定在技术变革中有新型号产品问世时,承租人就可退回老产品,要求出租人更换新的技术设备,出租人承担设备陈旧过时、被淘汰的风险,不过因此,承租企业需支付的租金也相对较高。

当然,租赁也存在着不足之处,主要体现在以下两个方面。

(1) 承租人对租用的设备仅有使用权,并无处置权。除非得到出租人的同意,租人不得对租赁物的结构随意进行改造或配装其他构件。承租人无法根据自己的需要或工艺技术要求对设备自主安排,实行最优组合,从而影响了承租企业的创新意识,阻碍了技术水平的提高和改善装备条件的积极性。

(2) 与其他信贷融资方式相比,如与现金购买设备相比较,租赁费相对较高。因为除支付贷款利息外,承租人还要承担租赁公司的手续费。

投资者可以根据资金的需求及融资状况,考虑上述租赁业务中提及的针对承租人的优势及劣势,审慎地选择租赁融资这种方式。

2. 租赁对出租人的作用

租赁对承租人有上述诸多有利之处,同样对出租人也有不少好处。

1) 租赁是制造厂商类出租人促销产品、扩大出口的有效措施

发达国家企业利用租赁形式促销产品的历史由来已久。与贸易出口方式相比,尽管租赁出口的交易程序复杂、费用高,但它有利于绕开贸易壁垒,避免关税及贸易保护主义方面的限制,有利于提高竞争力、扩大产品出口等。租赁公司也常常是大制造厂商或其附属机构。为了扩大产品销路,制造厂商往往通过国际租赁贸易来扩

大产品的出口,从事技术密集型产品经营性租赁,加强对国际市场的影响,同时通过提供维修保养、人员培训等服务工作,来赚取较高的劳务报酬。特别是在国际经济不景气、国际市场销售条件恶化,而本国的机器设备生产又严重过剩的情况下,利用国际租赁扩大销售市场,是维持开工率、缓解失业的一种有效手段。世界上著名的通用电器财务公司、IBM 公司、AT&T 资本公司、兰克施乐国际租赁公司和贝尔太平洋三环租赁公司都是附属于大制造商的租赁公司。实践证明,利用融资租赁促销功能而建立和发展的上述租赁企业大多获得巨大成功。

2) 通过租赁进行投资,成为金融机构类出租人向海外进行资本扩张的有效手段

金融服务业是第三产业中的一个重要行业,因此在一国的对外开放过程中,金融业往往开放程度较低,甚至不对外开放。于是很多大型跨国金融机构通过开展跨国租赁业务为海外承租人融资,从而达到直接或间接输出资本的目的。租赁可以扩大大型跨国金融机构过剩资金的投资领域,即扩大信贷业务,这样大型跨国金融机构不仅可以通过对租赁标的物收取租金的形式收回全部投资和利息,并且可以通过提供相应服务赚取利润。

3) 出租人可获得国家对租赁标的物在税收上的优惠

许多国家为了扶植现代租赁贸易的发展,在税收上做了一些特别约定,给予出租人(也包括承租人)在税收上的一些特别优惠。例如,美国税务局约定,租赁期在 8 年以上的设备投资可减收出租人 10% 的应缴所得税,6~7 年的可减收 7%,4~5 年的减收 4%。英国、瑞典和挪威也有类似的税收优惠。

但是,租赁贸易对出租人也有不利的一面,主要体现在以下三个方面:

(1) 与直接销售资产相比,国际租赁资金回收周期较长,资金周转速度较慢;

(2) 在租赁期间,租赁物所有权仍归属出租人,因此出租人要承担设备磨损,特别是无形磨损的风险;

(3) 租金在租赁期间一般是相对稳定的,出租人需要承担通货膨胀、利率、汇率变动的风险。

6.2 经营租赁与融资租赁

6.2.1 经营租赁

1. 经营租赁的含义

经营租赁又称营运租赁、服务租赁,是指在一定期限内由出租人向承租企业提供租赁的资产,同时提供资产维修保养和人员培训等服务性业务,并按约定的日期和标准向承租企业收取租金的一种租赁活动。经营租赁通常为短期租赁,承租企业采用经营租赁的目的,主要不在于融通资本,而是为了获得设备的短期使用权以及出租人提供的专门技术服务。企业通常是在短期内需要某项资产时,采用经营租赁

方式租入资产,不必购买该项资产。从出租人与承租企业之间的契约关系来看,经营租赁形成了短期的债权债务关系,因此,经营租赁也具有短期融资的作用。

2. 经营租赁的特点

(1) 承租企业根据需要可随时向出租人提出租赁资产的要求。

(2) 租赁期较短,不涉及长期而固定的业务。企业如果只是在短期内需要资产,就不必出资购买该项资产,采用经营租赁的方式是一种更好的选择。承租企业可以根据资产的需求时间来确定租期长短,当不再需要使用该项资产时,就可以归还资产,这样就可以减少资本的长期占用。

(3) 在资产租赁期间内,如有新设备出现或不需租入设备时,承租企业可按约定提前解除租赁合同。因此,经营租赁具有很强的灵活性。

(4) 出租人按照合同约定提供专门的技术服务,因此,承租企业不仅可以获得资产一定期限的使用权,还可以享受技术服务。

(5) 在租赁期满或合同中止时,出租人收回租赁资产。

6.2.2 融资租赁

1. 融资租赁的含义

融资租赁又称资本租赁、财务租赁,是由租赁公司按照承租企业的要求融资购买设备,并在契约或合同约定的较长期限内将该设备出租给承租企业使用的一种租赁活动。融资租赁是现代租赁的典型形式,是融物与融资的结合。从承租企业的角度来看,融资租赁的主要目的是融通资本;出租人与承租企业之间的借贷关系是一种长期、稳定的关系,是承租企业筹集长期借入资本的一种特殊方式。

英国是现代租赁的发源地。1836—1849 年,伦敦第一条铁路伦敦-格林威治线,经过 8 年的单独经营以后,被租给东南铁路公司经营。但典型的现代租赁是第二次世界大战以后在美国发展起来的。"二战"以后,战争消耗骤减,美国工业化生产出现过剩,生产厂商为了推销自己生产的设备,开始为用户提供金融服务,即以分期付款方式销售自己的设备。由于所有权和使用权同时转移,资金回收的风险比较大。于是有人开始借用传统租赁的做法,将销售的标的物所有权保留在销售方,购买人只享有使用权,直到出租人融通的资金全部以租金的方式收回后,才将所有权转移给购买人,这种方式就是融资租赁。1952 年,美国成立了世界第一家融资租赁公司,开创了现代租赁的先河。

2. 融资租赁的特点

(1) 承租企业向租赁公司提出正式申请,由租赁公司融资购进设备并租给承租企业使用。在融资租赁中,租赁公司并没有现成的资产供出租,都是按照承租企业的要求来购买设备,再出租给承租企业。

(2) 融资租赁的期限较长,大多为设备耐用年限的一半以上。融资租赁的设备一般价值较高,租赁公司购买设备耗费的资本较多,为了收回投资,往往确定的租期较长,而且承租企业采用融资租赁方式租入设备都要长期使用,并不像经营租赁只供满足短期需求。

(3) 租赁合同比较稳定,在约定的租期内非经双方同意,任何一方不得中途解约,这有利于维护双方的权益。

(4) 由承租企业负责设备的维修保养及保险,但无权自行拆卸改装。

(5) 租赁期满时,租赁双方按事先约定的办法处置设备,一般有退租、续租、留购三种选择,通常都由承租企业留购。

3. 融资租赁的形式

融资租赁按其业务的特点不同,有如下三种具体形式。

1) 直接租赁

直接租赁是融资租赁的典型形式,通常所涉及的融资租赁大多属于直接租赁。直接租赁是指承租企业直接向出租人租入所需要的资产,并支付租金。直接租赁的出租人主要是租赁公司或者设备制造厂商。如果是租赁公司,承租企业需要先向租赁公司提出租入资产的申请,然后由租赁公司出资购买资产,再出租给承租企业。直接租赁可以用图 6-1 表示。

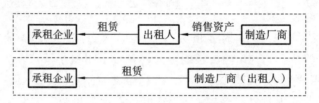

图 6-1 直接租赁示意图

2) 转租赁

转租赁是指由两家租赁公司同时承继性地经营一笔融资租赁业务,由租赁公司 A 根据最终承租人的要求先以承租人的身份从租赁公司 B 租设备,然后转租给用户使用的租赁行为。根据与供货商洽谈订购合同的当事人不同,可以分为两种主要模式。

(1) 由 A 根据用户的要求与供货厂签订购货合同;A 公司以 B 公司为其融资为条件,与 B 签订购货合同的转让合同,将租赁设备的所有权转让给租赁公司 B,但保留其他权利;A 以承租人的身份与 B 公司签订租赁合同,租金用于购买设备;A 与用户签订转租赁合同,将从 B 公司租进的设备转租给用户。

(2) 由用户与供货商草签购货协议;B 公司根据购货协议与供货商正式签订购货合同;A 公司与 B 签订租赁合同;A 与用户签订转租赁合同。

3) 售后租回

售后租回是指企业将自己的资产出售给出租人,然后再将该项资产租回使用,这种租赁形式在不动产租赁方面使用较多。租赁双方采用售后租回方式时必须签订售后租回协议。按照协议约定,承租企业要按照市价将资产出售给出租人,然后再从出租人处将资产租回,并定期向出租人支付租金。采用这种融资租赁形式,承租企业因出售资产而获得了收益,同时因将其租回而保留了资产的使用权。售后租回可以用图6-2表示。

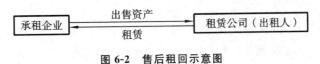

图6-2 售后租回示意图

4) 杠杆租赁

杠杆租赁是国际上比较流行的一种融资租赁形式。对于租赁飞机之类价值高昂的资产,出租人并不希望将大量资本长期占用在出租的资产上,而希望通过借入部分资本来购买出租的资产,这样就产生了杠杆租赁。这种租赁形式一般涉及承租人、出租人和贷款人三方当事人。从承租人的角度来看,它与其他融资租赁形式并无区别,同样是按合同的约定,在租期内获得资产的使用权,定期支付租金。但对出租人却不同,出租人只垫支购买资产所需现金的一部分(一般为20%~40%),其余部分(60%~80%)则以该资产为担保向贷款人借款支付。因此,在这种情况下,租赁公司既是出租人又是借款人,它既要收取租金,又要偿还债务。采用这种融资租赁形式的租赁收益一般大于借款成本支出,否则租赁公司无利可图。出租人借款购物出租可获得财务杠杆利益,故称为杠杆租赁。在杠杆租赁下,由于将出租资产的所有权抵押给了贷款人,因此,在出租人不能偿还贷款时,贷款人对承租企业支付的租金有优先求偿权,也有对出租资产的处置权。杠杆租赁可以用图6-3表示。

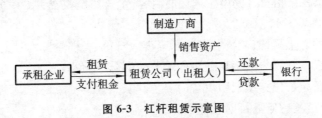

图6-3 杠杆租赁示意图

5) 综合租赁

综合租赁是将租赁与购买、补偿贸易、来料加工、来件加工装配等贸易方式相结合的租赁方式。有的租赁公司既出租设备,又提供维修保养和技术培训,或者提供原料。承租人用加工产品交租赁公司包销,再用包销所得货款抵付租金。这种方式使得承租人和租赁公司之间的贸易业务与租赁业务共同发展,特别适用于地方的中小型项目。

4. 融资租赁的程序

在选择融资租赁时,企业需要遵循一定的程序,结合第1章中讲述的工程项目融资所要遵循的程序,具体来说包括以下几个步骤。

1) 企业做出融资租赁的决策

融资租赁是企业一项重要的融资决策。通常融资租赁所涉及的资产价值都比较大,租赁期限也较长,支付的租金也较高,因此,融资租赁会对企业的财务状况产生长期的影响。企业在进行融资租赁之前应当比较各种融资方式的利弊,最终选出对企业最为有利的融资方式。一般来说,企业的融资租赁决策应当由企业最高管理层做出。

2) 选择租赁公司,办理租赁委托

企业决定采用融资租赁方式租入某项设备时,首先需了解各家租赁公司的经营范围、业务能力、资信状况和服务水平等基本情况,比较各个租赁公司的融资条件和租赁费率,经过分析、对比,从中选择最适合本企业、本项目的租赁公司。在选定租赁公司后,便可向租赁公司提出申请,办理租赁委托。承租企业在办理租赁委托时,需要填写租赁申请书,说明所需设备的具体要求,同时还要向租赁公司提供反映财务状况的有关资料,包括资产负债表、利润表和现金流量表等。

3) 签订购货协议

承租企业与租赁公司达成租赁意向之后,需要双方协商选定设备供应厂商,签订购货协议。这是一项比较复杂的工作,直接涉及各方的利益,因而签订购货协议时,需要承租企业与租赁公司一起同设备制造厂商进行技术和商务谈判。

4) 签订租赁合同

融资租赁的双方必须签订租赁合同,以明确双方的权利与义务。租赁合同要由承租企业与租赁公司在平等协商的基础上签订,它是租赁业务的重要文件,具有法律效力,受到法律保护。融资租赁合同的主要内容包括一般条款和特殊条款两部分。

(1) 一般条款是租赁合同中常规性的内容,主要约定租赁关系中的基本条款,具体包括以下内容。

① 合同说明。主要明确合同的性质、当事人身份、合同签订的日期等。

② 名词释义。解释合同中所使用的重要名词,以避免歧义。

③ 租赁设备条款。详细列明设备的名称、规格、型号、数量、技术性能、交货地点及使用地点等,这些内容亦可附表详列。

④ 租赁设备交货、验收和税务、使用条款。

⑤ 租赁期限及起租日期条款。

⑥ 租金支付条款。约定租金的构成、支付方式和货币名称,这些内容通常以附表形式列为合同附件。

(2) 特殊条款主要约定租赁双方就有关租赁事项做出的一些特殊约定,具体包括以下内容。

① 购货协议与租赁合同的关系。

② 租赁设备的产权归属。

③ 租期中有关退租的约定。

④ 租赁双方权益的保障问题的约定。

⑤ 承租人违约及对出租人的补偿的约定。

⑥设备的使用、保管、维修等问题的约定。
⑦有关租赁资产的保险条款。
⑧租赁保证金和担保的约定。
⑨租赁期满时对租赁资产处理的约定等。

5) 办理验货、付款与保险

承租企业按购货协议收到租赁设备时,要由承租企业、出租人和设备制造厂商三方共同办理验收设备的手续,验收合格后方可签发交货及验收证书。租赁公司根据验收证书等文件向设备制造厂商支付设备的价款。同时,承租企业向保险公司办理设备投保事宜。

6) 支付租金

承租企业在租期内,应按租赁合同约定的时间和租金数额向租赁公司支付租金。

7) 合同期满处理设备

融资租赁合同期满时,承租企业和出租人要根据合同的约定对租赁资产进行处理。

5. 融资租赁的成本效益分析

要决定是否选择租赁作为工程项目融资的债务资金来源,应在可供选择的租赁融资形式和其他债务资金形式之间做出比较,根据成本效益分析确定采用租赁方式是否可以获得更好的综合经济效益。

下面以一家美国公司为例,介绍如何进行融资租赁的成本效益分析。假设美国Anderson公司拟购买一种设备,有贷款购买和租赁设备两种方案。已知该种设备的市场购买价为1 000万美元,使用年限为5年,Anderson公司的债务税后成本为6%。如若能得到租赁合同中所隐含的税后成本,则Anderson公司就可做出比较,从而决定是贷款购买还是租赁设备。也就是说,若租赁合同中所隐含的税后成本小于债务税后成本,则租赁设备较好;反之,则贷款购买设备较好。

在不考虑安排贷款或租赁交易成本以及为购买设备而发生的一些其他费用的前提下,表6-1给出了计算租赁合同中隐含税后成本所需的现金流量。

表 6-1 Anderson 公司租赁现金流量分析表   单位:万美元

项目 \ 年数	0	1	2	3	4	5
(1) 节省的购买净价	1 000					
(2) 税后租金	−165	−165	−165	−165	−165	
(3) 折旧节税损失		−80	−128	−76	−48	−44
(4) 税后维修成本的节省		30	30	30	30	
(5) 税后残值损失						−84
(6) 净现金流量	835	−215	−263	−211	−183	−128

（1）由于 Anderson 公司采用租赁，则不需支付设备的净购买价格——由出租人支付，因此可视为 Anderson 公司节省了 1 000 万美元，即在第 0 年年末有一项现金流入。

（2）Anderson 公司若租赁，则必须每年年初支付租金 275 万美元，考虑所得税扣税作用，若所得税税率为 40%，则 Anderson 公司实际支付税后水平的租金为 165 万美元。租金可视为现金流出，填写在第 2 行的第 0～4 年年末。

（3）融资租赁折旧在出租人一方，Anderson 公司选择租赁，则意味着其放弃了计提折旧的权利。折旧节税的损失为租赁的机会成本，作为现金流出，列于第 3 行的第 1～5 年年末。

（4）Anderson 公司选择租赁，而不是贷款购买，每年将节省 50 万美元或税后 30 万美元的维修费用。该项作为现金流入列于第 4 行的第 1～4 年年末。

（5）Anderson 公司选择租赁，其将放弃 84 万美元的税后净残值，这也是租赁的一项机会成本。作为现金流出列于第 5 行的第 5 年年末。

由表 6-1 中的净现金流量，经计算得到租赁合同中隐含的税后成本为 5.5%。显然，该租赁合同隐含税后成本小于贷款税后成本，故而 Anderson 公司应选择租赁，而不是贷款购买。

6.2.3 经营租赁与融资租赁的主要区别

1. 购买交易权不同

对于经营租赁而言，在承租期满时，承租人没有购买财产的特殊权利，也没有续租与购买的选择权；而在融资租赁中，当承租期比财产的全部经济使用寿命短时，承租人有权取得该项财产或按廉价的租金延长租赁合同。

2. 租赁期限不同

经营租赁是一种短期债权债务关系，主要为了满足企业对某项资产的短期需求，用后交回。显然，其租赁合同签订的年限大大短于设备的预计经济寿命，因此，它比较适合用于技术更新换代快、价格高的设备的租赁。而融资租赁期限一般较长，几乎贯通租赁财产的全部耐用期，对承租人来说主要目的是筹集资金，所以大多是一次性租赁。

3. 费用负担不同

经营租赁因财产所有权不发生转移，出租人要承担租赁物的保险费、维修费、折旧费和税金等因持有财产而发生的费用，但是这些费用最终还是以租金形式转嫁给承租人。因而从这种意义上说，经营租赁是一种比较昂贵的租赁形式。在融资租赁条件下，由于承租人实际上已享受了与财产所有权有关的一切利益，故也要承担上述因持有资产而发生的全部费用，融资租赁相对成本低些。

4. 合同终止条件不同

在经营租赁合同履行过程中，一般情况下，出租人或承租人可在租期内随时通

知对方终止合同,但一般要提前三个月通知;而融资租赁合同一般是不可取消的,只有出现以下少数意外情形时,才能按约定取消:

(1) 发生某些极为偶然的非常事件;
(2) 经出租人同意;
(3) 承租人与原出租人就同一资产或同样资产签订一个新的租约;
(4) 承租人支付一笔足够大的额外款项。

5. 租金内容不同

经营租赁所付租金主要是用来弥补出租人因持有资产而发生的一切费用,以及收回投资并附加以合理的利润,但是由于期限较短,通过一次出租所收取的租金并不足以偿付租赁的设备成本;而融资租赁的租金包括出租人的投资和投资的合理利润,而且由于租期较长,通过一次租赁基本能收回其投资成本并取得合理利润。

6. 选择设备和供应商的权利和责任承担人不同

经营租赁条件下,承租人从出租人手中直接租进所需设备,设备的购买由出租人自行处理完毕。而在融资租赁条件下,设备和生产厂家、供货商由出租人和承租人共同商定,然后由出租人出资购进并租给承租人使用。因此,对于设备的质量、规格、数量、技术上的检查验收等主要由承租人负责。然而,出租人为了保障其利益,可以拒绝承购不合适的设备或不合格的供应商,而推荐更好的设备或更为可靠的供应商供承租人选择。

经营租赁与融资租赁的其他具体区别详见表 6-2。

表 6-2 经营租赁与融资租赁对比

类别 项目	融资租赁	经营租赁
设备采购权	由承租人自行选定或双方商定	由出租人自行选定
设备类型	特定设备	技术更新换代快的通用设备和专业设备
租期	较长,通常 3~5 年,最长可达 10 年以上	较短,几个月、1~2 年
租金金额	视租期长短而定,相对较低	每期租金固定,相对较高
租金内容	投资成本+投资收益	投资成本+运行成本+投资收益
投资成本	在租期内全部或绝大部分收回	要经历几个租期才能收回
使用成本承担者	承租人	出租人
风险	持有财产的可能风险由承租人承担	持有财产的风险由出租人承担
目的	通过融物达到融资目的	满足短期、临时需要
租期满处理	续租、留购或退还	退还
租赁合同	单方不可解约	单方可解约

6.3 租金的计算

租赁是租赁双方的一种商品交换关系,即出租人让渡设备的使用权,承租人支付租金以获取设备的使用权,这一过程中租金就是商品交换关系中的交换价格。租赁双方从事租赁业务均以盈利为目的,那么如何确定既令承租人满意,又能保证出租人利益的租金就是一个非常关键的问题。

6.3.1 租金构成要素

租金的构成要素随着租赁方式的不同有较大的差异。但一般来说,下列要素是必不可少的。

1. 租赁设备成本

租赁公司根据承租人的要求出资购置设备而发生的费用就构成购置租赁设备的成本。它是计算租金的基础,也是构成租金的主要部分。设备成本除了本身价值以外,还包括运费、保险费和进口关税等。

2. 利息费用

一般来说,租赁公司要利用不同类型的资本来源筹措购置租赁标的物的资金,可以是自有资金,可以是短期债务,也可以是长期债务,但不管资金来源于何处,都需要支付利息(自有资金按资金的机会成本考虑),因而在租赁成本内包括利息这一项。不同的资金来源有不同利息率,可用加权平均法计算。

3. 营业费用和利润

出租人为承租人办理租赁业务必然要发生一些费用,如办公费用、工资、旅差费、税金等,这些构成了出租人的营业费用。除此之外,出租人还要求获得合理的利润,因此利润也是租金的重要组成部分。

6.3.2 影响租金的因素

除上述主要的租金构成要素以外,下列因素对租金总额(或租金率)有直接影响。

1. 利率

在租赁物件总成本(即本金)一定的情况下,利率是影响租金总额的最重要因素。利率通过利息影响租金总额,一般来说,利率越高,租金总额越高。但是,衡量一家租赁公司的条件是否优越,不能孤立地看利率,要结合各方面因素来权衡,由于结算方式不同、付租间隔期不同等因素的影响,可能利率低的,结果计算出的租金总额反而还高。

2. 租赁期限

因为租期越长,承租人占用出租人资金的时间也越长,出租人承受的利息负担也就越重,这样的利息负担出租人必须通过租金的方式收回。所以,租期越长,租金总额越高;反之,租期越短,租金总额越低。

3. 付租间隔期

付租间隔期一般分为年付、半年付、季付、月付等。付租间隔期越长,实际上意味着承租人占用出租人资金的时间越长。所以,付租间隔期越长,租金总额越高;付租间隔期越短,租金总额就越低。

4. 保证金的支付数量与结算方式

承租人向出租人支付的保证金越多,租金总额越低,反之亦然。另外,保证金是从概算成本中扣除,还是用作抵交最后一期租金的一部分,对租金总额的影响很大。如果是从成本中扣除,租金总额就低,否则,租金总额就高。

5. 支付币种

国际金融市场上各种货币的利率和相互之间的汇率是瞬息万变的,因此,币种的选择直接影响租金总额。一般来说,利率高、汇率高的币种,租金总额要相对增加。

总而言之,在租赁成本一定的情况下,租金总额直接受承租人占用出租人资金时间的长短和利率水平的影响。

6.3.3 租金的计算方法

租赁标的物因其用途、所属行业、租赁所采取的不同形式等诸多方面存在差异,因此相应的计算租金的方法也灵活多样,下面介绍几种目前较为常见的租金计算方法。

1. 附加率法

附加率法是在租赁的设备价格或概算成本的基础上再加上一个特定比率来计算租金的方法。其租金计算公式为

$$R = \frac{PV \cdot (1 + n \cdot i)}{n} + PV \cdot r \tag{6-1}$$

式中:R——每期租金;

PV——租赁资产的价值或概算成本;

n——租期,可按月、季、半年或一年还款;

i——与租期相对应的折现率;

r——附加率。

【例1】 甲租赁公司出租给大连某企业一个成套设备,设备价值为100万元,租期为8年,每年年末支付租金,采用的折现率为10%,附加率为5%,则每期租金为多少?

解 $R = [100 \times (1 + 8 \times 10\%)] \times \frac{1}{8} + 100 \times 5\% = 27.5$(万元)

则每期租金为27.5万元。

2. 年金法

年金法是计算租金的基本方法。年金法以现值概念为基础,将一项租赁资产在

未来各租期内的租金金额按一定的折现率予以折现,使其现值总和恰好等于租赁的概算成本。年金法是按照每期复利一次来计算的。在年金法中,根据每次偿还租金金额是否相等,又可分为等额年金法和变额年金法。

1) 等额年金法

等额年金法又叫等额分期支付法或递减支付法,它是指承租人等期等额支付租金,租赁期满,出租人完全收回租赁标的物的本利和。按其租金支付时间的不同又分为后付法和先付法两种。

(1) 后付法。

后付法又叫期末年金法,即在每期期末支付等额租金。其租金计算公式为

$$R = PV \cdot \frac{i \cdot (1+i)^n}{(1+i)^n - 1} \tag{6-2}$$

式中:R——年金或每期租金;
PV——租赁资产的价值或概算成本;
i——期租年率(年租金率/支付次数);
n——租赁期数。

【例2】 甲企业租用一台设备,设备概算成本 150 000 美元,租期 5 年,每季季末支付租金,年租金率为 8%,每期(即每季末)应支付租金为多少?

解 根据题意:$n = 4 \times 5 = 20$(每年支付 4 次,租期 5 年)

$$i = \frac{1}{4} \times 8\% = 2\%$$

$$R = 150\,000 \times \frac{2\% \cdot (1+2\%)^{20}}{(1+2\%)^{20} - 1} = 9\,173.51 (\text{美元})$$

则每期应支付租金为 9 173.51 美元。

(2) 先付法。

先付法又叫期初年金法,即每期期初支付等额租金,其计算方法与后付法基本相同,区别仅在于其租金是在起租日开始支付的。其租金计算公式为

$$R = PV \cdot \frac{i \cdot (1+i)^{n-1}}{(1+i)^n - 1} \tag{6-3}$$

式中各字母含义同式(6-2)。

【例3】 设一台租赁设备概算成本为 100 万元,租期为 3 年,每半年期初支付一次租金,年利率为 8%,则每期支付租金为多少?

解 根据题意:$i = \frac{1}{2} \times 8\% = 4\%$

$$R = 100 \times \frac{4\% \times (1+4\%)^{6-1}}{(1+4\%)^6 - 1} = 18.34 (\text{万元})$$

则每期应支付租金为 18.34 万元。

先付法即在签订租赁合同后开始使用租赁设备时就要支付租金,这对承租人来说负担是较重的,目前采用这种租金计算方法的比较少。

2) 变额年金法

变额年金法又可分为等差变额年金法和等比变额年金法两种。

(1) 等差变额年金法。

等差变额年金法是指从第二期开始,每期租金比前期增加一个常数 d。等差租金的构成为

$$R = PV \cdot \frac{(1+i)^n \cdot i}{(1+i)^n - 1} - d \cdot \frac{(1+i)^n - n \cdot i - 1}{i \cdot (1+i)^n - 1} \tag{6-4}$$

式中各字母的含义同式(6-2)。

(2) 等比变额年金法。

等比变额年金法是指从第二期开始,每期租金与前期的比值是一个常数 q。等比租金的构成为

$$R = PV \cdot \frac{1+i-q}{1 - \left(\frac{q}{1+i}\right)^n} \tag{6-5}$$

式中各字母的含义同上。

3. 平息数计算法

平息数计算法是定额年金法的一种特殊形式,它是指出租人根据租赁交易的成交金额、承租人的信用状况、租赁期、利率水平等因素,给定一个租金常数,即平息数,并以此来计算租金。计算公式为

$$R = \frac{PV \cdot C}{n} \tag{6-6}$$

式中:C——平息数或常数(表示1元租赁成本应付的租金数),$C = \frac{\sum_{j=1}^{n} R_j}{PV}$;

其他各字母的含义同式(6-2)。

【例4】 一笔租赁业务,设备成本为100万美元,租赁期为5年,每半年支付(后付)一次,年利率为8%,据此租赁条件,租赁双方确定租赁常数(平息数)为1.15,则每期应付的租金为多少?

解 $R = \frac{100 \times 1.15}{2 \times 5} = 11.5$(万美元)

则每期应支付租金为11.5万美元。

4. 有宽限期的期末支付法

有宽限期的期末支付法是指根据租赁标的物的类型和承租人的支付能力,允许承租人在设备正式投产后的一段时间后才开始支付租金,这段时间就是宽限期。其租金计算公式为

$$R = PV \cdot (1+r_1)^{n_1} \cdot \frac{r \cdot (1+r)^n}{(1+r)^n - 1} \tag{6-7}$$

式中:PV——设备的价值概算成本;

r_1——宽限期内资金利率,通常等于租金率;

n_1——宽限次数;

r——租金率;

n——实际租赁期内支付次数。

【例5】 某公司租用一台设备,概算成本为100万元,租期5年,季末付租,年租金率为8%,假定宽限期为6个月(不包括在租期内),每次应付多少租金?

解 根据题意:$n_1=2, r_1=\frac{1}{4}\times 8\%=2\%$

$$R=100\times(1+2\%)^2\times\frac{8\%\times(1+8\%)^{20}}{(1+8\%)^{20}-1}=10.60(万元)$$

则每次应支付租金为10.60万元。

6.4 企业融资租赁的基本情况

6.4.1 租赁行业面临的问题

我国的租赁公司中大部分属于非银行金融机构,取得的经营利润主要来源于直接租赁和售后租回形式,这与世界上的租赁公司存在明显的差距,导致这一现象的原因是多方面的。从我国融资租赁行业的角度来看,面临着下列主要问题。

(1) 法律的制约。税法是融资租赁行业的支柱法律,对扶持行业发展有重要作用。目前我国税法规定,对经中国人民银行和商务部批准的经营融资租赁行业的单位从事融资租赁业务不再征收增值税,但对于其他单位从事融资租赁业务规定得比较死板,不利于其他有实力的财团进入行业。

(2) 资金限制。目前我国大多数的融资租赁公司的资金有限,实力并不雄厚,只能根据市场需要购买设备进行出租,导致设备种类少,型号不齐全。

(3) 缺乏人才和创新能力。融资租赁是一种跨行业、跨部门的边缘性行业,需要大量既懂经济、管理、法律、外贸,又懂租赁物品性能、技术等专业知识的复合型人才,尤其要求高级管理人员要具备使用创新的基本素质。

(4) 服务范围窄、融资渠道窄。我国的租赁公司以经营性租赁为主,只有少数公司能够进行融资租赁,大多数公司不能通过融资租赁进行新设备销售,没有完善的二手设备交易市场,配件市场混乱,租赁技术人才缺乏等原因导致大多数的租赁企业只能从事简单的出租业务,很少有公司能够提供出租、设备维修、配件供应、技术咨询等一站式服务。租赁公司不能有效利用证券市场融资,大多数租赁公司属于独立租赁公司,自身融资能力有限。少数租赁企业属于厂商租赁公司,可以从母公司进行融资。而银行对租赁公司的信贷限制多,公司很难通过银行融资。

(5) 缺乏品牌效应。我国租赁公司规模小,国内几家大型的设备租赁公司也只有几家分支机构,品牌知名度不高,且都局限在各自的经营区域,通过品牌效应来扩展业务尚不具备。

（6）信息化管理落后。我国租赁公司的信息化管理落后，全国的租赁公司拥有自己网站的只有几百家。我国租赁公司基本没有客户服务管理系统，只有少数几家公司有 GPS 系统。

6.4.2 承租企业的现状

融资租赁的特点之一是给予承租人选择设备类型和厂家的自主权，掌握设备随时更新的主动权，有利于降低承租人在技术更新、设备无形损耗加剧方面的风险。融资租赁还使得承租人无须一次性支付巨额资金购买设备，可以降低承租人在固定设备上的资金投入。通常，融资租赁的标的是技术含量高、价格高昂的设备，如果需要进口，由出租人购买还可以避免承租人的利率、汇率风险。但是，国内的现状是我国多数企业对这种融资渠道还比较陌生，融资租赁的利用率与发达国家还有明显差距。

由于中小企业和大企业之间存在着融资能力差异，中小企业会更多地选择融资租赁。中小企业融资的渠道不像国有大中型企业那样广泛，因此多倾向于采用信用等级较低的融资租赁的方式。而国有大中型企业只有在政府补贴不足、自身资金紧张的情况下才会考虑融资租赁。因此，企业运用融资租赁受到我国区域发展不平衡、企业诚信弱等问题的制约，但从长远角度来看，融资租赁有利于企业减轻压力，扩大融资渠道，更新先进设备，提高资产质量，增强企业竞争力。

6.4.3 企业运用融资租赁的问题

由于外部市场不完善、企业自身经验不足、管理不善等，企业在利用融资租赁的实际工作当中还存在以下失误。

（1）从总体看，国内企业的融资观和财务价值观比较传统，一般较少通过租赁融资。有观点认为，一个原因是我国企业的财产价值观受到我国单位配置资源体制的影响，由于我国实行划分企业等级标准，客观上体现了"重财产所有权，轻财产使用权"的传统价值观。这诱导企业追求外延扩张，为了提高等级，不断扩大投入以增加企业资产总额，造成设备闲置率高、使用率低的局面，因此企业更多是筹集资金购置设备，而不是采用其他更合适的融资方式。

（2）企业引进项目的利用率不高。原国有企业在引进技术之后，存在的突出问题就是不能对引进技术充分地吸收和创新，难以形成有自己特色的技术体系，不能实现引进—创新—输出的良性循环。就租赁本身而言，由于租赁的后续投入不足，租赁资产带来的收益难免存在很大的不确定性，企业每年还要支付高额租金，这增加了企业的风险。从本质上来看，企业资产管理特别是固定资产管理能力薄弱是造成这种局面的主要原因。加强实物控制的管理对企业而言迫在眉睫。

（3）国内租赁公司规模较小，租赁产品单一，使得企业租赁设备没有很好的外部环境。企业融资租赁设备要求多种多样，在设备提供厂商或专业租赁公司的发展规模未能达到相应水平之下，增加了一般企业通过租赁融资的难度。

（4）企业在评估是否选用融资租赁项目时往往忽视了机会成本。一般分析融资租赁项目时，多数企业习惯将融资租赁的价值与银行借贷的成本和费用做比较，这种做法从财务管理的角度来看并不全面。融资租赁是否能给企业带来效益、带来多大效益以及如何整合这些效益和其他利益的关系，以及对租赁项目的评价是否充分考虑了潜规则的费用、企业自有资金的节约、自行购买设备所耗费的时间和物力成本等因素，这都将影响到企业是否选择运用融资租赁。据统计，大部分本该选择融资租赁的企业因为财务部门的分析评价和理解力不足而放弃了融资租赁。

6.4.4 企业运用融资租赁的前景

我国经济高速发展，对资金产生了极大的需求。国内各大银行出于各种原因，重点关注大型企业集团和效益显著的行业，而且借贷手续复杂、时间长。因此，面对很多行业融资困难的情况，国家现在也在着力改善。我国新的融资租赁法律将大幅降低金融租赁门槛，鼓励有资质有实力的公司进入融资租赁行业。在这种大趋势下，我国的企业融资租赁将会得到快速发展。但在实际操作层面，我国企业与发达国家企业相比，在区域经济、区域商业文化、人员素质等方面存在较大的差异。因此，我国企业特别是中小企业融资租赁难度也高于发达国家。在经济欠发达的中西部以及商业文化不高、投资风险较大行业，企业利用融资租赁所存在相对高风险依然会长期存在。从长远角度看，企业在利用融资租赁解决资金短缺问题的同时还应努力树立良好的商业信誉、提高资产管理水平。

从行业类型看，下列行业融资租赁具有快速发展的优势。

（1）电力行业。电力行业的建设资金主要来源于银行，从银行取得贷款也较容易，因此电力行业对于其他融资渠道并不重视。但是电力行业是资金密集型行业，尤其是超高压线路的建设更是需要大量的资金，而且电力行业效益好，对于支付融资租赁资金有可靠的保证。

（2）医院。医院利用自有资金购买大型医疗设备有时会比较困难，且这种购置高价医疗设备的做法也容易造成社会经济资源的系列性浪费。所以，医院运用融资租赁存在着较大的空间。

（3）交通行业。目前我国批准的 BOT 项目较多，交通行业具有较强的成长能力。由于建设项目需要大量资金，较大的交通企业主要通过银行信贷筹集资金。但是，不满足银行贷款条件的交通企业也存在一定数量。这类企业不仅现金流稳定，还具有很强的担保能力，未来运用融资租赁的可能性很大。需要特别提及的是飞机租赁行业，从某种意义上来说，金融租赁企业的市场占有率及收益性与企业是否涉足飞机租赁有密切关系。我国金融租赁行业涉足飞机租赁有利于推动航空业的快速发展。

（4）市政工程。近年来，我国各级政府转变了政府职能观念，这对城市建设有很大的积极作用。但由于城市建设负债多，需要实施的工程项目又很多，使得市政工程单位处于不利地位。目前国内的市政公司对融资租赁的运用比率较低，究其原因在于企业缺乏对融资租赁的认识，通过市政工程返还租金的办法进行融资租赁是很好的融资策略，特别是在政府同意支付的情况下，这种策略的可行性更高。

此外，盈利能力较好的其他行业也在较大程度上有运用融资租赁的可能。因为从出租人市场看，随着盈利能力较好的行业融资观念的转变，这类行业开展融资租赁业务投资风险较低，而且获利可观。从企业自身看，当存在一定的成长潜能或内在发展动力时，企业仅依靠自有资金扩大规模发展速度缓慢。因此，增加与租赁公司等多渠道的合作十分有益。这类行业除非受到国家政策倾斜或严格控制，运用融资租赁是内在需求所决定的。从发展区域来看，未来经济发达地区的企业运用融资租赁的概率将有较大提高，而中西部欠发达地区的企业运用融资租赁的低增长情况仍会持续一段时间。整体而言，未来我国企业运用融资租赁的概率会得到较大提高，融资租赁行业对我国经济增长的贡献将增加。

【案例讨论题】

结合本章案例讨论，租赁融资能给企业带来哪些积极作用？

【复习思考题】

1. 租赁的特征有哪些？
2. 租赁对出租人有哪些作用？
3. 经营租赁与融资租赁有什么区别？
4. 融资租赁有哪些具体形式？
5. 影响租金的因素有哪些？
6. 某租赁公司出租给某企业一个成套设备，设备价值为200万元，租期为10年，每年年末支付租金，采用的折现率为10%，附加率为5%，请用附加率法计算租金。
7. 设一租赁设备概算成本为200万元，租赁期为4年，每半年支付一次，每期期初支付租金，年利率为10%，请用期初年金法计算租金。
8. 一笔租赁业务，设备成本为200万美元，租赁期为5年，每半年支付（后付）一次，年利率为10%，据此租赁条件，租赁双方确定租赁常数（平息数）为1.15，请用平息数计算法计算租金。
9. 某公司租用一台设备，概算成本为200万元，租期5年，季末付租，年租金率为10%，假定宽限期为6个月（不包括在租期内），请用有宽限期的期末支付法计算租金。

第7章 出口信贷

【案例】

2004年12月,中国出口商——中国五矿贸易发展有限公司(以下简称"中国五矿")和中国冶金建设集团(以下简称"中冶集团")联合体参与了向巴西盖尔道集团(Gerdau)旗下 Gerdau Acomins 钢厂出口冶金成套设备项目投标。借款人要求比较苛刻,对贷款行提出了很多具体要求:如银团须由国际银行和中资银行共同组成;国际银行须在中国实际做过出口信贷业务;国际银行须有做贷款牵头行的经验,并在巴西设有分支机构等。出口商向法国巴黎银行提出申请,希望银行为投标出具贷款意向书。当时参加竞争的还有一些国际公司,如德国和日本的公司。为了帮助中国出口商在激烈的竞争中取胜,巴黎银行邀请中国工商银行在最短的时间内为出口商出具了一份全额融资的贷款意向书。

经过多轮筛选,买方最终选择了中国出口商,并于2005年4月初与出口商签订合同,金额超过2亿美元。合同包括提供设备和配件,工程和设计,土建、安装、调试、培训、监理等。然而接下来是更加激烈的融资竞争,多家国际银行为此项目报价。

经过反复筛选,借款人最终选定了法国巴黎银行和中国工商银行联合体,并于2005年5月初正式出具了委托函。2005年8月,中国出口信用保险公司出具了承保意向书。2006年1月贷款协议、保单、商务合同的签字仪式正式举行。该项目总金额约20亿人民币,贷款包括出口信贷和商业贷款两部分。出口信贷85%,由法国巴黎银行和中国工商银行作为联合牵头行,各占50%。出口信贷协议在签署委托函后5个月内签署,4个月后开始提款,项目进展顺利。

中国五矿和中冶集团出口巴西钢厂项目,是我国首次向拉美地区出口大型设备,该出口买方信贷项目荣获《贸易金融》《全球贸易观察》《贸易与福费廷观察》三种国际杂志2005年度最佳出口信贷项目奖。

思考

1. 如何定义出口信贷?其具有哪些特点?
2. 除出口买方信贷外,出口信贷还有哪些形式?
3. 出口信贷的利与弊有哪些?

7.1 出口信贷的含义与特点

7.1.1 出口信贷的含义

出口信贷(export credit)是一国政府为支持和扩大本国大型机械、成套设备、大型工程项目等的出口,增强其国际竞争能力,以对本国的出口给予利息补贴并提供信贷担保的方法,鼓励本国的银行对本国出口商或国外进口商(或银行)提供较低利率的贷款,以解决本国出口商资金周转的困难,或满足国外进口商对本国出口商支付货款需要的一种融资方式,是拓展销售市场的一种有效手段。出口信贷按时间长短可以分为短期、中期和长期信贷。短期信贷一般在180天以内,主要用于原料、消费品及小型机器设备的出口;中期信贷为期1~5年,主要用于中型设备出口;长期信贷通常是5~10年,甚至更长,主要用于重型机器、成套设备等的出口。按借贷关系划分,传统的出口信贷还可以分为买方信贷和卖方信贷。但是随着出口信贷的发展,有些国家还提供福费廷、混合贷款、信用安排限额、出口信贷保险、签订存款协议等形式的出口信贷。

7.1.2 出口信贷的特点

出口信贷作为一种国际信贷方式,与商业银行贷款、政府贷款等信贷方式相比,具有其自身的特点,主要包括以下四个方面。

(1) 出口信贷的发放一般是为了支持和扩大本国大型设备等的出口,所以是以实物资产的出售为基础,通常贷款金额大,借款偿还期长,一般中期为1~5年,长期为5~10年,属于对外贸易中的长期贷款。

(2) 出口信贷的利率一般比较优惠。出口信贷的利率一般低于相同条件资金贷放的市场利率,两者之间的差额由出口国政府补贴。一般来说,大型机械设备制造业在国家的经济中占有重要地位,产品价值和交易金额巨大。为了提高本国设备的竞争力,削弱竞争对手,许多国家的银行竞相以低于市场的利率对外国进口商或本国出口商提供中长期贷款,即给予信贷支持,以扩大本国产品的出口。

(3) 出口信贷的发放与出口信贷担保相结合,以避免或减少信贷风险。由于出口信贷的贷款期限长、金额大,提供贷款的银行面临着较大的风险,所以发达国家为了鼓励本国银行或其他金融机构提供出口信贷贷款,一般都设有国家信贷保险机构,对银行提供的出口信贷给予担保。如发生贷款无法收回的情况,风险将由国家来担保,信贷保险机构用国家的资金对提供贷款的银行进行赔偿。

(4) 出口信贷是一种官方资助的政策性贷款。一般来说,国家成立专门发放出口信贷的机构,制定政策,管理并分配出口信贷资金。发达国家提供的出口信贷,多由商业银行直接发放,由国家对出口信贷给以利息补贴。对一些特定类型的对外贸易中长期贷款,可由专设的出口信贷机构直接发放贷款,以弥补商业银行资金的不足,改善本国的出口信贷条件,扩大本国产品出口。一般情况下,出口信贷的贷款金额只占买卖合同金额的85%左右,其余由进口商用现汇支付。

7.1.3 出口信贷的发展

第二次世界大战以后出口信贷进一步发展,主要有以下因素的作用。

(1) 科学技术的发展。随着科学技术的进步,战前发达国家大型机械设备的出口逐渐被成套设备、工艺技术和知识产权的出口替代。这些项目技术复杂、成本高昂、涉及金额巨大,进口国家很难一次性将货款全部付清,只能依靠信贷来进口。同时这些项目从建设到投产绝非一年半载能够完成的;建成后的效果是否符合合同条款要求还要经过一定时间的检验。只有产品达到进口商的要求,进口商才会如数付款。进口商的付款能力和大工程项目本身的特点,在客观上要求出口国提供信贷。

(2) 银行更多的介入贸易。随着银行业务的发展与银行作用的增长,更由于成套设备贷款的特殊性,要求银行更多的介入进出口商的主要交易环节,在信贷方式上提出了新的要求,从而在原有的信贷形式上出现了卖方信贷、买方信贷、混合信贷、福费廷等出口信贷的新形式。

(3) 发展中国家的需要。第二次世界大战后,殖民地、附属国取得政治独立,建立民主国家,急需利用发达国家的先进技术,进口必要的成套设备,建设某些大的工程项目,发展国民经济。但这些国家自身资金力量不足,一时拿不出巨额外汇,需要发达国家提供出口信贷帮助解决。

(4) 经济危机的影响。第二次世界大战后,发达国家的经济危机频发,西方国家极力想要加强出口,减缓危机带来的影响。因此,发达国家就利用出口信贷和以国家补贴为基础信贷担保机制,对发展中国家提供中长期信贷,以促进成套设备以及大工程项目的出口。

在发达国家,通常有专门的出口信贷机构提供出口融资、信贷保险和担保业务,支持本国货物的出口。政府不同程度地参与或干预出口信贷体系的构建和运作,通过财政拨款支持出口信贷机构开展业务。专门的出口信贷机构按照体制可以分为三类。①国家所有制。专门机构代表政府提供各种出口信贷业务,由国家财政提供营运资金。②合股所有制。政府和私人企业共同持股的公司,既经营自己的业务,又根据国家的授权,提供以国家信誉做担保的出口信贷业务。③私有制。私人全资所有的公司,通过合约形式接受政府的委托,代理指定范围内的出口信贷业务。不管以哪一种所有制为基础的出口信贷体系,政府都十分重视监管专门机构的运作和业务,以立法或合约形式督促它们根据国家利益支持本国货物出口。另外,政府有关部门还十分注意推动专门机构进行业务创新,拓宽业务范围,增加业务品种,以支持本国出口商在国际市场上获得商业机会。

7.2 出口信贷的主要形式

按照贷款接受对象的不同,传统的出口信贷业务分为卖方信贷和买方信贷。另外,有些国家还提供福费廷、混合贷款、信用安排限额、出口信贷保险、签订存款协议等形式的出口信贷。

7.2.1 卖方信贷

卖方信贷(supplier credit)指出口国贷款银行向本国出口商(卖方)提供中长期优惠贷款,以支持出口商因向外国进口商延期付款或赊销大型机器设备等资本商品所面临的融资需要。由于出口方银行是向本国出口商即卖方提供的贷款,故称为卖方信贷。卖方信贷各当事方的关系示意图如图7-1所示。

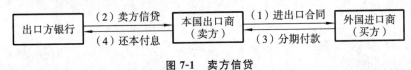

图 7-1 卖方信贷

卖方信贷的操作步骤大致如下。

(1) 出口商以赊销或者延期付款的方式与外国进口商签订销售合同。合同一般要求进口商先支付 10%~15% 的定金,交货验收及保证期满后,再分期付给 10%~15% 的货款,其余货款在全部交货后若干年内分期偿还(一般每半年还款一次),并支付延期付款期间的利息。

(2) 出口商凭出口贸易合同向所在地银行申请卖方贷款,双方签订出口卖方信贷融资协议,由银行根据协议向出口商提供贷款。

(3) 进口商根据进出口合同的约定,分期偿还贷款并支付利息给进口商。

(4) 收到进口商付货款的出口商根据贷款协议偿还银行贷款及利息。

对出口商而言,卖方信贷的支持使其可以向进口商提供延付货款的优惠条件,在一定程度上提高了出口商品的竞争力,利于出口商拓展市场,扩大出口。对进口商来说,卖方信贷使其得到了延付货款的方便,避免了现汇支付的困难,而且进口商无须进行多方面的洽谈,手续比较简便。但在使用卖方信贷时,出口商除了要支付出口信贷利息外,还需要支付信贷保险费、承担费、管理费等费用。这些费用均附加在出口设备的价格中,实际上是由进口商支付的,所以进口商以延期付款方式购买设备的价格高于现汇方式,一般高出 3%~4%,有时甚至高出 8%~10%,进口商往往不易掌握进口商品的真实成本。

卖方信贷具有政府补贴、支持本国出口的性质,一般具有较大的优惠。不过,并不是所有的出口商都能够获得卖方信贷的支持,申请该种贷款必须符合一定的条件。除了国际惯例外,各国也大都有自己的规定。在我国申请使用卖方信贷需要具备下列一些条件。①只有在中国注册的,并经国家有关部门批准有权经营机电产品和成套设备出口的中国法人企业,才有资格申请中国的出口卖方信贷支持。这一点不难理解,卖方信贷是一种政府支持的出口信贷,当然只会支持本国企业。②我国要求卖方信贷支持的出口产品属于机电产品和成套设备,这是因为我国的外贸政策对出口商品的结构进行了调整,即提高机电产品的比例,降低原材料和初级加工品的比例,希望通过出口信贷的方式促进商品结构的优化,这种规定在其他国家并不多见。除此之外,还要求出口商品在中国境内制造的部分一般应占总货值的 70% 以上(船舶占 50% 以上)。③由于我国希望优先支持大额机电产品和成套设备的出口,因此要求提供出口卖方信贷融资的最低出口合同金额为 50 万美元。而且为了交易的安全,要求进口商支付的最低现金比例一般不低于合同金额的 15%,同时要求出口商投保出口信用险。④根据经济合作与发展的组织的划分,二类国家的出口信贷还款期最长为 10 年。在我国,卖方信贷贷款期限的规定一般也是不超过 10 年。

7.2.2 买方信贷

买方信贷(buyer credit)是指为了支持本国出口商向国外出口大型机械设备等,出口方银行直接向外国进口商(买方)或者进口方银行提供贷款,以便进口商用来偿付贷款。由于此种信贷的借款人为买方,故称为买方信贷。买方信贷的资金使用仅限于进口资本货物,如单机、成套设备和有关技术和劳务等,一般不能用于进口原材料和消费品。进口的资本货物仅限于贷款国制造,如由多国制造,贷款国部件应占 50%。买方信贷可以采取两种形式:一是直接向进口商提供贷款;二是通过进口商银行间接向进口商提供贷款。

1. 直接向进口商提供贷款

直接向进口商提供的贷款一般要有进口方银行的担保,即进出口商签订贸易合同后,由进口方银行担保,出口方银行以进出口合同为依据向进口商提供贷款,进口商用其获得的贷款以现汇付款条件向出口方支付货款,并按协议分期偿还银行贷款。具体操作步骤如下:

(1) 进出口商洽谈贸易,签订合同。进口商先支付相当于交易金额 15% 的现汇定金,现汇定金可在合同生效日支付,也可在合同签订后的 60 天或 90 天支付;

(2) 在签订贸易合同后至预付定金之前,进口商与出口商所在国银行签订贷款协议,该贷款协议以签订的进出口合同为基础,即如果进口商不按合同购买出口国设备,则出口国银行就不对其提供贷款;

(3) 进口商取得贷款后,以现汇支付出口商的货款;

(4) 进口商根据贷款协议的约定,向出口方银行分期偿还贷款,并支付相应的利息。

上述过程及各当事方之间的关系如图 7-2 所示。

2. 通过进口方银行间接向进口商提供贷款

通过进口方银行间接向进口商贷款的方式是在签订贸易合同后至预付定金之

图 7-2 买方信贷(一)

前,进口国银行与出口国银行签订贷款协议,进口方银行取得贷款后,转贷给进口商,进口商再以现汇支付给出口商,进口方银行根据贷款协议分期向出口商银行偿还贷款本息。进口商和进口方银行的债权债务按双方商定的办法在国内清偿结算。具体操作步骤如下:

(1) 进出口商洽谈贸易,签订合同,由进口商先支付交易金额 15％的现汇定金;

(2) 在签订贸易合同后至预付定金之前,进口国银行与出口国银行签订贷款协议,该贷款协议以进口商和出口商签订的进出口合同为基础,但在法律上具有相对的独立性;

(3) 进口国银行取得出口国银行的贷款后,与进口商签订转贷款协议,将款项转贷给进口商;

(4) 进口商用所取得的贷款,以现汇支付出口商的货款;

(5) 进口国银行根据贷款协议分期偿还出口国银行贷款;

(6) 进口商与其所在国银行之间的债务按转贷款协议或事先商定的方式在国内进行清偿结算。

上述过程及各当事方之间的关系如图 7-3 所示。

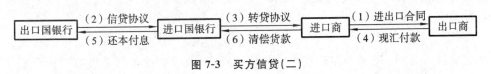

图 7-3 买方信贷(二)

卖方信贷和买方信贷是出口信贷中普遍采用的两种方式,其中,以买方信贷采用更多。在买方信贷中,以出口方银行将款项贷给进口方银行,再由进口方银行转贷给进口商的方式使用尤为普遍。买方信贷之所以被广泛采用,主要有以下几方面的原因。

第一,买方信贷能够提供更多的融通资金。在出口信贷中,使用较多的当推卖方信贷和买方信贷。卖方信贷以赊销商品的商业信用为主,银行信用只起补充作用,而买方信贷则属于单纯的银行信用。由于银行资本比一般企业资本要雄厚得多,抗风险能力强,故买方信贷能提供更多的融通资金。

第二,买方信贷对进口商有利。进口商可以集中精力同卖方谈判设备供应的技术与商务条款,而信贷条件则交给双方银行去协商解决。这样,就不会像卖方信贷那样将利息、保险费、承担费以及手续费等费用掺杂在货价之中,以致商品的价格构成变得复杂。

第三,买方信贷对出口商也有利。使用买方信贷,出口商交货后可以立即收到货款,加速了资金的周转。而且由于不需要申请贷款,出口商可以集中精力考虑生产和供货等问题。

第四,买方信贷对银行也有好处。出口国银行贷款给国外的买方银行,一般来说,要比贷款给国内企业的风险小,因为银行的资信状况一般要高于企业。而且买方银行将贷款转贷给进口商,对进口商按计划使用贷款也可以加强监督,更有利于贷款的及时偿还。

当然,买方信贷也不是完美无缺的。买方信贷涉及面广,手续较烦琐,费用较高,这是买方信贷的不足之处。

7.2.3 福费廷

福费廷(forfeiting)又称包买票据或票据买断,就是在延期付款的大型设备贸易中,出口商把进口商签发的远期本票或承兑的远期汇票无追索权地出售给包买商(即经营包买票据业务的银行或金融公司),提前取得现款的一种资金融通形式,它是出口信贷的一种类型。福费廷业务主要提供中长期贸易融资,利用这一融资方式的出口商应同意向进口商提供期限为6个月至5年甚至更长期限的贸易融资;同意进口商以分期付款的方式支付货款,以便汇票、本票或其他债权凭证按固定时间间隔(一般为6个月)依次出具,以满足福费廷业务需要。福费廷所承兑的票据是无追索权的,所以除非包买商同意,否则票据或是债权凭证必须由包买商接受的银行或其他机构无条件地、不可撤销地进行保付或提供独立的担保。这种方式的主要操作过程按以下步骤进行。

首先,进出口商签订贸易合同后,出口商赊销商品给进口商,并商定采用包买票据为出口商融资。进口商取得进口方银行的同意,由进口方银行对进口商执行贸易合同(即偿付货款)进行担保。

其次,出口商向包买商申请办理包买票据业务,并告知提供担保的进口方银行。包买商同意后,出口商开始发运货物,并签发以进口商为付款人的远期跟单汇票,按合同约定办法寄送汇票和货运单据。汇票经进口商承兑与进口商银行担保后退回出口商,出口商再将它以无追索权的方式出售给包买商,包买商按汇票上金额扣除贴现息后,付款给出口商。

再次,包买商在汇票到期日之前将买进的汇票寄交给进口方银行,进口方银行在到期日之前向进口商提示付款。

最后,进口商付款,进口方银行将收到的票款交包买商。

福费廷业务把出口商给予进口商的信贷交易,通过出口商的票据卖断及时变为现金交易,对出口商而言,这一点与买方信贷相似。此外,福费廷业务同样可以给出口商带来其他利益。

(1) 规避各类风险。办理福费廷后,出口商不再承担远期收款可能产生的利率、汇率、客户信用以及国家局势等方面的风险。

(2) 提前办理外汇核销及出口退税。一经银行买断即可出具核销联视同已收汇，客户可以提前办理出口退税。

(3) 终局性融资便利。福费廷提供的是一种无追索权的中短期贸易融资便利，出口商一旦取得融资款项，就不必再对债务人是否偿债负债。

(4) 减少资金占压。在远期收款条件下，办理福费廷业务可使出口商在交货或提供服务后立即得到偿付，从而避免了资金占压。

(5) 改善现金流量。应收账款变为当期现金流入，有利于出口商改善财务状况和清偿能力，从而能够提高筹资能力。

(6) 节约管理费用。出口商不再承担资产管理和应收账款回收的工作及费用，还可以大大降低管理费用。

(7) 增加贸易机会。出口商能以延期付款的条件促成与进口商的交易，避免进口商因资金短缺无法开展贸易的局面。

(8) 实现价格转移。可以提前了解包买商的报价并将相应的成本转移到价格中，降低融资成本。

对进口商来讲，由于利息和所有的费用负担均计算在货价之内，一般货价较高。但利用福费廷的手续较简单，不像利用买方信贷那样，进口商要多方联系，多方商谈。在福费廷方式下，进口商要寻找担保银行对出口商开出的远期汇票进行担保。这时，进口商要向担保银行交付一定的保费或抵押品，其数额依进口商的资信状况来定。

对包买商而言，提高了融资效率，扩大了包买商银行的服务项目，不占用银行信贷规模却扩大了融资金额和范围。包买商可以自行选择能够自由兑换的货币买入票据，买入票据后，包买商如果希望在票据到期前即得到资金融通，可以将所购的承兑汇票到二级市场上流通转让，转移风险。包买商承担了有关收汇的所有风险，所以收取的费用较高，收益颇丰。

对担保银行来说，福费廷为其提供了获取可观的保费收入的机会，办理福费廷业务贴现利息收益极高，并且其贴现利率风险差异因素充分包含在内，所以风险相对较小。

办理福费廷业务应当注意以下问题：

1. 在下列情况下宜选择福费廷

(1) 欲提前办理核销及出口退税。

(2) 欲转嫁出口收汇的风险。

(3) 应收账款从资产负债表中彻底剔除。

(4) 应收账款收回前遇到其他投资机会，且预期收益高于福费廷的全部收费。

(5) 应收账款收回前遇到资金周转困难，且不愿接受带追索权的融资形式或增加其他负债。

2. 办理福费廷业务应注意以下事项

(1) 与银行签订正式的福费廷协议。

(2) 选择资信良好的开证、承兑或担保银行,有利于福费廷业务进行融资并获得有利的融资利率。

(3) 在延期付款信用证下,开证行确认到期日才能办理融资手续。

(4) 在第三方担保付款的汇票和本票项下,担保银行需在票据上加签,并发出载有确认票据真实性、承兑有效性和担保付款等内容的承诺电文。

(5) 福费廷业务不仅适用于大额资本交易,也适用于小额交易,但金额越小,融资成本越高,客户应在融资成本和福费廷的便利性之间权衡。

(6) 按照国际惯例,融资银行在下列情况下保留追索权,如开证行因止付令不能偿还到期票据,出口商涉嫌欺诈。

7.2.4 混合信贷

在 20 世纪 70 年代后期,经济合作与发展组织(OECD)成员国共同商定的"君子协定",对于发放出口信贷时政府所能给予的优惠条件做了限制。按照"君子协定"的约定,出口信贷只能用于支付出口货款,不能用于支付进口商的当地费用,这对进口商的资金周转显然不利。某些国家为了规避这种限制,支持本国资本商品的出口,便开始采用混合贷款的方式。混合贷款(mixed credit),是在出口信贷的基础上发展起来的,是出口国将出口信贷与双边政府贷款(政府援助)结合在一起的贷款,故又称为挂钩援助贷款。混合信贷中的政府援助部分,其利率比一般出口信贷的利率低得多,有时甚至无利率,贷款期限长,最长可达 30 年,因此,混合信贷的条件更加优惠。这就更能吸引进口方来借取这种信贷,更加有利于促进出口商的大型成套设备和工程项目的出口。

发达国家提供混合贷款的形式大致有以下 3 种。

(1) 无政府间贷款协议方式。出口方政府利用两国银行已签订的买方信贷协议及贷款额度参与贷款,使借款国在利率和期限等方面获得优惠。具体优惠办法由两国政府银行议定。此种方式利用了原有的买方信贷协议,两国政府无须再洽谈贷款协议及手续问题,具有省时省力的优点。

(2) 贷款总协议或专项贷款协议方式。出口方政府授权本国银行与进口方政府授权的该国银行签订混合贷款的总协议或专项协议,以"混合利率"提供贷款,利差由政府从其预算中拨款补贴。其特点是两国银行之间须为特定的项目签订专门的混合贷款协议。信贷资金来源和用款形式与买方信贷相同,手续仍较简便,利率则比一般贷款低。

(3) 政府贷款协议与银行贷款协议并存方式。出口方政府和银行分别按一定比例向进口方提供政府贷款和商业贷款,并分别签订各自的贷款协议。在这种方式下,项目的信贷资金来源不同,贷款的申请渠道不同,批准程序也不同。因此,手续较为复杂。

7.2.5 信用安排限额

信用安排限额(lines of credit)是指在具体商务合同签订之前,出口国银行向出口商或者进口国银行提供一定额度的贷款,以供具体项目使用。这种出口信贷方式是在20世纪60年代后发展起来的一种新的出口信贷形式,在大型工程项目(如电站、矿山等)中使用较多。其特点主要是出口国银行为进口国银行提供中长期融资便利,并与进口国银行配合组织较小金额业务的成交,以扩大本国商品的出口。

信用安排限额的形式主要有两种。

(1) 一般用途信用限额。在这种形式下,出口商所在地银行向进口商所在地银行提供一定的贷款限额,满足对方许多相互无直接关系的进口商购买该出口国消费品的资金需要。在双方银行的总信用限额下,双方银行采取中长期贷款的方式,再逐个安排金额较小的信用合同(期限一般为2~5年),给进口商融通资金,向出口商支付货款。

(2) 项目信用限额。在这种形式下,出口国银行向进口国银行提供一定的贷款限额,以满足进口国的厂商购买出口国的基础设备或基础工程建设的资金需要。项目信用限额与一般信用限额的条件和程序相似,不过贷款主要用于购买工程设备。

7.2.6 出口信贷保险

出口信贷保险(export credit insurance)是指在国际贸易中,按中长期贷款方式成交后,如果买方不能按期付款,由出口国有关的承保机构负责赔偿。通常商业性风险由私营金融机构承保,而非商业性风险,例如,因战争、政治动乱、政府法令变更等原因而不能付款的风险,则由官方机构承保。但在有些国家,上述两类风险均归政府承保。目前,主要发达国家都有类似的机构从事这项业务,例如,英国政府设有出口信贷担保局,日本官方设有输出入银行,法国设有对外贸易保险公司等。美国政府的进出口银行除了向国外购买者提供出口信贷外,也对美国出口商提供国外购买者的信贷给予担保。

出口信贷保险与一般商业性保险相比较具有以下特点。

(1) 出口信贷保险承保被保险人在国际贸易中,因进口国和进口商导致的货物发运后不能收回货款的风险,包括政治风险和商业风险。

(2) 出口信贷保险是出口国政府鼓励发展出口贸易的重要措施,由政府承担国际贸易中的收汇风险,鼓励国内企业积极开拓国际市场,扩大出口。

(3) 出口信贷保险和贸易融资结合在一起,是出口信贷融资的重要组成部分。

(4) 出口信贷保险是政策性保险,不以盈利为目的。国家财政是承保风险的最终承担人。

(5) 出口信贷保险承保的是一般商业性保险机构不愿或无力承担的业务,其中包括部分短期险业务和大部分中长期信用险业务。

7.2.7 签订"存款协议"

进口国银行与出口国银行签订一个"存款协议",约定出口国银行在进口国银行开设账户,在一定期限内存放一定金额的存款,并在期满之前保持约定的最低存款数额,以供进口商在出口国购买设备之用。中国银行与英国曾在1978年签订过这样的"存款协议",我国的进口商用该项存款在英国购买设备。这种方式一般适用于中小型项目。

7.3 出口信贷的利与弊

7.3.1 出口信贷的优点

出口信贷是专门服务于本国对外经贸活动的政策性金融形式,它直接或间接地为贯彻、配合国家特定经济和社会发展政策作出贡献。具体来说出口信贷的优点有以下几点。

1. 促进和拉动本国出口

出口信贷最初产生的原因就是通过向出口商提供信贷支持以解决出口商面临的资金约束问题,以保证出口商能顺利完成出口计划。另外,出口信贷还可以直接对外国进口商提供融资,或者是对为买方提供信贷的商业性金融机构提供担保或保险,促进进口商从提供出口信贷的国家进口商品和服务。由此可见,出口信贷可以在出口和进口两个方面同时起到推动和拉动的作用。

2. 弥补商业性金融的不足

有些出口信贷业务具有期限长、金额大、风险高、利润低等特点,商业银行出于风险和效益方面的考虑,一般不愿意提供融资支持,但这些领域对一个国家的整体经济利益和经济发展具有深远的意义。因此,政府建立专门的出口信贷机构对它们进行支持是对商业性金融信贷的有效补充。

3. 推动国家的政治和经济外交

从国际情况来看,各国越来越重视出口信贷机构在政治和经济外交方面的作用。有些发达国家通过向一些贫困国家提供强大的信贷支持,获得某种政治上或经济上的利益,例如,日本通过官方发展援助改善了与中东地区的关系,从而为其能源战略打下了良好的基础。

4. 加速出口商的资金周转,合理配置进出口商所在国家的资源

在大型设备出口贸易中,出口商出售设备后,只要符合有关条件,就可以立即得到本国的出口信贷机构发放的出口信贷。进口商在进口设备时,也可以得到出口商银行发放的买方信贷,支付出口商的货款。这就大大加快了进出口商资金的周转速度,同时,使进口国和出口国的资源得到了充分利用与合理配置,促进了双方经济的发展。

7.3.2 出口信贷的弊端

1. 投资周期较长,风险较大

作为一般贸易信贷,通常其投资周期为 1 年或 1 年以内,资金周转较快,因而投资风险较小;而出口信贷大都在 1 年以上,甚至达到 5 年以上,投资周期长,周转慢,相应的投资风险也较大。

2. 加重出口国的财政负担

对于出口商而言,出口信贷的利率一般低于相同条件资金放贷的市场利率,两者之间的差额由出口国政府补贴。所以,对于出口国政府而言,不仅要承担利率差,同时还要对贷款提供担保。当贷款不能按时收回时,政府负责向贷款银行支付保险费用赔偿金,因而出口信贷的发放会加重出口国的财政负担。

3. 使进口商的购买范围受到限制

对于进口商而言,出口国提供出口信贷以支持其出口商出口设备为目的,所以在使用出口信贷方式融资时,只能从发放贷款国的厂商处购买设备,进口商购买设备的范围受到限制,无法从国际范围内选择在价格和性能上更为优越的设备。

4. 加重进口商的财务负担

如果进口商在进口设备时盲目注重出口信贷所提供的种种优惠条件,忽略引进项目的可行性分析,则会加重进口商的财务负担。

5. 导致出口价格的不正当竞争

为了扩大本国产品的出口,增强本国出口商的国际竞争力,出口国往往会竞相提高本国出口产品利息补贴标准,降低出口信贷利率,进而扰乱了正常的价格形成机制,形成不正当竞争。

【案例讨论题】

联系本章案例讨论,卖方信贷是怎么操作的?画出操作流程图。

【复习思考题】

1. 什么是出口信贷?出口信贷有哪些特点?
2. 出口信贷有哪些形式?
3. 什么是卖方信贷?卖方信贷的操作步骤是什么?
4. 什么是信用安排限额?信用安排限额有哪些形式?
5. 出口信贷有哪些优点?

第三部分 特许经营项目融资

第 8 章　特许经营项目融资概述

第 9 章　特许经营项目融资的过程

第 10 章　特许经营项目融资的组织

第8章 特许经营项目融资概述

【案例】

G316 线长乐至同仁公路两当县杨店至徽县高速公路建设项目（以下简称"两徽高速公路"）位于甘肃省陇南市。主线起于两当县杨店（甘陕界），与陕西省规划的太白至凤县至杨店高速公路相接，经灵官峡、两当县城、柳林镇、银杏乡，止于李家河，与在建的"十天"高速主线相接。

该项目投资估算总金额为 75.3 亿元，为满足金融机构对两徽项目融资时的资本金需求，省政府批复的实施方案确定该项目资本金为 30.12 亿元，占项目总投资的 40.1%，其余资金由项目公司通过其他融资方式取得。两徽高速公路项目公司初期注册资本为 4 900 万元，其中甘肃交通建设集团（以下简称"甘肃交建"）出资 2 000 万元，两徽基金出资 2 900 万元。为提高公司的信用程度、降低融资成本，经甘肃交建和各社会投资人商议决定，拟通过增资扩股将项目公司注册资本金增加至 30.12 亿元。注册资本金实行认缴制，增资扩股协议书约定：甘肃交建作为该项目政府出资方，认缴新注册资本金 14.27 亿元整，认缴后总资本金为 14.76 亿元，占注册资本金的 48.7%；甘肃路桥第三公路工程有限责任公司认缴注册资本金 54 652 万元整，占资本金的 18.14%；甘肃五环公路工程有限公司认缴注册资本金 51 616 万元，占资本金的 17.14%；中交路桥建设有限公司认缴注册资本金 45 544 万元，占资本金的 15.12%；甘肃省交通规划勘察设计院有限责任公司认购注册资本金 1 800 万元，占资本金的 0.6%。

该项目采用"设计—施工—总承包（EPC）＋建设—运营—移交（BOT）＋可行性缺口补助"模式实施。其中建设期 4 年，特许经营期 30 年。项目 PPP 实施机构为甘肃省交通建设集团，主要负责 PPP 项目的准备、采购、监管、移交等工作。项目实施机构与依法选定的社会投资人签订投资协议及特许经营协议，负责项目组织实施、运营管理等工作。

该项目通过"使用者付费＋可行性缺口补助"方式获得项目回报。(1)使用者付费来源包括：①车辆通行费收入，即社会资本方按照国家规定收取的车辆通行费收入；②其他业务收入，包括服务区收入和经营开发收入。(2)可行性缺口补助来源包括：①政府提供项目资本金补助，即政府无偿提供部分项目建设资金，包括交通运输部燃油税转移支付、地方政府征地拆迁费用、发行定向债券、甘肃交通产业基金、国家针对老区交通的专项扶贫款和交通运输部针对社会资本投入项目的专项补助等，以缓解项目公司的前期资金压力，降低整体融资成本。项目资本金补助资金来源为甘肃省交通运输厅、陇南市人民政府；②运营期地方财政补贴，如因实行政府定价较低或者交通量无法达到最低需求导致使用者付费无法覆盖项目的成本和合理收益，政府将会给予项目公司一定的财政补贴。运营期地方财政补贴资金将纳入同级政府预算管理，并在中长期财政规划中予以统筹考虑。运营期补贴资金来源为甘肃省人民政府财政预算；③其他方式，包括政府无偿划拨土地、提供优惠贷款、贷款贴息以及授予项目周边的土地、商业等开发收益权等方式，是否采纳上述方式及采纳后的具体操作途径由甘肃省人民政府决策。

思考

1. 特许经营项目融资有何本质的特点？
2. 特许经营项目融资与公司融资有何不同？

8.1 特许经营项目融资概念和特征

8.1.1 特许经营项目融资的概念

在工程项目的融资实践中，一些基础设施、公共事业或自然资源开发项目在融资过程中往往需要得到政府的特许授权，人们将这类工程项目融资统称为特许经营项目融资。特许经营项目融资体现了"通过项目来融资"的思路，进一步讲，是通过该项目的期望收益或现金流量、资产和合同权益来融资的活动。从金融的角度来看，特许经营项目融资体现了债权人对借款人抵押资产以外资产没有追索权或仅有有限追索权的特点。

特许经营项目融资是政府授权外商或民营机构，从事某些原本由政府负责的项目建造和运作的一种长期（项目全寿命期）合作关系，项目对民营机构的补偿是通过授权民营机构在约定的特许期内向项目的使用者收取费用，由此回收项目的投资、经营和维护等成本，并获得合理的回报，特许期满后项目将移交回政府（也有不移交的，如 BOO）。

20世纪90年代，在我国第一轮私营资本参与公共基础设施建设的热潮中，大多数项目都使用 BOT 项目融资。1992年，英国政府最先提出了 PFI 的概念，之后国际上又有了 PPP 等概念。这些概念与更早的 BOT 类似，本质上都属于特许经营项目融资。

特许经营项目融资模式涉及不同程度的私有化。在各种私有化程度的特许经营项目融资中，政府的责任在本质上是一样的，只是细节上略有不同。例如，在 PPP 项目中，民营机构做不了的或不愿做的，应由政府来做，其余全由民营机构来做，但政府应起监管的作用；而 BOT 项目中，绝大多数工作由民营机构来做，政府则提供支持和担保。但无论什么方式，都要合理分担项目风险，以达到提高项目的投资、建设、运营和管理效率的双赢目的,这是私有化最重要的目标。

BOT、PPP、PFI 和 ABS 是特许经营项目融资中最常见的几个专门术语,本部分将对这几个概念进行简要介绍。

1. BOT 项目融资

BOT,即 build-operate-transfer(建造-经营-移交),是相对比较简单或典型的特许经营项目融资模式(图 8-1)。BOT 是指政府(主要是省市级以上)通过特许权协议,授权外商或私营商进行项目(主要是基础设施和自然资源开发)的融资、设计、建造、经营和维护,在约定的特许期(通常为 10～30 年)内向该项目的使用者收取费用,由此收回项目的投资、经营和维护等成本,并获得合理的回报,特许期满后项目将移交(一般是免费)给政府。

BOT 项目融资由时任土耳其首相的 Turgut Ozal 于 1984 年首次将 BOT 应用于土耳其公共基础设施的私有化过程中,之后引起了世界各国尤其是发展中国家的广泛关注和应用,并逐渐演变为大型项目融资的一种流行方式,有些学者将其称为"暂时私有化过程"。由于特许权协议在 BOT 模式中占据关键性地位,有时亦将 BOT 融资模式称为"特许权融资"。

就最常用的项目融资模式而言,BOT 共有 3 种最基本的形式:

①BOT(build-operate-transfer,建造-经营-移交),它是最经典的 BOT 形式,项目公司没有项目的所有权,只有建设权和经营权(图 8-1);

②BOOT(build-own-operate-transfer,建造-拥有-经营-移交),它与基本的 BOT 主要不同之处是,项目公司既有经营权,又有所有权,政府允许项目公司在一定范围和一定时期内等一定条件下为了融资将项目资产抵押给银行,以获得更优惠的贷款条件,从而使项目的产品和服务价格降低,但特许期一般比基本的 BOT 稍长;

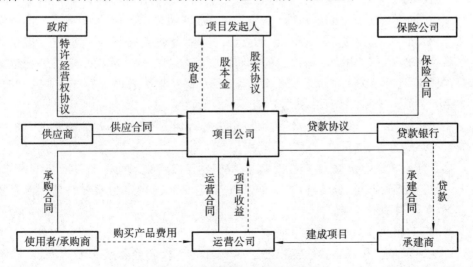

图 8-1 典型 BOT 项目组织结构

③BOO(build-own-operate,建造-拥有-经营),它与前两种形式主要的不同之处在于,BOO 项目公司不必将项目移交给政府(即为永久私有化),其目的主要是鼓励项目公司从项目全寿命期的角度合理建设和经营设施,提高项目产品和服务的质量,追求全寿命期的总成本降低和效率的提高,使项目的产品和服务价格更低。

除了上述三种基本形式之外,在各国应用 BOT 的过程中,还出现了很多形式,以反映项目的主要特点,例如:

①BT(build-transfer,建造-移交);
②BOOST(build-own-operate-subsidy-transfer,建造-拥有-经营-补贴-移交);
③ROT(rehabilitate-operate-transfer,修复-经营-移交);
④BLT(build-lease-transfer,建造-租赁-移交);
⑤ROMT(rehabilitate-operate-maintain-transfer,修复-经营-维护-移交);
⑥ROO(rehabilitate-own-operate,修复-拥有-经营);
⑦TOT(transfer-operate-transfer,移交-经营-移交);
⑧SOT(supply-operate-transfer,供应-经营-移交);
⑨DBOT(design-build-operate-transfer,设计-建造-经营-移交);
⑩DOT(develop-operate-transfer,发展-经营-移交);
⑪OT(operate-transfer,经营-移交);
⑫OMT(operate-manage-transfer,经营-管理-移交);
⑬DBFO(design-build-finance-operate,设计-建造-融资-经营);
⑭DCMF(design-construct-manage-finance,设计-施工-管理-融资)。

其中,BT 是指政府在项目建成后从民营机构中购回项目(可一次支付,也可分期支付)。与政府投资建造项目不同的是,该形式中政府用于购回项目的资金往往是事后支付(可通过财政拨款,但更多的是通过运营项目来支付)。另外,TOT 在发展中国家得到了越来越多的应用,它是指用民营资金购买某个项目资产(一般是公益性资产)的经营权,购买者在约定的时间内通过经营该资产收回全部投资和得到合理的回报后,再将项目无偿移交给原产权所有人(一般为政府或国有企业)。对项目发展而言,TOT 具有 BOT 方式所不具备的优势:

①为拟建项目引进资金,为建成项目引进管理,可以实现基础设施建设和运营的良性循环;

②只涉及转让经营权,不存在产权、股权问题,避免许多争议;

③风险比 BOT 小,金融机构、基金组织、私营资本等都有机会参与且更愿意投资,增加了项目的资金来源。

与 BOT 相比,TOT 主要有下列特点。

①从融资角度看,TOT 是转让已建成项目的产权和经营权来实现融资,这与 BOT 中政府给予投资者特许经营权的许诺,由投资者融资新建项目不相同,即 TOT 是通过已建成项目为其他新项目进行融资,BOT 则是为筹建中的项目进行融资。

②从运作过程看,TOT 回避了项目建造过程所包含的大量风险和矛盾,仅涉及转让经营权,不存在产权、股权等问题,在谈判过程中比较容易达成一致。

③从政府角度看,TOT 吸引国外或民间投资者购买现有的资产,一方面,通过经营权的转让,得到一部分外资或民营资本,可用于偿还因基础设施建设而承担的债务,也可作为当前迫切需要建设而又难以吸引外资或民营资本的项目;另一方面,转让经营权后,可大量减少对现有基础设施运营的财政补贴支出。

④从投资者角度看,TOT 既可回避建设中的超支、停建或者建成后不能正常运营、现金流量不足以偿还债务等风险,又能尽快取得收益。投资者购买的是正在运营的资产和对资产的经营权,资产收益具有确定性,也不需要太复杂的信用保证结构。

2. PFI 项目融资

PFI 是 private finance initiative 的缩写,即"私营主动融资"。与特许经营项目融资中的其他概念相比,PFI 更强调私营企业在融资中的主动性。1992 年,英国保守党政府首先推出了 PFI,旨在中央政府和地方当局方面都进一步加强公共部门与私营部门的合作伙伴关系。截至 2002 年年初,英国大约签署了 500 个 PFI 合同。从历史背景来看,PFI 是政府为完成投资大、建设时间长而政府财政难以支撑的情况下所做出的一种让步,用以加快本国基础设施的建设和促进经济发展和技术进步。

在应用领域方面,BOT 模式主要用于基础设施项目(如电厂、机场、港口、收费公路、隧道、电信、供水和污水处理设施等,以及自然资源开发项目),并且都是一些投资较大、建设周期长和可以运营获利的项目。而 PFI 项目则更加多样:大的项目可能来自国家重点领域(如国防部),例如空对空加油罐计划、军事飞行培训计划、机场服务支持等;小的如教育或民用建筑物、警察局、医院、能源管理或公路照明,甚至公路、监狱、医院等公共服务设施建设。而且,PFI 项目可能靠自身的运营不能完全收回投资,往往还需要政府财政拨款补贴。

在项目运作方式方面,BOT 与 PFI 项目的参与各方存在许多相同或相似的地方,例如,在这两类项目中,参与人都包括作为项目的采购者的公共部门、项目公司、放贷人、投资人、承包商、运营公司、供应商、保险公司等,并且参与者在两类项目模式中所扮演的角色本质相同。不过两者在运作程序和方式上也存在区别,具体体现在:①在公共部门采购者与项目公司之间的合同类型上,BOT 项目中是特许权合同,PFI 是服务合同;②由于 PFI 是服务合同,因此项目中一般会对设备管理和维护的供应商提出特别的要求;③PFI 项目中,一般会存在信用评级和增级公司对项目公司发行的债券提供信用保证。

3. PPP 项目融资

PPP 是 public private partnership 的缩写,通常译为"公私合伙/合营"。PPP 是在英国继 1992 年保守党推出了 PFI 以后,1997 年工党上台时引入的概念。由于不同国家和地区经济形态不完全一样,PPP 发展的程度不同,对 PPP 的定义和分类也未能达成一致。但是,在我国,因为国有企业虽然是公有的,但都是按独立法人以企业的形式参与 PPP 的,因此,PPP 译成"政企合伙/合营"似乎更为准确。

表 8-1 给出了欧盟委员会、效率促进组和加拿大 PPP 委员会给出的 PPP 的定义和分类。

表 8-1　各种组织给出的关于 PPP 的定义和分类

组织	定　义	分　类
欧盟委员会	公共部门和私营部门之间的一种合作关系,双方根据各自的优、劣势共同承担风险和责任,以提供传统意义上由公共部门负责的公共项目或服务	根据投资关系,PPP 可以分为三大类:传统承包项目、开发经营项目和合作开发项目。在传统承包项目中,公共部门主要承担项目计划、开发和运营的绝大部分工作,只是将部分合同分包给私营部门;在开发经营项目中,公共部门通过签订合同,将项目的开发经营等大部分工作移交给私营部门,私营部门在合同期内建造、运营该项目,并获得合理回报,合同期结束之后私营部门将项目移交给公共部门;合作开发项目中,私营部门也将参与项目的融资,共同分享项目的经营收入
香港效率促进组	一种由双方共同提供公共服务或实施项目的安排	在这种 PPP 的项目安排下,双方通过不同程度的参与和承担,各自发挥专长,包括特许经营、私营部门投资、合伙投资、合伙经营、组成合伙公司等几种方式
加拿大 PPP 委员会	公共部门和私营部门基于各自的经验建立的一种合作经营关系,通过适当的资源分配、风险分担和利益分享,以满足公共需求	根据私营部门的参与程度不同,将 PPP 分为 DB、O&M(operation & maintenance contract)、DBFO、BOO、BOOT、BBO、BTO 等数十种细分模式

总的来说,广义的 PPP 泛指公共部门与私营部门为提供公共产品或服务而建立的合作关系;而狭义的 PPP 可以理解为特许经营项目融资一系列方式的总称,狭义的 PPP 更加强调政府在项目中的所有权(有股份),以及与企业合作过程中的风险分担和利益共享。PPP 本质上是公共和私营部门为基础设施的建设和管理而达成的长期合同关系,公共部门由在传统方式下公共设施和服务的提供者变为监督者和合作者,它强调的是优势互补、风险分担和利益共享。

4. ABS 项目融资

1) 资产证券化的概述

ABS 是 asset-backed/based securitization 的缩写,即以资产担保的证券化。它

是以项目(包括未建项目)所属的全部或部分资产为基础,用该项目资产所能带来的稳定的预期收益作保证,经过信用评级和增级,通过资本市场发行证券来募集资金的一种项目融资方式。ABS 是 20 世纪 80 年代首先在美国兴起的一种新型资产变现方式,根据资产类型的不同,主要有信贷资产证券化(以信贷资产为基础资产的证券化)和不动产证券化(以不动产如基础设施、房地产等为基础资产的证券化)两种。从是否依靠中介来看,ABS 主要通过发行证券融资,属于直接融资,只是融资基础不同于普通融资。因此,从融资的基础看,ABS 是一种特许经营项目融资方式;从融资的形式看,ABS 可以说是一种新型的直接融资方式。

证券化可以分为融资证券化和资产证券化两类。融资证券化是指一级证券化,主要工具有股票、公司债券和商业票据等。ABS 是二级证券化的工具。较之其他特许经营融资方式,ABS 有着其自身独特的特点,通过证券市场发行债券筹集资金。对大型工程类项目建设,由于 ABS 方式隔断了项目原始权益人自身的风险和项目资产未来现金收入的风险,使其清偿债券本息的资金仅与项目资产的未来现金收入有关,加之在国际高等级证券市场发行的债券由众多的投资者购买,从而分散了投资风险。

资产证券化与传统的股票方式和债券等融资不同,主要有以下几个特点。

①属于收入导向型融资方式。

传统融资方式是以资金需求者自身的信用为基础来进行融资的,资金供给者更多地关注资金需求者的整体财务状况、经营成果和现金流量,对特定资产的关注较少,只有在抵押贷款时才会关注抵押资产的管理和处置问题。在这里抵押资产只是作为对资金需求者信用的补充。而资产证券化是根据基础资产的未来收益能力来融资的,基础资产的信用水平与原始权益人的信用水平分离,投资者更多地关注资产池中基础资产的质量和水平以及未来产生现金流量的能力,资产证券化交易结构的严谨性和有效性,而原始权益人自身的信用等级则处于相对次要的地位。

②属于结构性融资方式。

资产证券化通过建立一个严谨的、有效的交易结构,即设立 SPV,把资产池的偿付能力与原始权益人的信用风险分离,保证了破产隔离的实现。即使原始权益人破产,资产池中的资产也不会被列入破产资产进行清算。资产证券化使原始权益人得以用出售资产的方式融资,而不增加资产负债表上的负债,有助于改善企业的财务结构;它确保了企业在融资过程中能够充分享受政府提供的税收优惠;它使原始权益人能够通过内部信用增级和外部信用增级,或多种信用增级方式并用来提高资产的信用等级,改善资产支持证券的发行条件,保证其顺利发行。

③属于表外融资方式。

传统的融资方式如债权融资和股权融资对应的是资产负债表的"负债"和"所有者权益"科目,增加了资产负债表的规模,是一种表内融资;而资产证券化融资是通过出售资产换取资金,其基础资产的未来现金流并不出现在资产负债表中,不影响资产负债表中的资产项目,属于表外融资。资产证券化可以降低资产负债率,改善财务结构。

④融资成本低。

首先,由于资产证券化需要进行信用增级,其信用要求往往低于发行股票与债券,支付的利息可比原始权益人发行债券要低;其次,资产证券化虽然涉及的中介机构较多,需支付托管费、服务费、承销费和律师费等,但支付的费用较低,信用增级的担保费用也较低,各项费用相对交易总额的比例很低。在资产证券化过程中,中介机构收取的总费用率比其他融资方式至少低50%。

⑤融资风险相对较低。

资产证券化通过破产隔离和真实出售等技术使基础资产从企业的整体资产中剥离出来,其信用也从企业的资信能力中分解出来,实现了从整体信用基础向特定资产信用基础的转化,就像在企业与投资者之间构筑了一道坚实的"防火墙",其风险不会传递给投资者,资产的信用风险与企业的经营风险无关,而只与基础资产的预期现金流相关;而传统的融资方式的信用基础是企业的整体信用,没有"防火墙",风险极容易转嫁给投资者。

2) 资产证券化的参与主体

一般来说,资产证券化的参与主体主要包括原始权益人(发起人)、SPV、信用增级机构、信用评级机构、证券承销商、服务机构和受托人等。

①原始权益人。原始权益人是基础资产的发起人,是拥有未来现金流或者应收款的权益人,也就是希望从资本市场发行证券融通资金的企业或实体。由于原始权益人熟悉证券化资产,在证券化过程中往往还充当服务商的角色。

②SPV。SPV是为了进行资产证券化业务而专门设立的一个实体,是介于发起人和投资者之间的中介机构,是证券的真正发行人。SPV是法律上的实体,可以采用信托、公司或有限合伙的形式。

③信用增级机构。内部信用增级一般由发起人施行,外部信用增级机构一般为独立的第三方,如政府机构、商业银行、保险公司、金融担保公司等。

④信用评级机构。信用评级机构对资产池所能承受的风险程度进行审核,并公平地赋予评级,以利于广大投资者做出决策。其主要是对与资产证券化相关联的标的资产产生未来现金流的能力进行评估。

⑤证券承销商。承销商是负责证券发行和销售的机构,如投资银行、证券公司等。在证券设计过程中,承销商还会运用其专业技能和经验,设计出既能满足发起人的利益,又能为广大投资者所接受的融资方案。

⑥服务机构。服务机构主要对资产池的资产及其所产生的现金流进行管理。例如,将各期的现金流入存入受托银行,对逾期债务进行催缴以保证资金及时、足额到位,定期向受托人和投资者提供相关财务报告。服务机构一般由发起人担任并对上述服务收费。

⑦受托人。受托人是投资者利益的代表,受托管理基础资产以及对资产支持证券进行偿付,其主要职责:把服务机构存入银行账户的资金支付给投资者,作为其本金和利息的偿付;将没有立即支付的部分进行再投资,避免资金闲置造成浪费;监督资产证券化各方的行为和合约执行情况,对资产池中的资产信息进行定期审查;对服务机构定期提供的报告的真实性进行审查,并向投资者披露。

3) 资产证券化的基本流程

典型的资产证券化运作包括七个步骤,其流程如图 8-2 所示。

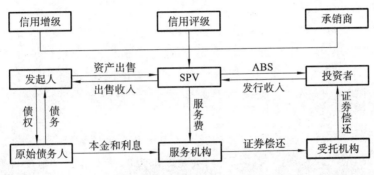

图 8-2　资产证券化流程

①发起人选择拟证券化的基础资产,通过捆绑组合形成资产池。发起人根据自身的融资需求和现有资产的情况,选择适合证券化的资产作为基础资产。一般而言,证券化资产不限于一种,通常把多种资产组合起来,形成资产池。资产池必须具有一定的规模,以减少非系统风险,达到资产证券化交易的规模效应。

②设立 SPV。在标准的资产证券化运作过程中,SPV 是一个专门为实现资产证券化而设立的特别法律实体,没有固定的组织形式和运作架构,发起人通过签订买卖合同将资产池出售给 SPV。SPV 在法律上独立于基础资产的原始权益人,原始权益人的风险不会影响到证券化资产,实现了破产隔离。

③发起人将基础资产出售给 SPV。发起人将基础资产出售给 SPV 时双方需要签署金融资产书面担保协议,法院根据此协议裁定该资产是否属于真实出售,只有真实出售以后才能保证原始权益人其他资产的风险与基础资产的风险相隔离,以达到破产隔离的目的,降低对投资者利益的损害。

④对资产支持证券进行信用增级。信用增级的目的是保证资产支持证券能够及时足额地偿付,提高证券的信用等级,降低融资费用。信用增级降低了投资者的风险,增加了资产支持证券对投资者的吸引力,有利于证券的顺利发行和畅销。SPV 会聘请评级机构对证券化交易进行评估,以确定需何种程度的信用增级,一般是多种信用增级形式并用。

⑤进行信用评级。信用增级完成之后,SPV 将再次聘请信用评级机构进行信用评级,并向投资者公布结果。信用级别越高,证券的发行成本越低,发行条件就越

好。在资产证券化过程中,信用评级机构只对基础资产未来产生现金流的能力进行评估,而不需要对发行人的整体资产进行评估,因此选择优质的资产并将其从整体资产中剥离出来,配以一系列信用增级措施,就可获得远高于原始权益人自身信用等级的信用评级。

⑥设计与发行证券。证券的设计与发行由证券承销商来完成,SPV一般委托投资银行作为承销商。投资银行在设计证券时要充分了解发起人的目标和要求,熟悉政治经济环境、投资环境、金融市场环境、法律和税务环境,掌握必要的技术和手段,选择合适的证券交易品种并发行上市。

⑦管理及偿付现金流。证券发行上市以后,从证券承销商那里获得的现金收入将用来支付各种款项:证券化资产的购买价款,评级机构、投资银行等中介机构的服务费用等。SPV一般委托发起人作为服务人管理资产池,收取和记录各项资产的现金流入,并在规定的证券偿付期内支付本金和利息给投资者。

4)ABS融资模式的应用

由于ABS融资模式能够以较低的资本成本筹集到期限较长、规模较大的项目建设资金,因此,对于投资规模大、周期长、资金回报慢的城市基金设施项目来说,它是一种可用的融资方式。在交通、电信、电力、供水、排污、环保、大型工业项目、资源开发型项目等领域的基本建设、维护、更新改造扩建项目中,ABS会有一定的应用空间。

ABS项目融资模式在国外有很多应用,采用ABS方式进行基础设施的项目融资也有融资成本低、能实现破产隔离、拓展项目融资渠道等诸多的优越性。然而,2007年在美国爆发次贷危机,进而引发全球性金融危机,对世界经济的发展造成了极大的破坏。由此,人们开始反思ABS这种融资方式在资本市场的应用。我国的资产证券化业务的市场体系和监管体系尚不完善,更应该对ABS项目融资采取谨慎的态度,尤其我国建设的工程项目,应该采取稳健高效的融资模式,而不是盲目引进国外先进的融资方式。

就我国目前情况来看,实施这种项目融资方式存在着诸多的障碍。具体而言,我国推行ABS融资方式,还需做好以下几个方面的准备工作。

(1)健全资产证券化法律体系。

总结国内外已实施ABS融资项目的经验,结合次贷危机带来的教训,尽快制定专门的资产证券化法案,完善和资产证券化有关的法律制度,虽然现今有多部法律涉及资产证券化的内容,然而其构成的体系却十分不完善,有些法律法规对资产证券化的条款还存在相互矛盾的地方,这些问题都在无形中增加了交易双方的交易成本,加大了资产证券化过程的难度。所以,我国在修正相关法律法规以及消除存在的冲突的同时,还必须针对现阶段资产证券化的建设出台专门的法律法规来规范和监督证券化市场,明确资产证券化过程中的会计、税务、报批等一系列政策问题,推动资产证券化市场的规范发展。

(2) 完善我国资产证券化业务的市场监管体系。

美国次贷危机爆发的一个很重要的原因就是美国金融业监管缺位,从而诱发风险。为了进一步促进我国资产证券化的健康有序发展,我们需要稳步完成市场体系的重构,以建立一个统一的资产证券化产品发行、交易市场,同时,在建立完善相关的基本法律框架基础之上,理顺监管体系,加强资产证券化业务的监管和指导,最终实现资产证券化业务的全程、无缝监管。

(3) 提高信息透明度。

在信息透明度不高的情况下,市场参与者的投资倾向变得不确定。这在很大程度上影响了资产证券化市场的规模,显然也增加了市场的风险。信息和商品一样有稀缺性,从某种程度上而言稀缺性也是投机交易的一个重要原因。要减少信息的交易成本,这是一个曲折而复杂的过程,而且需要各方都进行改善。比如对国家而言,如何与别国建立全方位的合作关系,如何制定税收规则来遏制投机问题的泛滥,或是颁布一些法律法规来限制风险过度的分担等都是需要考虑的问题。作为银行,明确与之相适应的风险规避体系显得十分重要,比如投资银行的资产证券化产品需要某些评级机构来评级,但这些评级机构甚至可能不知道他们在评的是什么,而购买这些次级产品的客户又主要是储蓄银行,危机便这样传导给了银行。而作为评级机构,其利益直接与被评者利益相关联,这无形间增加了"不透明化"的驱动力,因此,评级费不可由被评机构支付,并且,评级过程与结果必须要透明和相关联。在各规则都明确的情况下,各种操作的风险性便会大大降低。

(4) 强化风险控制。

美国的风险管理制度虽然在某些领域有些许瑕疵,但总体而言还是比较完善的,然而此次危机爆发的原因在于这些风险管理制度并没有被真正地执行。风险管理部门徒有其表,即使提出了建设性的意见,公司也不一定会理会。除此之外,风险管理所涉及的领域也十分有限,如何将其融入我国整个宏观经济中,也是值得我们重视的。

(5) 注重对相关人才的培养。

利用 ABS 进行项目融资是一种新型的项目融资方式,进行 ABS 牵涉的领域较多,目前我国还缺少能进行 ABS 实际操作的人才。因此,我们应加快有关 ABS 方面的人才培养,深入对 ABS 项目融资的理论研究。

ABS 项目融资方式在我国的应用还不成熟,在推广之前,还需要做大量的准备工作,以更好地将 ABS 服务于工程项目建设。

8.1.2 特许经营项目融资特征

特许经营项目融资是以项目的资产、预期的收益和权益抵押(或质押)取得的一种无追索权或有限追索权的融资或贷款。特许经营项目融资作为一种新的融资形式,为解决建设资金短缺的问题提供了一个新的思路,近年来受到各国特别是发展中国家的高度重视,并不断被应用于大型工程项目的建设中。我国应用特许经营项目融资的时间较短,从总体上看仍属于探索阶段。积极推进项目融资在我国的应用与发展,是工程管理领域理论工作者和广大实际工作者的一个重要任务。

与公司融资方式相比,特许经营项目融资的基本特点可以归纳为以下几个方面。

(1) 是以项目本身为主体安排的融资。

项目融资的一个显著特点就是以项目为主体安排的融资。贷款人关注的是项目的发起人在贷款期间能产生多少现金流量用以偿还贷款,而不以发起人或投资者自身的资信作为是否贷款的首要条件。贷款银行在项目融资中的注意力主要集中在项目在贷款期间能产生多少现金流量用于还款,贷款的数量、融资成本的高低、投融资结构的设计以及对担保的要求等都是与项目的预期现金流量的资产价值直接联系在一起的。由于项目融资的这个特点,有些投资者很难借到的资金可以利用项目来安排,有些投资者很难得到的担保条件则可以通过组织项目融资来实现。因此,与公司融资相比,采用特许经营项目融资可以获得较高的贷款比例,而且贷款期限也比一般的商业贷款期限长。

(2) 实现项目融资的无追索或有限追索。

追索是指在债务人不能按期偿还债务时,债权人可以要求以已经抵押、质押资产之外的其他资产偿还未清偿债务的权利。

从某种意义上说,贷款人对项目借款人的追索形式和程度是区分融资属于特许经营项目融资还是属于公司融资的重要标志。公司融资,贷款人为项目借款人提供的是完全追索形式的贷款,即贷款人主要依赖的是自身的资信情况,而不是项目本身。而特许经营项目融资,作为有限追索的项目融资是就项目债权人(贷款人)与项目发起人之间的保证关系而言的。这也就意味着,除了项目公司应将项目的相关资产抵押、质押给债权人作为还款担保外,项目发起人还应对项目加以有限担保。一旦项目达到完工标准,贷款将变成无追索,如此一来,债权人的风险相对就减小了。有限追索性表明项目发起人对项目所承担的责任和义务是有限的。这种追索的有限性表现在:①项目发起人对处于建设开发阶段的项目完工进行保证,若建设开发项目不能按时完工,则贷款人向项目发起人进行追索;②若处于经营阶段项目的现金流量达不到协议约定的标准,则项目发起人有义务将差额部分补足,贷款人亦有权就此向项目发起人进行追索。当然,任何有关有限追索权利义务的设定都是通过项目融资协议来确定的,当事人各方可以在协商基础上加以调整。除此之外,无论项目出现任何问题,贷款人均不能追索到项目借款人除该项目资产、现金流量以及所承担的义务之外的任何形式的财产。

有限追索的极端是无追索,即融资百分之百地依赖于项目的经济强度,在融资的任何阶段,贷款人均不能追索到项目借款人除项目之外的资产。然而,在实际工作中很难获得这样的融资。

(3) 风险分担。

成功的项目融资,其标志是各参与方直接获得了令人满意和有效的项目风险分担。在特许经营项目融资中,以项目本身为导向对借款人有限追索,对于与项目有关的各种风险要素,需要以某种形式在项目发起人、与项目开发有直接或间接利益关系的其他参与者和贷款人之间进行分担,使项目中没有任何一方单独承担起全部项目的风险责任。一般来说,各方愿意接受的程度由预期的回报所决定。

对于项目的发起人或投资者来说,合理的风险分担机制具有良好的保护作用:发起人或投资者不会因为项目的失败而破产;对于其他参与方来说,承担的风险所带来的高额回报会促使各参与方更加关注项目,整体上提高了项目成功的可能性。因此,在组织项目融资的过程中,项目借款人应该学会如何去识别和分析项目的各种风险因素,确定自己、贷款人以及其他参与者所能承受风险的最大能力及可能性,充分利用与项目有关的一切优势,最后设计出对投资者具有最低追索权的融资结构。然而,项目融资风险的分担又是一个非常复杂的过程,其中涉及众多参与者,还涉及许多的合同法律关系,如果处理不好,会导致谈判延期和成本增加。

一般来说,风险分担是通过出具各种保证书或做出承诺来实现的。保证书是特许经营项目融资的生命线,因为项目公司的负债率都很高,保证书可以将财务风险转移到一个或多个对项目有兴趣但又不想直接参与经营或直接提供资金的第三方。

保证人主要有两大类:业主保证人和第三方保证人。当项目公司是某个公司的子公司时,项目公司的母公司是项目建成后的业主,贷款方一般都要求母公司提供保证书。这种情况下,业主为保证人。当项目公司无母公司,或母公司及发起方其他成员不想充当保证人时,可以请第三方充当保证人。可以充当保证人的主要有五类:材料或设备供应商、销售商、项目建成后的产品或服务的用户、承包商和对项目感兴趣的政府机构。

(4) 信用结构多样化。

在项目融资中,用于支持贷款的信用结构的安排是灵活多样的,一个成功的特许经营项目融资,可以将贷款的信用支持分配到与项目有关的各个关键方面。典型的做法包括以下几点:

①在市场方面,可以要求项目产品购买者提供长期购买合同,例如,无论提货与否均需付款合同和提货与付款合同都是由项目公司与项目的有形产品或无形产品的购买者之间所签订的长期的供销协议;

②在工程建设方面,可以要求承包商提供固定价格、固定工期合同,或"交钥匙"工程合同,还可以要求项目设计者提供工程技术保证等;

③在原材料和能源供应方面,可以要求供应方在保证供应的同时,在定价上根

据项目产品的价格变化设计一定的浮动价格公式,保证项目的最低价格。

这些做法都可能成为项目融资强有力的信用支持,提高项目的债务承受能力,降低融资对发起人资信和其他资产的依赖程度。

(5) 可实现项目发起人非公司负债型融资的要求。

非公司负债型融资又称表外融资,是指如果项目公司是一个独立的法律实体且项目发起人在项目公司中的股份比例不超过一定的份额,则项目的债务不表现在项目发起人自身公司的资产负债表中的一种融资形式。通过对项目融资的投资结构和融资结构的设计,有时能够达到非公司负债型融资。非公司负债的优点在于:因为该类项目的负债不直接反应在项目发起人或投资者自身的资产负债表中,从而避免了因项目发起人或投资者自身的资产负债比例的失衡导致资信下降,增加再融资成本。所以,非公司负债的存在,使得项目发起人或投资者可以同时投资多个项目而不至于发生融资困难,提高了融资效率。

8.2 特许经营项目融资的优缺点

特许经营项目融资自问世以来,受到许多国家,尤其是发展中国家和地区政府的广泛关注和应用。其中很大的原因在于,在基础设施建设和服务等相关领域,特许经营项目与公司融资模式相比,有着诸多的优点。当然,任何事情都有两面性,特许经营项目融资也有其缺点。这意味着有些工程项目融资不一定适用于特许经营项目融资。表 8-2 从不同参与者的角度详细论述了特许经营项目融资的优缺点。

表 8-2 特许经营项目融资的优缺点

	优　　点	缺　　点
对政府	①拓宽资金来源,引进外资和民间资本,减少政府财政支出和债务负担,加快发展公共基础设施建设 ②降低政府风险,政府无需承担融资、设计、建造和经营风险 ③发挥外资和民营机构能动性和创造性,提高建设、经营、维护和管理效率,引进先进的管理和技术 ④合理利用资源。还贷能力在于项目本身的效益,且大多采取国际招标,可行性论证较严谨,避免了无效益项目开工或重复建设	①承担政治(法律变更等)和外汇等风险 ②由于商业化运作,使用价格较高,可能造成国民不满(这些服务、设施的使用原来是低价甚至是免费的)

续表

	优 点	缺 点
对发起人（如承包商为发起人）	①充分利用项目经济状况的弹性，减少资本金支出，实现"小投入做大项目"或"借鸡下蛋" ②达到最有利的税收条件 ③提高了项目发起人、项目公司的谈判地位 ④转移特定的风险给放贷方（有限追索权），极小化项目发展商的政治风险 ⑤创造发展商、承包商的商业机会（如果他们作为发起人、项目公司）	①融资成本较高，因此要求的投资回报率也高 ②投资额大、投融资周期长、不确定性大 ③合同文件繁多、复杂 ④有时融资杠杆能力不足，且母公司有时仍需承担部分风险（有限追索权） ⑤适用范围有局限，较适用于盈利性的公共产品、基础设施和自然资源开发项目
对放贷方	①承担同样风险但收益率较高 ②易于评估中等信用借款方风险，只需评估项目本身的风险 ③提供了良好的投资机会，而且较少竞争。因为项目投资额巨大，一般的放贷方无法参与竞争	①投资额大、投融资周期长、不确定性大 ②合同文件繁多、复杂

8.3 特许经营项目融资的应用

8.3.1 特许经营项目融资的适用范围

特许经营项目融资的适用范围是由项目本身的性质决定的，其中比较重要的属性包括项目技术复杂性、项目产品或服务收费的难易程度、项目产品或服务生产或消费的规模、设施投资规模等。政府是特许经营项目融资中最重要的参与者，最关注应用能否提高项目的建设和运营效率（最典型的体现就是项目产品或服务价格的降低）。表 8-3 主要从设施数量、技术复杂性、收费难易度和生产或消费规模四个方面对各种公共基础设施项目的差异情况进行了对比分析。

表 8-3 各种基础设施项目特性比较[①]

设施类别	设施数量	技术复杂性	收费难易度	生产或消费规模
教育	2	4	2	1~4

---

① 表中，1 分表示适用性指标值最低，5 分表示适用性指标值最高。

续表

设施类别		设施数量	技术复杂性	收费难易度	生产或消费规模
健康		2	5	2	4
国防		2	3~5	1	1
社会安全		1	3	1	2~5
司法		1	4	1	4
文化		2	3	4	4
通信		5	5	5	2~5
电力		5	4	5	2~5
水供应		5	4	5	5
卫生		5	4	1	5
路灯		5	2	1	5
娱乐		4	2	4	5
邮政		1	2	5	3~5
宗教		2	5	2	2~5
科研		2	5	1	5
交通运输	航空	2	5	5	4
	道路	5	3	4	4
	铁路	4	4	5	3
	水路	2	2	5	3
	海运	3	3	5	4
	城市运输	4	4	2	5

道路、通信、电力、水供应、卫生、路灯等项目的设施需求数量大(设施数量指标取值为5),比较适于采用特许经营项目融资方式。

健康、航空、通信、科研等项目由于需要复杂的技术(技术复杂性指标值为5),因而不太适用于特许权经营项目融资。

一般性公共服务的收费(如铁路、航空、水路、海运、电力、水供应等)比纯公共服务(如国防、社会安全、司法、卫生等)的收费更容易,因而也更适用于特许经营项目融资。一般来说,收费越容易,外资或民营企业介入的程度越高。

城市运输、水供应、路灯等项目的区域性较强,即这些项目局限于一定的区域范围内。而项目的区域性越强,其生产和消费的规模可能更大,引入外资或者民营资金的可能性就越大。

综合对比上述项目的特性可以发现,特许经营融资主要适用于自然资源开发、基础设施和公共服务设施项目,按融资难易程度应用范围见表8-4。

表 8-4　特许经营项目融资的应用范围、理由和风险因素

排序	应用范围	理　　由	风险因素
1	自然资源开采（如采矿、采油、采气及其加工处理或输送储存设施等）	自然资源在全世界都是相对紧缺的，只要开采出来，总能以一定价格卖出，即使国内卖不了，也可以出口，因此较易采用	储量一定要已经探明的；项目所在国或国际上对所开采的产品有无禁运和限售等
2	电厂、供水或废水、废物处理厂	这类项目的承购者往往为政府，项目公司只需跟一个用户（即政府）打交道	政府的承购量是否足以支付运营成本和还本付息，支付保障机制是否严格
3	通信（如光缆、固定或移动电话网、卫星等）	利润较高的高科技项目	市场竞争程度，特别是新技术的出现和后来的竞争者
4	公路、（城市）隧道或桥梁	虽是跟一个个零散用户收费，但收费站设立后可收费性较有保障	一定区域范围之内项目的唯一性
5	铁路、地铁	这类项目的投资相对较大（而用户主要是普通百姓，收费不能高）	施工难度和内部结算方式（因为项目的独立性一般不强）等可能导致风险较大
6	机场、港口	这类项目投资较大，只要客（货）流量稳定，收入比较有保障	货物运输量和旅行人数受国际经济和政治形势等影响；与国外航空、航海公司之间的结算不确定性、不易控制

　　除了上述项目，特许经营项目融资对大型制造业（如轮船、飞机、大型武器制造等）也适用。在发达国家，特许经营项目融资已经应用于公共服务设施，如学校、医院、文化体育、政府办公楼、路灯路标、警岗，甚至监狱等，由民营公司融资、建设并提供硬件服务，由公共部门使用。政府根据项目公司提供的硬件服务的质量向项目公司付费而不是由公众消费者直接付费，这样既可以保证公共事业公益性和社会目标的实现，又可以把商业性的事务交给民营企业高效率地运作，实现政府和企业的双赢。

　　要特别提醒的是，因为特许经营项目融资通常都非常复杂，谈判耗时，前期费用高，因此项目必须有一定规模，以免前期费用占项目总投资的比例过大。对国际工程而言，项目投资最好不低于 3 000 万美元。

8.3.2　特许经营项目融资成功应用的关键因素

　　特许经营项目融资的成功取决于多种因素。根据对实际项目的总结与分析，如

下所列的通常被认为是成功的关键因素,适用于各个国家的项目:项目所在国政治稳定;对项目有迫切需要;项目所在国政府愿意让外商、民企参与;有较成熟的法律体系;项目要求(规划、范围等)明确;项目经济上可行;社会经济发展到一定程度,公众有一定消费能力,产品、服务收费合理;发起人技术方案可行并具有经验;风险分担合理;符合现有环保标准,并有一定余地,以应付特许期内环保标准的提高;能充分发挥专家的作用。

对于发展中国家而言,还要特别注意以下三个方面。

(1) 项目所在国政府强有力的实质性支持,包括提供税务优惠(如减免所得税、设备关税等)、提供主权担保和外汇担保、购买一定量产品和服务、防止竞争性项目(即要求项目的唯一性)、提供支持贷款、提供资本金或从属贷款、提供土地和其他建设和运营过程中需要的配套设施、资源等。

(2) 有吸引力的经济方案,包括低建造成本、可接受的资金结构、有吸引力的收费价格(如水价、过桥费、过路费)、较短的施工建造期和对项目需求的准确预测等。

(3) 最好有国际金融、保险、捐赠机构和本国政府的支持,以应对政府信用、国际经济变化、法规政策变化等风险,例如,能购买政治风险保险、获得本国金融机构的出口信贷等。

表 8-5 是我国学者王守清教授在一项调研中得出的发展中国家特许经营项目的关键成功因素及其具体重要程度(5 代表最重要)。

表 8-5 发展中国家 PPP 项目各阶段的关键成功因素

项目阶段	关键成功因素	重要程度		
		均值	方差	排名
项目选择评估阶段	项目选择适当(准确预测需求、唯一性、合理成本等)	3.40	0.81	1
	政治经济环境稳定	3.27	0.87	2
	法律体系(外商投资法、合同法、知识产权法、投标招标法、税法等)	3.17	0.79	3
	项目发起人的能力(执着、财政实力、领导能力等)	3.14	0.66	4
	项目发起人的特许经营融资的经验	3.10	1.05	5
	项目所在政府缺少资金	2.89	1.07	6
投标阶段	竞争投标系统公平、公开	3.21	0.82	1
	有吸引力的融资方案	3.00	0.85	2
	可接受的价格水平(如最终电、水单价,通行费等)	2.97	0.81	3
	技术方案先进可行	2.93	1.03	4
	选择合适的项目代理	2.83	0.87	5
特许权授予阶段	严密全面的特许权合同	3.20	0.92	1
	合理的风险分担	3.17	0.79	2
	政府提供的特别担保	2.87	0.82	3
	多边投资担保保险	2.82	0.98	4

续表

项目阶段	关键成功因素	重要程度		
		均值	方差	排名
建造阶段	质量控制	3.59	0.57	1
	选择合适的承包商	3.55	0.63	2
	采用成熟的标准合同	3.20	0.92	3
	多专业、多国合作伙伴	2.83	0.97	4
	与政府关系良好	2.66	1.04	5
运营阶段	运营管理和控制	3.14	0.73	1
	培训当地职员	3.07	0.87	2
	对环境影响小	2.77	0.77	3
	公共安全	2.55	0.87	4
移交阶段	技术转移	2.97	0.93	1
	良好的维护	2.87	0.86	2
	维修担保	2.53	0.86	3

8.3.3 特许经营项目融资在我国的发展

近30年来,我国在基础设施建设领域取得了长足的发展,但在发展过程中一直面临不同程度的资金短缺问题。特许经营项目融资作为利用外资和民营资本的一种新形式,为解决工程项目资金短缺问题提供了一条新思路,现已受到政府部门的日益重视。

20世纪80年代中期,特许经营项目融资被引入我国的电厂、高速公路等基础设施领域。90年代之前,由于经济社会发展等多方面原因,特许经营项目融资在我国发展较为缓慢。进入20世纪90年代后,我国陆续出现了一些类似BOT方式建设的项目,如广州至深圳高速公路、三亚凤凰机场、重庆地铁、深圳地铁、北京京通高速公路、广西来宾电厂等。这些项目虽然相继采用BOT模式进行建设,但只有重庆地铁、深圳地铁、北京京通高速公路等项目被国家正式认定为采用BOT模式的基础设施项目。其中,广西来宾电厂BOT项目是经过国家批准的第一个BOT试点项目,经过各方的多年努力,该项目已取得了全面成功,并先后获得"最佳亚太电力项目"、"最佳项目融资项目"等荣誉,在国内被誉为来宾模式。1995年8月原国家计划委员会(以下简称"国家计委")、电力部、交通运输部联合下发了《关于试办外商独资特许权项目审批有关问题的通知》,约定了国内允许实施项目融资的范围。1997年4月6日国家计委、国家外汇管理局颁布了《境外进行项目融资管理执行暂行办法》,进一步规范了特许经营项目融资活动。

纵观20世纪80年代以来EPC、BT、BOT等形式的应用,它们的核心在于解决政府市场融资问题,可以说是PPP的初级阶段。从2014年开始,按照党中央国务院的部署,财政部统筹推进新一轮PPP改革。目前,从政策到操作层面,国家各部委均发布了一系列文件,如《关于在公共服务领域推广政府和社会资本合作模式的指导意见》(国办发〔2015〕42号)、《政府和社会资本合作模式操作指南(试行)》、《政府和社会资本合作项目财政承受能力论证指引》(财金〔2015〕21号)、《PPP项目合同指南(试行)》。从实践来看,财政部计划在2014—2016年每年推出一批示范项目。第一批30个示范项目总投资约1 800亿元,涵盖15个省,涉及交通、市政工程、环境工程、医疗和体育五个领域。第二批206个示范项目基本覆盖所有的省市,行业分布也从五个拓展到片区开发、体育、养老等13个行业。第三批示范项目包括北京首都地区环线高速公路等516个项目,计划投资总额11 708亿元。

目前,特许经营项目融资在中国的发展空间巨大。新的投资领域和投资机会的出现,为项目融资的大发展提供了机遇。随着我国社会和经济的迅速发展,城市化的进程不断加快,城市基础设施建设的投资需求巨大。有研究显示,每增加1个城市人口,基础设施投资至少增加1万元,依据我国城市化的发展目标,21世纪最初的20年,城市人口将增加3.5亿~5亿人,城市基础设施投资至少要达到3.5万亿~5万亿元,年均城市基础设施投资需要1 750亿~2 500亿元。如此巨大的资金投入,单靠国家财政拨款显然已经不能满足公共基础设施建设的巨大需求,因此,特许经营项目融资模式作为一种创新的融资渠道在基础设施建设领域将有大的用武之地。

【案例讨论题】

1. 结合本章案例,试分析政府为什么要选择特许经营项目融资模式来建造高速公路?这一模式与用财政预算拨款来建设有哪些差异?
2. 结合案例的融资安排,说明特许经营项目融资的特点是如何体现的。

【复习思考题】

1. 什么是特许经营项目融资?这一模式有哪些特点?
2. 特许经营项目融资中BOT有哪些重要的衍生形式?试说明它们的含义。
3. 特许经营项目融资有哪些优势和劣势?
4. 特许经营项目融资一般适用于哪些项目?
5. 特许经营项目融资在国内的应用前景如何?

第9章 特许经营项目融资的组织

【案例】

北京2022年冬季奥林匹克运动会延庆赛区的建设内容划分为A、B两个部分,其中A部分包括国家高山滑雪中心、国家雪车雪橇中心及配套基础设施,由市政府全额投资。B部分包括延庆奥运村、山地媒体中心及配套基础设施,总投资额拟为33.4亿元。延庆赛区PPP项目包括B部分的投资、建设和运营以及A部分的改造和运营。项目A部分采用ROT运作方式(改建—运营—移交),赛后由项目公司进行改建运营,合作期满按照合同约定将资产以及相关资料无偿移交给市政府指定部门,B部分采用BOO(建设—拥有—运营)运作方式,由项目公司进行投资建设运营。

项目采用政府和社会资本合作方式实施,北京市延庆区人民政府为项目实施机构,北京市规划和国土资源管理委员会(简称"市规划国土委")为国有土地使用权出让方,北京控股集团有限公司为政府出资人代表。延庆区政府和市规划国土委作为招标人,北京北咨工程咨询有限公司组织选择社会资本招标工作。同时北京市财政局、北京市体育局、北京市发改委、北京市延庆区人民政府等单位对全部招标工作全程监督。

招标以公开招标方式进行,所有具备条件的企业都可以公平参与招投标,多家企业、联合体在有效时间内递交了投标文件并通过了资格预审。按照确定的招标工作程序,经过多名国内外融资、规划设计、工程建设和法律等领域的知名专家对每一个项目的投标文件进行评审,确定排名第一的中标候选人:北京住总集团有限责任公司、万科企业股份有限公司、中国建筑一局有限公司联合体;第二的中标候选人:中国二十二冶集团有限公司、北京怀化国际滑雪场有限公司联合体;第三的中标候选人:中信建设有限公司、新疆丝绸之路冬季冰雪运动发展有限公司联合体。

最终选定排名第一的作为中标人,与经市政府批准的北控集团全资子公司北控置业联合出资成立项目公司,项目公司与延庆区政府签署PPP项目合同等文件,对项目的筹划、资金筹措、建设实施、运营管理、债务偿还和资产管理等全过程负责。

思考

1. 特许经营项目融资有哪些参与者?
2. 特许经营项目的投标联合体有哪些特点?
3. 如何确定特许经营项目的投资结构?

9.1 特许经营项目融资的参与人

在特许经营项目融资中，其融资模式较公司融资模式而言，机构复杂，参与融资结构的利益主体较多，发挥作用的程度也有所不同。概括起来，特许经营项目融资的参与人主要包括：项目的直接主办人，项目的实际投资者，项目的贷款银行，项目产品的购买者或项目设施的使用者，项目建设的工程公司或承包公司，项目设备、能源及原材料供应者，有关政府机构，项目融资顾问，以及法律和税务顾问。

9.1.1 特许经营项目的直接主办人

特许经营项目的直接主办人是指直接参与特许经营项目投资和管理，直接承担特许经营项目债务责任和风险的法律实体。特许经营项目的直接主办人直接参与项目投资和管理，直接承担债务责任和风险，所有关系到特许经营项目的融资、分包、建设、验收、运营以及还债和偿还利息的事项均由直接主办人负责。在公司融资中，特许经营项目的主办人一般由母公司或控股公司即特许经营项目投资者来担任，而特许经营项目融资中一个较为普遍的做法就是成立一个单一目的的项目公司作为特许经营项目的直接主办人。

在法律上，项目公司是一个独立的法律实体。成立独立的项目公司的好处主要有以下几点。

（1）将特许经营项目融资的债务风险和经营风险大部分限制在项目公司中，项目公司对偿还贷款承担责任，是实现融资责任对项目投资者有限追索的一种重要手段。

（2）根据一些国家的会计制度，成立项目公司进行融资可以避免将有限追索的融资安排作为债务列入项目投资者自身的资产负债表上，实现非公司负债型融资安排。

（3）对于有多国公司参与的项目来说，组织项目公司便于把项目资产的所有权集中在项目公司，而不是分散地分布于各个投资者在世界各地的公司，这样便于进行管理。同时，从贷款人的角度出发，成立项目公司便于银行在项目资产上设定抵押担保权益。

（4）从跨国操作的角度出发，采用项目公司具有较强的管理灵活性。项目公司可以是一个实体，实际拥有特许经营项目管理所必须具备的生产技术、管理经验、人员条件，也可以是一个法律上拥有特许经营项目资产的公司，实际的特许经营项目运作则委托给一家富有生产管理经验的管理公司负责。

9.1.2 特许经营项目的实际投资者

特许经营项目的实际投资者是特许经营项目的真正主办人和发起人，其通过特许经营项目的投资和经营活动获取投资利润和其他利益(本书中简称为"项目投资者")。项目投资者为项目提供全部或部分股本资金,拥有项目的全部或部分股权,并同时为项目公司提供一些直接或间接担保,以提高特许经营项目的信用,是特许经营项目融资中的真正借款人。特许经营项目投资者在融资中承担的责任和义务以及需要提供的担保性质、金额和时间要求,均取决于特许经营项目投资者的信誉、母公司的实力、特许经营项目的经济强度和贷款银行的要求,由借、贷双方谈判决定。公司融资中,项目投资者与项目的直接主办人往往为同一实体。在特许经营项目融资中,特许经营项目投资人与项目的直接主办人往往不是同一实体,它可以是单独一家公司,也可以是由多家公司组成的投资财团、私人公司、政府机构或者是私人公司与政府机构的混合体。

9.1.3 特许经营项目的贷款银行

贷款银行是为特许经营项目提供债务资金的银行,包括商业银行、非银行金融机构(如租赁公司、财务公司、某种类型的投资基金等)和一些国家政府的出口信贷机构。承担特许经营项目融资贷款责任的银行可以是简单的一两家商业银行,也可以是由十几家银行组成的国际银团,参与的银行数量由贷款的规模和风险两个因素决定。根据一般的经验,贷款额超过 3 000 万美元以上的特许经营项目,基本上需要至少 3 家的银行组成银团来提供资金,但是在一些投资被认为是高风险的国家,几百万美元的特许经营项目贷款,也常常需要由多家银行组成的国际银团提供。

从贷款人的角度看,银行希望通过组织银团贷款的方式减少和分散每家银行在特许经营项目中的风险。从借款人的角度看,贷款人也希望组织银团贷款以增加与更多隐含金融机构建立联系的机会,增进相互之间的理解。但是,当参加银团的银行数目过多时,贷款管理就会有很大困难。例如,当借款人在贷款期间希望对融资协议的某些重要条款做出修改,按照常规,这样的修改要取得超过 2/3 参与银行的同意,而贷款银行可能分散在若干国家,要完成这样的修改就会变成一件费时费力的工作。

选择特许经营项目贷款银行是十分重要的工作,我国企业选择的标准应包括以下几个方面的内容。

(1) 选择对我国了解和友好的银行。经验告诉我们,选择愿意与我国保持和发展友好经济往来关系,对我国政治经济发展、债务偿还能力及信誉充满信心的外国银行作为特许经营项目融资的主要贷款银行,可以获得较多的贷款优惠和较少的限制条件,并且当特许经营项目投资者提出要求修改某些不合理或限制过严的贷款条件和约定时,也容易获得贷款银行的理解和支持。

(2) 选择与特许经营项目规模适合的银行。特许经营项目融资贷款规模可以从几万美元直到几亿美元。由于与特许经营项目规模相适应的银行,可以有足够的能力承担任何一个重要部分的贷款,选择其参与以避免参与银行过多过杂,能够减少谈判和管理方面的问题。

(3) 选择对被融资特许经营项目及其所属工业部门比较熟悉的银行。如果银行对特许经营项目比较熟悉,它对特许经营项目的风险就会有比较清楚的判断,从而可以获得银行对特许经营项目更多的支持,表现为在特许经营项目融资谈判过程中的灵活方式、合作以及特许经营项目出现暂时性资金困难时对特许经营项目的帮助。在谈判阶段,可以与银行采取合作的态度解决银行为保证自身利益所要求过多的信用保证与特许经营项目本身希望提供较少信用保证之间的矛盾,以加快融资的谈判进程,解决实际问题。在经营阶段,采取合作态度的银行可以和特许经营项目投资者一起解决暂时性资金短缺等问题。

9.1.4 特许经营项目产品的购买者或特许经营项目设施的使用者

特许经营项目产品的购买者或特许经营项目设施的使用者是特许经营项目所生产的产品与服务的消费者,是特许经营项目的立足之本。在特许经营项目融资模式下产品购买者或设施使用者发挥的作用远大于公司融资模式。在特许经营项目融资中,产品购买者或设施使用者可以提供融资信用保证,他与项目公司签订长期购买合同(特别是具有无论提货与否均需付款和提货与付款性质的合同),保证了市场和现金流量,为投资者对特许经营项目的贷款提供了重要的信用保证。他同样可以直接参加融资谈判,确定特许经营项目产品的最小承购数量和价格公示。特许经营项目融资中的产品购买者或设施使用者这一角色,一般是由项目投资者本身、对项目产品(设施)有兴趣的独立第三方,或者有关政府机构(多数在交通运输、电力等基础设施项目中)承担。

9.1.5 特许经营项目建设的工程公司或承包公司

在特许经营项目融资模式与公司融资模式中,特许经营项目建设的工程公司或承包公司对特许经营项目融资的重要性稍有不同。在特许经营项目融资中,项目建设的工程公司或承包公司的资金情况、工程技术能力和以往的经营历史记录,可以在很大程度上影响贷款银行对项目建设期风险的判断。一般来说,信用卓著的工程公司承建项目时,有较为有利的合同安排,可以帮助项目投资者减少在项目建设期间所承担的义务和责任,可以在建设期间就将特许经营项目融资安排成为有限追索的形式。但是,相对而言,工程公司或承包公司在公司融资中的作用较为有限。

9.1.6 特许经营项目设备、能源及原材料供应者

在特许经营项目融资中,特许经营项目设备、能源及原材料的供应者扮演着重要的角色。比如,项目设备供应者通过延期付款或者低息优惠出口信贷的安排,可以构成特许经营项目资金的一个重要来源,这种做法为许多国家在鼓励本国设备出口时所采用;特许经营项目能源、原材料生产者为了寻找长期稳定的市场,通常在一

定条件下愿意以优惠价格为条件向特许经营项目供应能源和原材料,这种安排有助于减少项目初期以及项目经营期间的许多不确定因素,为项目投资者安排特许经营项目融资提供了便利条件。

9.1.7 特许经营项目融资顾问

项目融资顾问在特许经营项目融资模式下较为常见。特许经营项目融资的组织安排工作需要具有专门技能的人来完成,而绝大多数的项目投资者缺乏这方面的经验和资源,所以需要聘请专业的融资顾问。

融资顾问在工程项目融资,特别是特许经营项目融资中扮演着一个极为重要的角色,有时甚至能够决定特许经营项目融资的成败。融资顾问通常聘请投资银行、财务公司或者商业银行的项目融资部门人员来担任。担任融资顾问的人必须准确地了解特许经营项目投资者的目标和具体要求,熟悉特许经营项目所在国的政治经济结构、投资环境、法律和税务,对特许经营项目本身以及特许经营项目所属工业部门的技术发展趋势、成本结构、投资费用有清楚的认识和分析,掌握当前金融市场的变化动向和各种新的融资手段,与主要银行和金融机构有良好的关系,具备丰富的谈判经验和技巧等。在特许经营项目融资的谈判过程中,融资顾问周旋于各个有关利益主体之间,对融资方案反复设计、分析、比较和谈判,最后形成一个既能在最大限度上保护特许经营项目投资者的利益,又能为贷款银行所接受的融资方案。

考虑到融资顾问在特许经营项目融资中的重要作用,在选择融资顾问时,不仅要分析该公司的资信、在银行界的地位、与特许经营项目投资者的熟悉程度以及上述其他条件外,还要看是由具体什么人来承担特许经营项目融资的工作。但是需要明确一点,有资信的投资银行并不能说明其所有员工都能胜任特许经营项目的融资顾问,也就是说如果不能选择到优秀的人为其服务,同样也达不到预期的目的。

特许经营项目融资顾问按其是否提供贷款可以分为两类:一类是只担任特许经营项目投资者的顾问,为其安排融资,而自己不参与最终的贷款银团;另一类是在担任融资顾问的同时也参与贷款,作为贷款银团的成员或经理人。国际上,对这两类顾问的看法不一。一种观点认为,单纯作为特许经营项目投资者的融资顾问,立场独立,可以更好地代表特许经营项目投资者的利益,如果同时作为贷款银团的一员,则会更多地站在银行的立场,考虑贷款银团的利益。另一观点认为,融资顾问参与贷款,可以起到一种带头作用,有利于组织银团,特别是对于难度较大的特许经营项目融资,如果顾问不准备承担一定的风险,很难说服其他银行加入贷款的行列。

在安排特许经营项目融资顾问时,融资顾问对特许经营项目管理权的控制程度是一个需要注意的问题。许多情况下,特许经营项目融资安排完成之后,融资顾问加入贷款银团并成为其经理人,代表银行参与一定的特许经营项目管理和决策工作,有时也会根据银团的要求,控制项目的现金流量,安排项目资金的使用,确保从项目的收益中拨出足够的资金用于贷款的偿还。银行虽然在金融业务方面是专家,但并不表明其在项目管理上也具有同样的能力。项目投资者在项目管理上要注意保护自己的相对独立性,防止银行卷入项目的日常管理。

按照国际惯例,融资顾问收取三部分费用。

(1) 聘用费。一般按实际工作量收取。

(2) 特许经营项目成功费或融资安排费。按特许经营项目规模的一定百分比收取,项目越大,百分比越低,但其绝对额可能很高。

(3) 实际支出,包括差旅费、电话费、交通费等。如果融资顾问同时兼任贷款银团的经理人,在贷款期间还会按年度收取一定的管理费。融资顾问的主要收入来自特许经营项目成功的费用,所以特别要注意防止有些融资顾问不顾特许经营项目投资者的利益,而想方设法促成融资的倾向。

9.1.8 法律和税务顾问

在特许经营项目融资中,法律与税务顾问是特许经营项目投资者的又一好助手,大量的法律文件需要有经验的法律顾问来起草和把关。特别是在特许经营项目融资模式下,融资结构要达到有限追索的目的,有时又要充分利用特许经营项目投资所带来的税务亏损以降低资金的综合成本,或者将融资设计成非公司负债型的贷款结构,所以必须要具有丰富经验的会计税务顾问来检查这些安排是否符合特许经营项目所在国的有关约定,是否存在任何潜在的问题或风险。

9.1.9 有关政府机构

政府机构在特许经营项目融资中的作用是多方面的。一般来说,我们可以从微观和宏观两个方面来阐述政府机构的作用。在微观方面,有关政府机构可以为特许经营项目的开发提供土地、良好的基础设施、长期稳定的能源供应,某种形式的经营特许权,减少特许经营项目的建设风险和经营风险,同时有关政府可以为特许经营项目提供条件优惠的出口信贷和其他类型的贷款或贷款担保,以促进特许经营项目融资的完成。在宏观方面,有关政府机关可以为特许经营项目建设提供良好的投资环境。例如,利用批准特殊外汇政策或特殊税务结构等种种优惠政策降低特许经营项目的综合债务成本,提高特许经营项目的经济强度和可融资性。

9.2 特许经营项目投标联合体的伙伴选择

投标联合体是指两个以上法人或者其他组织为共同投标组成的、以一个投标人的身份共同参与项目投标的非法人组织[①]。特许经营项目大多庞大复杂,项目风险高,一般靠一个投标人无法独立完成,因此投标人大多组成联合体进行投标,以增强

---

① 《招标投标法》第三十一条。

竞标实力和有效分担风险。通常情况下,组成投标联合体多方的数量与大型项目的复杂程度、所涉及科技应用的广度成正相关。联合体的组建结果将直接影响联合体的竞标实力和项目的成败,是项目公司初始发起人运作特许经营项目的关键步骤之一。

9.2.1 特许经营项目投标联合体的构成

1. 联合体代表的构成

为了便于投标和合同执行,联合体所有成员共同指定联合体一方作为联合体的牵头人或代表,并授权牵头人代表所有联合体成员负责投标和合同实施阶段的主办、协调工作,其行为直接约束联合体,在联合体中居于主导地位。根据《工程建设项目施工招标投标办法》和《工程建设项目勘察设计招标投标办法》的约定,联合体代表应向招标人提交由所有联合体成员法定代表人签署的授权书。一般情况下,联合体代表大多是联合体的初始发起人,往往承诺在未来的项目公司中按较高比例出资,其实力直接影响招标人对联合体的整体评价。

2. 联合体成员的构成

从企业所属行业来看,常见的特许经营项目的联合体企业一般包括投资开发商、工程承包商、设计单位、管理咨询商、(材料、设备)供应商、运营商等六类。这几类企业几乎覆盖了项目整个生命周期的所有能力需求,有助于风险的分担与控制,提高了项目的运作效率。他们作为项目发起人之一,是特许经营项目典型合同框架中的重要参与方,提高了中标成功率,并充分发挥了联合体成员的战略协同性以及个体核心能力对联合体的贡献。一般同一联合体内同类型企业不超过三家,显示了成员之间能力的互补性。初始发起人在寻找、选择联合体成员伙伴时,可以结合项目特点有倾向性地开展工作。

9.2.2 联合体成员选择的一般原则

发起人组建特许经营项目投标联合体时,应紧紧围绕三个目标:①确保联合体的竞争优势,增加竞标成功的概率;②确保中标后所组建的项目公司在特许期内各阶段(建设、运营、移交等)内具有足够的项目运作和经营管理能力,并能实现预期收益;③尽可能保障初始发起人的利益。联合体成员选择不当,与初始发起人存在战略冲突,可能损害其利益。以上目标的重要性并不均等,可依据以上三个目标重要性的变化,调整相应的评价指标权重。

基于以上几个目标,特许经营项目投标联合体的伙伴选择应遵循以下几个一般原则。

(1) 联合体成员必须具备承担招标项目的相应能力,并考虑潜在合作伙伴对联合体整体能力的贡献;潜在合作伙伴必须具备某一方面的竞争优势,而此优势又正是联合体所急需的。

(2) 考虑合作伙伴能力的互补性和战略协同性。

(3) 潜在合作伙伴的加入有利于降低整体运作成本,实现风险的分担和收益的提高。

(4) 考虑潜在合作伙伴的诚信情况以及成员间企业文化的相融性,保障特许权协议的顺利执行。

(5) 考虑吸纳项目所在地企业作为成员伙伴,降低项目运行的政治文化风险。

上述原则只是特许经营项目投标联合体成员选择的一般性原则,由于具体项目的背景及不同合作伙伴的特性差异,发起人在选择联合体成员时根据需要补充新的评价标准。

9.2.3 联合体成员选择的流程

基于上述对特许经营项目投标联合体成员选择一般性原则的分析,可以构建一个基于工程承包商的特许经营项目联合体成员选择的流程框架,以 PPP 项目为例,如图 9-1 所示。

联合体成员选择流程框架采用四阶段模型:是否组建联合体、确定评价指标、候选成员的综合评价、确定最佳备用成员组合。

第一阶段:是否组建联合体。此时主要考察发起人自身是否具有足够的竞争优势、是否能够独立承担项目风险,如无法独立完成项目,则必须组建联合体竞标。

第二阶段:确定评价指标。根据互补性原则,确定候选成员的企业类型及竞争优势,进而分别选择相应核心能力的评价指标,如企业绩效与财务状况、技术能力、管理能力、地理位置等,用于对成员的综合评价。

第三阶段:候选成员的综合评价。组建联合体要对拟选合作方的核心业务的类型、施工技术专长、技术资源和服务、应对市场变化的敏捷性等方面进行综合考察,评价拟选合作方是否满足工程项目的需求,并确定各类型企业的备用成员名单。如果存在满意的备用成员,那么联合体候选成员综合评价过程结束。如果仍然得不到满意的备用成员,可以放松初选过程中的关键约束条件,以进一步扩大可供选择的候选对象范围;或者调整多目标评价决策中的权重因子,重新进行优化计算。

第四阶段:确定最佳备用成员。在初步确定合作成员的备用名单后,对可能的成员组合进行相容性评价,以保证选择的联合体成员的组合方案能够实现项目的最优运行。如果合作成员组合方案数较少,可以对所有的组合方案进行评价,找出最优组合。如果组合方案较多,可尝试使用人工搜索法搜索。具体步骤是:先对各类型企业所具备的核心能力的重要性进行排序,按各能力的重要性顺序从相应备用成员中挑选,例如,投融资—运营—建设—设计等。每增加一名伙伴,评估其与已选成员的相容性,直到找到较满意组合方案。

在上述四阶段模型中,第四阶段已考虑到成员之间的战略协同性和文化相容性等因素;另外,为了尽可能避免候选合作伙伴对发起人潜在利益不利的可能性,还可以在二、三阶段确定评价指标和综合评价时引入相应的协同性和相容性指标。鉴于

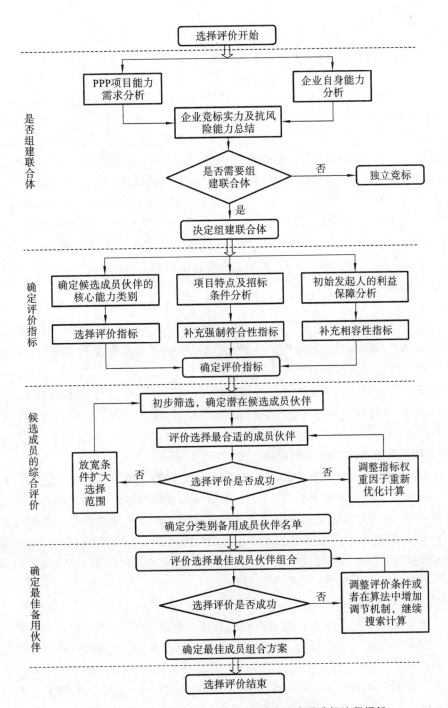

图 9-1 基于工程承包商的 PPP 项目联合体成员选择流程框架

在实际操作中潜在候选成员相关数据较难获取,在评价和选择过程中可引入专家或咨询(顾问)企业的服务,以保证评价和选择的全面和客观。

9.3 特许经营项目融资的投资结构

一般来说融资项目资金需求量大，风险程度也比较高，远超出单一投资者的承受能力，因此该类项目的实际投资者通常不止一个，这样就产生了项目的投资结构问题。在特许经营项目融资中，项目的投资结构即项目的实际投资者对项目资产权益的法律拥有形式和项目投资者之间的法律合作关系。项目投资结构对特许经营项目融资的组织和运行起着决定性的作用，一个项目的投资结构在法律上是否严谨决定着该项目的融资能否实现。由于本书的第1章曾提及本书是从广义的角度来阐述工程项目融资的，即从公司融资和特许经营项目融资两个方面，但是在进行投资结构设计时，公司融资和特许经营项目融资所考虑的因素是大致相同的，为了避免重复，这一部分将主要讨论特许经营项目融资投资结构的设计。

9.3.1 工程项目投资结构设计的主要因素

对于一个投资者而言，所谓项目投资结构的设计，是指在项目所在国的法律、法规、会计、税务等客观因素的制约条件下，寻求一种能够最大限度地实现项目投资者在投资结构设计中所考虑的目标。这种目标通常不仅仅是利润目标，而是一组相对复杂的综合目标集。不同投资者的投资目标可能不尽相同，但无论投资者的目标是什么，有一些具有共性的关键性因素是投资者在进行项目的投资结构设计时所必须考虑的，具体来说主要有以下几个方面。

1. 项目风险的分担和债务隔离程度

采取特许经营项目融资方式的一个基本出发点是实现融资的有限追索。投资者在进行项目的投资结构设计时，必须考虑如何根据项目各个参与人的特点和要求来实现项目风险的合理分担，以及项目的债务追索性质和强度符合项目投资者的要求。在投资过程中，如果投资者愿意并且有能力承担更多的风险和责任，则多偏好于契约型的投资结构；而如果项目发起人愿意承担间接的风险和责任，则可能会选择以有限责任公司为基础的股权式投资结构。

2. 补充资本注入灵活性

一般来说融资项目所需的资金数额比较大，项目风险的种类较多，风险的大小和债务股本比例较一般项目要大，因此当项目的经营遇到困难时，往往难以通过其他的方式筹集资金，只能通过补充资本的形式来满足资金需求。特许经营项目融资要求注入补充资本的数额多少和可能性大小一般取决于项目的性质、项目的投资等级和经济强度等因素。如果投资项目的经济强度比较高，则要求注入补充资本的可能性不大；反之，如果投资项目的经济强度比较低，则要求注入补充资本的可能性大，所以在设计项目投资结构时，就要格外重视这一问题。因此，当可能经常要求注入补充资本时，一般倾向于选择公司型投资结构；而如果项目出现财务困难的概率较小时,则可能会偏向选择契约型投资结构。

3. 对税务优惠利用程度

税务结构问题是在设计项目投资结构时需要考虑的又一重要因素,同时也是最为复杂的因素之一。一个项目的税务结构是否合理将会影响项目的投资成本和融资成本,并最终影响项目的总体投资效益。许多国家的税法都约定,不同公司之间的税收在某些特定条件下可以合并,统一纳税。因此,在项目投资结构设计时,可以设法用一个公司的税务亏损去冲抵另一个公司的赢利,从而降低总应缴税额,提高其总体的综合投资效益。不同的项目投资结构,往往会影响到投资者能否合理有效地利用融资项目的税务亏损问题。例如,股权式投资结构中,项目公司是纳税主体,其应纳税收入或亏损都以公司为单位计算的,投资者较难实现税务冲抵。而在契约型的投资结构中,项目资产、项目的产品和产品的销售收入都直接归投资者所有,投资者可以自行决定其纳税收入问题,这就为冲抵税亏损提供了可能。

4. 会计处理方法

项目的投资结构不同,其财务处理方法往往也存在差异,这种差异主要体现在两个方面。

(1) 财务资料的公开披露程度。根据各国公司法、证券法等相关法规的约定,股份有限公司在融资时需要承担信息公开披露的责任和义务,因此,如果投资者不愿意将与项目有关的资料公开的话,则可能会对是否采用股份有限公司型投资结构持谨慎态度。

(2) 财务报表的账务处理方法。根据各国相关法律约定,投资者可以采用不同的投资结构,或者虽然投资结构相同,但是不同的投资比例往往会影响到项目的资产负债情况是否反映在投资者自身的财务报表上以及反映的方式,这就会对投资者的资产负债情况带来不同的影响。例如,对契约型投资结构而言,不管投资比例大小,该项投资全部资产负债和损益状况都必须在投资者的公司财务报表中全面反映出来;而对于有限责任公司投资结构而言,情况就比较复杂,大致可以分为三种情况进行不同的账务处理。

①如果投资者在一个项目公司中持股比例超过50%以上,此时,投资者拥有被投资公司的控制权,为达到全面真实反映该投资者财务状况的目的,该项目公司的资产负债表需要全面合并到投资者自身公司的财务报表中。

②如果投资者在一个项目公司中持股比例介于20%～50%,此时,投资者对公司没有控制权,不存在合并财务报表的问题,但由于持股比例较大,对公司的决策可以起很大的影响,因此,投资者自身的财务报表应按投资比例反映出该项投资的实际盈亏情况。

③如果投资者在一个项目公司中持股比例低于20%,对公司决策的影响有限,所以只要求在其自身公司的财务报表中反映出实际投资成本,而不需要反映任何被投资公司的财务状况。

因此，在设计项目投资结构时，结合投资者的目标要求对投资结构做出适当的会计处理是十分必要的。例如，如果投资者不希望将新项目的融资安排反映在自身的财务报表上，同时又不失去对项目的实际控制权，就需要小心处理投资者在项目公司中的投资比例；反之，如果投资者尽管在一个项目中所占比例较小，但仍希望能够将其投资合并进入自身的资产负债表中以增强公司的形象，则可适当选择合伙制投资结构。

5. 产品分配形式和利润提取的难易程度

项目投资者参与项目的投资、开发、建设，往往是以获取一定的经济利益为目的的，这种经济利益可能是项目利润，也可能是直接的项目产品。由于投资者背景和项目的性质不同，其对项目利润的提取方式和产品的分配形式会有不同的要求，所以在进行投资结构设计时，我们往往要考虑以下两个方面。

（1）投资者的不同背景的影响。投资者一般来自大型跨国公司和中小型企业，通常来说其背景不同，投资结构也不同。投资结构不同，投资者对利润的提取形式也不同。例如，在有限责任公司投资结构中，项目产品是由项目公司统一对外销售和结算的，其所得在统一纳税、弥补项目经常性支出和资本性支出后，再在投资者之间进行分配；而在契约型投资结构中，项目产品是直接分配给各投资者自己支配的，投资者如果拥有较广泛的销售渠道和较高的市场知名度，就很容易将产品变现，取得收入，赚取利润。因此，从这个意义上说，大型跨国公司参与特许经营项目融资时，会偏向于选择契约型投资结构，而中小型公司参与特许经营项目融资时往往采取公司型投资结构。

（2）投资项目的不同性质也对项目投资结构有着重要的影响。例如，在资源性开发项目中，多数投资者愿意直接获得项目产品。因为这些产品可能是其后序工业的原材料，也可能是其特定客户或特定市场所必需的一些关键性资源，这是大多数跨国公司在资源丰富的发展中国家和地区从事投资活动的一个重要原因。而在基础设施项目的投资中，多数投资者一般不会十分重视对项目产品的直接拥有形式，其投资只是为了开拓公司的业务活动领域，增加公司利润。因此，在资源性开发项目中，一般以契约投资结构从事项目的开发和建设，而在基础设施项目中则以公司型投资结构为主要投资形式。

6. 融资的便利与否

根据项目投资结构的定义可知，项目投资结构不同，项目资产的法律拥有形式就不同，投资者融资时所能提供的担保条件也会不同，从而直接影响到项目的融资活动。

在有限责任公司投资结构中，项目公司是项目全部资产的所有者，它可以比较容易地将项目资产作为一个整体抵押给贷款银行来融资，并且可以利用一切与项目投资有关的税务好处及投资优惠条件来吸引资金。同时项目公司又完全控制着项目的现金流量，因此，以项目公司为主体安排融资就比较容易。在契约型投资结构中,项目资产是各个投资者直接拥有的。因此,项目资产很难作为一个整体来向银行申请项目贷款,只能由各个投资者将其所控制的项目资产分别或者联合(也并非是一个整体的项目公司)抵押给贷款银行,并且分别享有项目的税务好处及其他投资优惠条件和控制项目的现金流量。这时,融资的安排就较为复杂。所以,从融资是否便利来看,选择公司型投资结构比选择契约型更有优势一些。当然,如果一些投资者本身资信就比较高,能够筹集到比较优惠的贷款,此时,契约型投资结构会更受青睐。另外,在考虑融资便利与否时,还要顾及各国对银行留置权①的法律约定,例如,有些国家法律约定,银行要对合伙制结构的抵押资产行使留置权时,要比对公司型投资结构更为困难。

7. 资产转让的灵活性

投资者在一个项目中的投资权益能否灵活地转让,转让程度以及转让成本是评价一个投资结构有效性的又一重要因素,其结果对于特许经营项目融资的安排具有非常重要的影响。一方面,一个投资者在项目的经营期间,出于战略上或者经营上的原因可能需要出售项目资产或权益时,其转让程序、转让成本等问题是重要的制约因素;另一方面,当投资者需要向贷款银行进行融资时,其所提供的抵押资产或质押权益须是可以比较方便地转让的。这样,一旦借款人违约,借款银行就可以出售用作抵押的资产或质押权益以抵销贷款本息,减少贷款的违约风险。反之,如果投资者用作融资的抵押资产或质押权益无法转让或转让困难,项目的融资风险就相应地增加,贷款银行在安排融资时就会要求增加融资的成本,增加信用保证,以减少贷款的风险,这样,对投资者来说就是增加了财务负担,相应会降低投资效益。因此,从资产转让的灵活性意义上说,公司型投资结构比契约型投资结构更受银行的欢迎。在公司型投资结构中,项目的资产或股份抵押或质押给贷款银行,一旦项目公司违约,贷款银行即可到公开市场上抛售项目资产或股份,以弥补项目本息;而在契约型投资结构中或合伙制结构中,项目资产或权益的出售要受到诸如"经过所有投资者的一致同意"等条件的限制,转让成本比较高。

8. 项目管理的决策方式与程序

项目投资结构不同,各投资者在投资项目管理中的经营决策权及其行使方式也不同。在契约型投资结构和一般合伙制结构中,不论投资者投资比例为多少,投资者都可直接参与投资项目的经营决策;而在以有限责任公司为基础的股权式投资结构中,投资者的投资比例如果不大,则往往难以在项目的经营方面有重要的影响,从而难以实现自己的意志。因此,如果投资者在项目中的投资比例不大,但又想拥有一定的经营决策权,此时可考虑采用的投资结构是非法人式契约型投资结构和一般合伙制结构。

---

① 留置权是指债权人按合约占有债务人资产,在与该资产有关联的债权得到清偿前,留置该资产并在处置该资产时享受优先受偿的权利。

以上我们只是简单地讨论了在设计项目的投资结构时所必须考虑的基本因素,具体涉及一个项目的投资结构时可能会更复杂一些。

9.3.2 工程项目投资结构的类型

目前,国际上通常采用的特许经营项目投资结构主要有股权式合资结构、合伙制投资结构、契约型合资结构和信托基金结构。

1. 股权式合资结构

股权式合资结构(incorporated joint venture)的基础是有限责任公司,是根据《公司法》成立的、与项目投资者完全分离的独立法律实体。如图 9-2 所示是一简单的股权式合资结构。投资者 A、B 和 C 根据股东协议(有时也称为合资协议)认购合资公司股份,建立并经营合资公司。合资公司将资产抵押给银行换取贷款,独立地经营和从事市场销售活动。

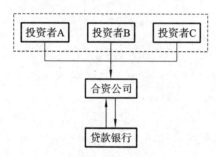

图 9-2 简单的股权式合资结构

1) 股权式合资结构的主要特征

(1) 股权式合资结构是投资者根据合资协议认购公司股份,建立并经营公司。

(2) 合资公司是一个独立的法人,拥有一切公司资产和处置资产的权利。投资者通过持股拥有公司,但对于公司的资产,公司股东既没有直接的法律权益,也没有直接的受益人权益,只能通过任命董事会成员对公司的日常运作进行管理。

(3) 投资者是合资公司的股东,按照股权比例享有相应的决策权和收益权,同时,股东以其出资额为限对公司的债务承担有限责任。

2) 股权式合资结构的优缺点

(1) 股权式合资结构的优点。

①有限责任。在股权式合资结构中,项目的融资风险和经营风险大部分被限制在项目公司内,公司股东仅以其认购的股本资金为限对公司的债务和风险承担有限责任,从而使公司股东与项目实现了风险隔离。

②融资安排比较容易。特许经营项目融资采取股权式合资结构有两个方面的作用:第一,股权式合资结构的基础是有限责任公司,公司是项目一切财产的所有者,公司在向银行贷款时可以将项目的资产(或股份)抵押(或质押)给银行,这样贷款银行可以对项目现金流量进行控制,一旦项目出现债务违约,银行比较容易行使自己的权利;第二,股权式合资结构是公司型投资结构,它容易被资本市场接受,该结构中的公司在条件成熟时可以在资本市场通过发行股票或者债券等多种方法筹集资金。

③投资转让相对容易。公司股票是投资者在公司中投资权益的凭证。投资者

如果想转让其投资权益只需转让股票即可,这比转让项目资产本身容易得多,而且转让后不影响公司的继续存在。另外,通过发行新股,股权式合资结构也可以比较容易地引入新的投资者。

④可以安排成表外融资结构。在股权型合资结构中,只要任何一个投资者的持股比例不超过50%,即每一个投资者都不拥有项目公司的绝对控制权,则项目公司的债务融资安排不需要与任何一个投资者自身公司的财务报表合并,投资者就可以实现资产负债表外融资,从而使自身公司的负债比率较低。

(2) 股权式合资结构的弊端。

①项目投资者对项目现金流量缺乏直接的控制。项目公司是项目资产的直接所有者,它对项目现金流实行直接控制,这对于希望利用项目现金流量自行安排融资的投资者来说是一个很不利的因素。

②税务结构的灵活性差。在大多数情况下,股权式合资公司是一个独立的法律实体,它实行的是统一纳税,项目开发前期的税务亏损或优惠只能保留在公司结构中,并在约定年限中使用。因此,除了100%持股的公司以外,投资者无法利用合资公司的亏损去冲抵其他业务的利润。

2. 合伙制投资结构

合伙制结构(partnership)是至少两个或两个以上合伙人(partners)之间以获取利润为目的,共同从事某项投资活动而建立起来的一种法律关系。合伙制结构是通过合伙人之间的合伙协议建立起来的,所以不是一个独立的法人实体,没有法定的形式,一般也不需要在政府部门注册。这一点与股权式合资结构有本质的不同,但是在多数国家均有完整的法律来规范合伙制结构的组成及其行为。合伙制结构有两种基本形式:普通合伙制和有限合伙制。

1) 普通合伙制

普通合伙制(general partnership),如图9-3所示,它是指所有合伙人对于合伙制结构的经营、债务以及其他经济责任和民事责任均负连带、无限责任的一种合伙制,其合伙人称为普通合伙人。在大多数国家,普通合伙制结构一般用来组成一些专业小型项目化的工作组合,如会计师事务所、律师事务所等,以及用来作为一些小型项目开发的投资结构,很少在大型项目和特许经营项目融资中使用。只有在北美地区,普通合伙制偶尔用在石油天然气勘探和开发领域,投资者(即合伙人)以合伙的形式共同拥有资产,进行生产经营,并以合伙结构的名义共同安排融资。

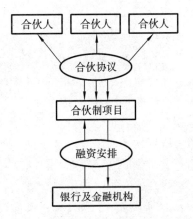

图9-3 普通合伙制的项目投资结构

(1) 股权式结构与普通合伙制结构的区别。

①在股权式结构中,公司是公司资产的直接所有者,股东仅以其出资额为限对公司债务负有限责任;而在普通合伙制中,合伙制的资产则是由合伙人所共同拥有的,合伙人将对普通合伙制的债务承担无限及连带责任。

②股权式结构的股东可以同时是公司的债权人,并且根据债权的信用保证安排(如资产抵押等)可以取得较其他债权人优先的地位;而合伙人给予合伙制的贷款在合伙制解散时只能在所有外部债权人收回债务之后回收。

③在股权式结构中,投资的转让可以以股份转让的方式实行,而且除有特殊的约定之外,可以不需要得到其他股东同意;但是合伙制结构中,合伙人向合伙人以外的人转让其在合伙企业中的全部或部分财产份额时,须经其他合伙人一致同意,合伙人之间转让在合伙企业中的全部或者部分财产时,应当通知其他合伙人。

④股权式结构中公司的管理一般是公司董事会的责任,一个股东极少能够请求去执行公司的权利;而在普通合伙制结构中,每个合伙人都有权参与合伙制的经营管理,每个合伙人均可以要求以所有合伙人的名义去执行合伙制权利。

⑤股权式结构可以为融资安排提供浮动担保①,但是在多数国家中合伙制结构下很少能提供此类担保。

⑥股权式结构中对股东的数目一般限制较少,但是合伙制结构中对合伙人数目一般有所限制。

⑦在合伙制结构中,合伙制结构本身并不是一个纳税主体,其在一个财政年度内的净收入或亏损将全部按投资比例直接转移给普通合伙人,普通合伙人单独申报自己在合伙制结构中的收入、扣减和税务责任,并且在合伙制结构中获取的收益(或亏损)允许与合伙人其他来源的收入进行税务合并,从而有利于合伙人较灵活地安排自己的税务结构。

⑧股权式结构的一个股东极少能够请求去执行公司的权利,但是每个合伙人均可以要求以所有合伙人的名义去执行合伙制权利。

(2) 普通合伙制结构的缺点。

①合伙人承担无限责任。从普通合伙制的定义来看,普通合伙人在合伙制结构中承担的是无限责任,因而项目一旦出现问题,或者某些合伙人由于种种原因无力承担其应负的责任,其他合伙人就面临着所需要承担的责任超出其在合伙制结构中所占投资比例的风险。这一问题严重限制了普通合伙制在项目开发和融资中的使用。为了克服这一缺陷,国外有些公司在使用普通合伙制作为投资结构时加入了一些减少合伙人风险的措施。其中,一种做法是投资者并不直接进入合伙制结构中,而是专门成立一个项目公司投资到合伙制结构中;另一种做法是为采用合伙制结构

---

① 浮动担保是指债务人(主要是公司)与债权人(通常为银行)达成协议,债务人以其现存及将来取得的全部财产作为债务的担保,当债务人不履行债务时,债权人就债务人不履行债务时拥有的全部财产的变卖价款优先受偿的法律制度。

的项目安排有限追索的特许经营项目融资。

②每个合伙人都有约束合伙制的能力。按照相关法律的约定,在合伙制结构中,每个合伙人都被认为是合伙制的代理,因而至少在表面上或形式上拥有代表合伙制结构签订任何法律协议的权利。这给合伙制的管理带来诸多复杂的问题。

③融资安排相对比较复杂。由于合伙企业在存续期间,合伙人的出资和所有以合伙企业名义取得的收益均为合伙企业的财产,合伙企业的财产由全体合伙人依法共同管理和使用。因此,合伙制结构在安排融资时需要每一个合伙人同意将项目中属于自己的部分资产权益拿出来作为抵押或担保,并共同承担融资安排中的责任和风险。合伙制结构安排融资的另一个潜在问题是,如果贷款银行由于执行抵押或担保权利而控制了合伙制结构的财务活动,有可能导致在法律上贷款银行也被视为一个普通的合伙人,从而被要求承担合伙制结构所有的经济和法律责任。

2) 有限合伙制

有限合伙制(limited liability partnership)是合伙制的一种特殊形式,对外在整体上也同样具有无限责任性质,但在其内部设置了一种与普通合伙制有根本区别的两类法律责任截然不同的权益主体:一类合伙人作为真正的投资者,投入绝大部分资金,但不得参与经营管理,并且只以其投资的金额承担有限责任,称为有限合伙人;另一类合伙人作为真正的管理者,只投入极少部分资金,但全权负责经营管理,并要承担无限责任,称为普通合伙人,亦称一般合伙人或无限合伙人。

如图9-4所示,有限合伙制结构具备普通合伙制结构在税务上的优点,在一定程度上又避免了普通合伙制的债务连带责任,能够满足不同投资者的需求,因此是特许经营项目融资中经常使用的一种投资结构。在使用有限合伙制作为投资结构的项目中,普通合伙人一般是在该项目领域具有技术管理特长的公司。由于资金、风险、投资成本等多种因素的需求,普通合伙人愿意组织一个有限合伙制结构吸引对项目税务、现金流量和承担风险程度有不同要求的投资者参与到项目中,共同分担项目的投资风险和分享项目的投资利润。

融资实践中,经常使用有限合伙制结构的项目有两类。

(1) 资本密集、回收期长但风险较低的公用设施和基础设施项目,如电站、高速公路等。有限合伙人参与该类项目的目的是利用项目前期的税务亏损和投资优惠冲抵其他收入,提前回收一部分投资。

(2) 投资风险大、税务优惠大,同时具有良好勘探前景的资源类勘探项目,如石油、天然气和一些矿产资源的开发。许多国家对资源类地质勘探项目的前期勘探费用支出给予税收优惠政策(有的国家约定费用支出当年可以从收入中扣减100%~150%)。对于这类项目,通常是由项目的主要发起人作为普通合伙人,邀请一些其他的投资者作为有限合伙人为项目提供前期勘探的高风险资金,而普通合伙人则承担全部或大部分的项目建设开发的投资费用以及项目前期勘探、建设和生产阶段的管理工作。有限合伙人之所以愿意在此类项目上投入风险资金主要是基于两个方

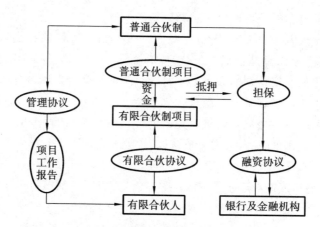

图 9-4 有限合伙制项目投资结构

面的考虑：一是享受税收优惠政策，二是高风险对应着高收益，有限合伙人可能获得项目未来预期良好的利润分配。

3. 契约型合资结构

契约型合资结构（unincorporated joint venture）也称为合作式投资结构，是指项目发起人、投资者或其成立的控股子公司之间，根据合作经营协议结合在一起的、具有契约合作关系的投资结构。契约型合资结构在特许经营项目融资中的应用领域主要集中在采矿、开发、初级矿产加工、石油化工、钢铁及有色金属等领域。如图 9-5 所示是契约型合资结构的简单示意图。

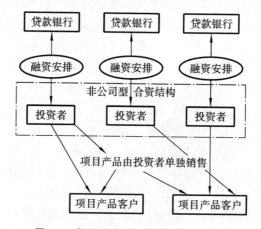

图 9-5 契约型合资结构的简单示意图

1) 契约型合资结构的主要特征

（1）契约型合资结构是通过投资者之间的合资协议建立起来的，投资者之间是合作关系，而不是合伙关系，所以除了契约式合作结构协议中有明确约定以外，合作企业中的一方不能约束其他方。

（2）在契约型合资结构中，每一个投资者都按照相应的投资比例直接拥有项目资产的所有权,同时,投资者以其投资比例对项目承担相应的责任,投资者之间没有任何的连带责任或共同责任。

(3) 根据项目的投资计划,每一个投资者需要投入相应比例的资金,这些资金用途可以包括项目的前期开发费用、项目的固定资产投入、流动资金、共同生产成本和管理费用等;同时,每一个投资者都可按其投资比例直接获得项目的最终产品。

(4) 契约型合资结构的最高决策机构是由投资者代表组成的项目管理委员会,其负责一切与项目有关的重大决策。项目的日常管理是由项目管理委员会指定的项目经理负责。项目经理可以由其中一个投资者担任,也可以由一个独立的项目管理公司担任。有关项目管理委员会的组成、决策方式及程序以及项目经理的任命、责任、权利和义务,需要通过合资协议或者单独的管理协议加以明确约定。

(5) 项目经营所需的资金是由一种被称为"资金支付系统"的机制来提供的。这种资金支付系统是由各个投资者分别出资开立一个共同账户,然后考虑各投资者承担债务的比例和下月项目费用支出预算来估算每个月各个投资者应出资的金额。如果某个投资者违约,则其他投资者将不得不代其履行支付义务,然后要求违约者偿还。

2) 契约型合资结构的优缺点

(1) 契约型合资结构的优点。

①投资者在合资结构中承担有限责任。在契约型合资结构中,合资协议对每个投资者在项目中所需要承担的责任做了明确的约定,除特殊情况外,投资者仅以其投资比例为限承担有限责任,投资者之间没有任何共同的和连带的责任。

②税务安排灵活。与股权式合资结构不同,契约型合资结构不是一个独立的纳税主体,所以契约型合资结构本身不必直接缴纳所得税,其经营业绩可以合并到各个投资者自身公司的财务报表中去,其税务安排也将由每一个投资者独立完成,这就为经营业绩较好的投资者利用项目建设期的经营亏损和各种投资优惠冲抵投资者的所得税提供了可能,从而降低了项目的综合投资成本。

③融资安排的灵活性。在契约性合资结构中,项目的资产、项目的直接产品和项目的现金流是由项目的投资者所直接拥有的,并且投资者可以独立设计项目的税务结构。这样,每一个投资者都可能拥有相对独立的融资活动空间,他们可以按照自身的发展战略和财务状况来安排项目的融资。

④投资结构设计灵活。到目前为止,多数国家都没有专门的法律来规范契约型合资结构的组成和行为,这就为投资者提供了较大的空间,投资者可以按照投资战略、财务、融资、产品分配和现金流量控制等方面的目标要求设计合适的项目投资结构和合资协议。

(2) 契约型合资结构的缺点。

①结构设计存在一定的不确定性因素。从特征上来看,契约型合资结构与合伙制结构在某些方面类似,因而投资者在投资结构设计时要注意防止契约型合资结构

被误认为是合伙制结构。

②投资转让程序比较复杂,交易成本比较高。契约型合资结构中的投资转让是投资者在项目中直接拥有的资产和合约权益的转让。它与股份转让或其他资产形式转让(如信托基金中的信托单位)相比,程序比较复杂,由此产生的费用也比较高,对直接拥有资产的精确定义也相对比较复杂。

③管理程序比较复杂。由于缺乏现成的法律规范契约型合资结构的行为,契约式合资结构的投资者的权益主要依赖于合资协议,因而投资者必须在合资协议中对所有的决策和管理程序按照问题的重要性清楚地加以约定。对于投资比例较小的投资者,特别要注意保护其在合资结构中的利益和权利,要保证他们在重要问题上的发言权和决策权。

4. 信托基金结构

在房地产项目和其他不动产项目的投资、资源性项目的开发,以及特许经营项目融资安排中经常使用的一种信托基金形式被称为单位信托基金。单位信托基金又称契约型基金,即将投资者、管理人、信托人三者作为信托关系的当事人,通过签订基金契约的形式发行收益凭证而设立的一种基金。在本文将其简称为信托基金结构。严格地讲,信托基金结构是一种投资基金的管理结构,在投资方式中属于间接投资形式。

1) 信托基金结构的基本构成要素

信托基金结构与股权式合资结构在形式上相似,也是将信托基金划分为类似公司股票的信托单位,通过发行信托单位来筹集资金。一个信托基金的建立和运行需要包括以下几个方面的内容。

(1) 信托契约。信托契约与公司的股东协议类似,是约定和规范信托单位持有人、信托基金受托管理人和基金经理之间法律关系的基本协议。其主要内容包括:①明确约定信托目的;②明确约定信托关系各方的地位,分清界限;③指定信托财产范围、名称、数量等;④明确约定受托人的权限和责任;⑤约定信托业务处理手续和方法;⑥指定信托财产转交的方法;⑦明确约定信托关系存在的期限。

(2) 信托单位持有人。信托单位持有人类似于公司股东,是信托基金资产的实际所有者。理论上,信托单位持有人不参与信托基金以及系统基金所投资项目的管理。

(3) 信托基金受托管理人。信托基金受托管理人代表信托单位持有人持有信托基金结构的一切资产和权益,代表信托基金签署所有法律合同。受托管理人由信托单位持有人根据信托契约任命并对其负责,主要作用是保护信托单位持有人在系统基金中的资产和权益不受损害,并负责控制和管理信托单位的发行和注册,以及监督系统基金经理的工作。除非信托基金经理的工作与信托单位持有人的利益发生冲突,受托管理人一般不介入日常的基金管理。在采用英美法律体系的国家,信托基金受托管理人一般由银行或者职业的受托管理公司担任。

（4）信托基金经理。信托基金经理是由受托管理人任命的，主要负责信托基金及其投资活动的日常经营管理。一些国家的法律约定，受托管理人和信托基金经理必须由两个完全独立的机构担任。

2）信托基金结构的特征

与股权式结构相比较，信托基金结构有以下几个方面的特征。

（1）信托基金是通过信托契约建立起来的，而股权式结构中的公司一般是根据《公司法》等相关法律组建的。另外，组建信托基金必须要有信托资产，这种资产可以是动产，也可以是不动产。

（2）与股权式合资结构不同，信托基金结构不能作为一个独立的法人承担信托基金的起诉权和被起诉权，只能是受托管理人作为法定代表承担信托基金的起诉权和被起诉权。

（3）股权式结构中的公司是一个独立的法人，因而可以实现其债务责任与其股东以及董事的债务责任相分离；而信托基金的法定代表是信托基金的受托管理人，代表的责任与个人责任是不能分割的。但是，除极个别的情况外，债权人一般同意受托管理人的债务责任被限制于信托基金的资产。

（4）在股权式结构中，项目公司是项目全部资产的所有者；而在信托基金结构中，受托管理人只是受信托单位持有人的委托持有资产，信托单位持有人对信托基金资产按比例直接拥有自己的法律和受益人权益。在任何时候，每一个信托单位的价值等于信托基金净资产的价值除以信托单位总数。

3）信托基金结构的优缺点

信托基金结构在特许经营项目融资中的应用，主要是作为一种被动的投资形式（即投资者不是项目的主要管理者），或者是为实现投资者特殊融资要求而采用的一种措施。在开发或收购一个项目时，当投资者不愿意将新项目的融资安排反映在公司的财务报表中，而是希望新项目的投资结构只作为一种临时性的安排时，信托基金结构就是这种能够达到双重目的的投资结构选择。另外，信托基金结构的一个显著特点是易于解散，即在不需要时可以很容易地将基金结构中的一切资产、资金返还给信托单位持有人。

（1）信托基金结构的优点。

①有限责任。与契约型合资结构相似，信托单位持有人在信托基金结构中的责任是由信托契约确定的。除特殊情况外，信托单位持有人仅以其在信托契约中承诺投入和实际已经投入的资金为限，在信托基金中承担有限责任。然而，受托管理人需要承担信托基金结构的全部债务责任，并有权要求以信托基金的资产作为补偿。

②融资安排比较容易。信托基金结构在向银行进行贷款融资时，可以将项目资产作为一个整体抵押给银行，并且信托基金结构易于被资本市场接受，需要时可以通过信托单位上市等手段筹集资金。

③项目现金流量的控制相对比较容易。按照各国相关法律的约定，信托基金中

产生的项目净现金流在扣除生产准备金和还债准备金后都必须按出资比例分配给信托单位持有人。因此,从投资者的角度来看,采用信托基金结构将比公司型结构能够更好地掌握项目的现金流量。

(2) 信托基金的缺点。

①税务结构灵活性差。在信托基金发展的早期,有很多国家使用信托基金型的投资结构,其主要的原因是信托基金拥有灵活的税务安排形式。然而,近些年来,这种灵活性已经在很多国家中逐渐消失了。虽然信托基金结构仍然是以信托的单位持有人作为纳税主体,但是在很多情况下,信托基金的经营亏损却被局限在信托基金内部结转,用以冲抵未来年份的盈利。

②投资结构比较复杂。信托基金结构中除投资者(即信托单位持有人)和管理公司之外,还设有受托管理人,需要有专门的法律协议来约定各个方面在决策中的作用和对项目的控制方法,因此其投资结构相对较复杂。另外,英、美、法等国家之外的大多数投资者对于这种结构是不熟悉的。

【案例讨论题】

结合本章案例,说明冬季奥林匹克运动会项目中的项目参与人有哪些。

【复习思考题】

1. 特许经营项目融资的参与人有哪些?
2. 为什么特许经营项目融资经常使用银团贷款方式?
3. 如何对特许经营项目融资投标联合体成员进行评价和选择?
4. 如何理解特许经营项目融资中的投资结构?
5. 特许经营项目融资中投资结构有哪几种类型?

第 10 章　特许经营项目融资的过程

【案例】

广西壮族自治区南宁市餐厨废弃物资源化利用和无害化处理厂项目于 2011 年 8 月 4 日批复立项,建设内容包括一套餐厨废弃物资源化利用和无害化处理厂及其配套收运体系。该项目设计处理餐厨废弃物 200 吨/日,地沟油 22 吨/日(其中每日 6 吨的地沟油为通过餐厨废弃物油水分离得到的油脂量),年处理量为 7 万吨餐厨废弃物及 0.77 万吨地沟油。项目总投资约 1.25 亿元,采用建设—运营—移交(BOT)特许经营模式。南宁市人民政府授予社会资本组建的项目公司以特许经营权,由社会资本设立的项目公司负责项目的投资、建设、运营,特许经营期满将项目设施无偿移交给政府指定单位。

1. 第一阶段:开展项目招标前期工作

2011 年 8 月 4 日,南宁市发展改革委批准项目建议书(《关于南宁市餐厨废弃物资源化利用和无害化处理厂项目建议书的批复》,南发改环资〔2011〕17 号),同意建设一套餐厨废弃物资源化利用和无害化处理厂及其配套收运系统。

2011 年 8 月 22 日,南宁市人民政府通过专题会议纪要(《环卫项目专题会会议纪要》,〔2011〕203 号)的形式,明确该项目采用 BOT 模式实施建设。

2012 年 2 月,南宁市政府采购部门组织公开招标遴选 BOT 咨询服务机构,国信招标公司中标。

2. 第二阶段:编制招标文件及政府批准

2012 年 3 月,咨询机构编制特许经营实施方案、招标文件,进行财务测算。实施方案的主要内容包括特许经营内容、特许经营期、土地使用方式、投资回报方式、补贴费价格及调价机制、特许经营监管方式等,上报市政府批准。

招标文件包括商务文件、招标边界条件、技术文件、特许经营协议、餐厨废弃物处理服务协议等。上述文件编制完成后,由城管局组织相关专家讨论修改。咨询机构为该项目进行了动态的经济分析,测算出餐厨废弃物处理补贴费的合理范围,为委托单位确定投标最高限价提供了科学依据。

2012 年 3 月 31 日,市政府主持召开该项目招商工作专题会。市城乡建设委员会、市发展改革委员会、市财政局、市环保局、市城管局、市规划局、市国土局、市法制办等参会。会议就招商主要边界条件等事宜进行了研究讨论,各部门提出相关修改意见。

2012 年 4 月,根据政府会议纪要要求,由市环卫处向各相关政府部门书面征集对招标文件的意见,各相关部门予以书面回复。

2012年4月,咨询机构根据各部门意见对文件进行修改。

2012年5月,市人民政府法制办公室审查通过招标文件及协议附件。

2012年6月,招标文件(含各项协议)上报市政府。

2012年7月,市政府批准全部文件。

3. 第三阶段:开标、评标

2012年7月11日,该项目正式对外发布招标公告。

2012年7月31日,开标,评标。评标后进行中标候选人公示。

2012年8月9日,确定中标人,发出中标通知书,并进行中标结果公告。

4. 第四阶段:谈判、签约、运营

2012年8—9月,招标人与中标人进行合同谈判,咨询机构为委托单位提供相关法律意见,并根据双方最终谈判意见修改协议。

2012年10月,南宁市城市管理局、南宁市环境卫生管理处分别与中标人草签特许经营相关协议。

2013年6月,中标人组建的社会资本设立的项目公司(广西蓝德再生能源有限责任公司)注册成立,项目相关工作进展顺利,南宁市城市管理局、南宁市环境卫生管理处分别与社会资本设立的项目公司正式签署特许经营协议和餐厨废弃物处理服务协议。

2015年3月,项目建设完成,正式投入运营。

思考

一般而言,特许经营项目融资应遵循什么程序?

10.1 项目选择阶段

10.1.1 项目识别

该处的项目识别与本书第1章所阐述的项目识别的内容基本相同(详见1.2.1),但特许经营项目融资在该阶段还体现出其自身的一些特点。

首先,政府鼓励私营机构在项目方案的确定方面提出建议,并在项目构想和设计方面提出新的观点。

其次,对于特许经营项目而言,即使政府机构已经确定或负责确定一个投资项目的要求,但仍可能在设计工作开始之前,就邀请投标,并且标书只需要概括性地列出这一工程所应达到的要求,至于如何去满足这些要求,将留给私营投标者自行解决,这样能使每一个投标者充分利用自己最好的技术和经验来设计方案。

最后,对于一个准经营性基础设施项目,政府需委托咨询公司进行可行性研究,确定项目的技术参数并比较实施方案。是否采用特许经营项目融资模式进行运作,主要取决于项目的经济效益,尤其是产品或服务的价格。确定采用特许经营项目融资模式后,政府需要成立项目组织或全权委托一家公司代表政府运作此项目。代理公司的首要任务是项目准备,先按基本建设程序完成立项和制定建设条件,然后选择发起人。如果采取招标方式,则应委托咨询公司编制招标文件。

10.1.2 可行性研究

该处的可行性研究包括本书前文所阐述的项目可行性研究(详见1.2.2)之外,还包括特许经营项目融资模式的可行性研究。所以,可行性研究的内容不仅包括对项目进行市场、技术、经济等方面的评价,还包括对民间资本的吸引力、实力和风险承受能力等方面进行综合评价。

10.2 招投标阶段

10.2.1 招标准备

项目的预可行性研究报告报有关部门审查并批准后,开始着手准备招标工作,其主要内容如下。

(1) 成立招标委员会和招标办公室。招标委员会一般由政府主管领导担任主任,计划、财政、税务、土地、价格等主管部门的主要负责人作为委员会的成员,其主要职责是研究招标过程中的重大事项并作出决策。招标办公室往往设在负责办理招标具体事宜的单位,可能是行业主管部门,也可能是政府控制的国有企业,其职能是贯彻执行招标委员会作出的决策,牵头落实项目前期准备工作,研究项目在经济、技术等方面的问题,并就重大问题的解决方案向招标委员会提出建议。

(2) 聘请中介机构。主要包括聘请专业的投融资咨询公司、律师事务所和设计院,发挥他们在国际招投标、国际投融资等方面的经验优势,帮助政府进行充分和细致的招标准备工作,使项目结构设计更加严谨和符合国际惯例,最大限度地降低项目风险,提高项目成功率。

(3) 进行项目技术问题研究,明确技术要求。虽然政府在招标前并不需要约定投标人采取何种技术方案,但是项目最终将移交给政府,而且项目多是为大众提供公共服务的基础设施,因此,必须在规划条件、技术标准、工艺和设备水平、环境保护等方面提出明确的要求。为此,政府应该聘请设计院作为技术顾问,对上述问题进行细致和周密的研究,并将经政府确认后的要求在招标文件中详细而清晰地进行说明。

(4) 准备资格预审文件,制定资格预审标准。资格预审是招标工作中一个很重要的环节,尤其是对于前期工作周期长、情况复杂的特许经营融资项目。在正式投标前进行资格预审,选定少数几家竞争力较强的投标人,邀请他们前来参加投标,能减少招标工作量,提高招标质量。因此,政府应该及早准备资格预审文件,在资格预审文件中明确资格预审标准。资格预审的期限可以根据项目前期工作的准备情况适当延长,让更多的潜在投资人获悉项目信息,提高竞争的激烈程度。资格预审文件中的资格要求,应该根据项目的特点和要求进行制定。

(5) 设计项目结构,落实项目条件。不同地方的政府及其职能部门在管理程序上不尽相同,不同类型的项目具有不同的特点和要求。因此,应该针对项目本身的特点,结合政府在本项目上制定的目标,设计合理的项目结构,并根据项目结构,逐项落实项目的各种条件。一个在特许经营项目融资方面具有丰富经验的咨询公司,能够帮助政府设计和制定合理的项目结构,并帮助政府有计划地、系统地落实各项条件,为确保招标成功打下坚实的基础。

(6) 准备招标文件、特许权协议,制定评标标准。在确定项目结构、初步落实项目基本条件后,即可开始编制招标文件,制定特许权协议。在招标文件中,必须详细说明政府在技术、经济、法律等方面的要求,让投标人尽可能充分和准确地领会政府的意图,并且应该把投标人必须遵守的强制性的要求和可由投标人建议的可协商的要求区分开来。在特许权协议中,应约定项目涉及的主要事项,明确政府提供的各种支持条件或者承诺。评标标准应该体现政府在选择投资人和建成项目方面的要求和标准,尤其要对主要目标(例如最终消费者支付的价格最低,公共开支最低,或者对整个经济而言项目的投资费用最低等)有清楚的定义。招标文件中约定的评标标准应该尽可能明确和详尽,以便于投标人设计出最符合政府要求的方案。为了加快进度,招标文件的准备工作往往与资格预审同步进行,只要保证资格预审阶段和招标阶段的时间能够合理安排即可。

10.2.2 资格预审

邀请对项目有兴趣的公司参加资格预审。如果是公开招标,则应该在媒体上刊登招标公告。参加资格预审的公司应提交资格申请文件,包括技术力量、工程经验、财务状况、履约记录等方面的资料。招标委员会应该组织资格预审专家组,对这些文件进行比较分析,拟定一个数量适宜、可参加最终投标的备选名单,并在项目条件基本落实和招标文件基本准备就绪之后,发出资格预审结果通知,同时向通过资格预审的投标人发出投标邀请书。

参加资格预审的投标人数量越多,招标人选择的范围就越大。然而,为了在确保充分竞争的前提下尽可能减少招标评标的工作量,通过资格预审的投标人数量不宜过多,一般为 3~5 家比较合适。

10.2.3 接受标书、评标、决标

一般约定在某一投标截止日期前接受标书,在该截止日期后递交的标书不予收受。投标文件中至少应详细说明以下内容:

（1）项目设施的类型及所提供的产品性能或服务水平；
（2）建设进度安排及目标竣工日期；
（3）产品的价格或服务费用；
（4）价格调整公式或调整原则；
（5）履约标准（产品的数量和质量、资产寿命等）；
（6）投资回报预测和所建议的融资结构与来源；
（7）外汇安排（如果涉及外资）；
（8）不可抗力事件的约定；
（9）维修计划（这对于BOT、PFI、PPP等移交项目尤其重要，因为项目的所有权必须在寿命中期移交给政府）；
（10）风险分析与分配。

在我国，评标委员会要将评标报告，并连同中标人的投标书报送有关部门，如国务院、国家（省、直辖市）发展和改革委员会及行业主管部门等部门备案。特许经营项目评标的关键因素也因项目不同而有所不同，如自来水厂、污水处理厂、电站等项目以产品的价格为主，高速公路等项目以投资额为主，但同时也会关注特许经营期、要求提供的优惠条件（如出让的土地面积等）、项目公司的组织及人员构成、项目的融资风险与利益分配、技术方案、法律方案等。一般采用评分法评标，政府会选择综合得分最高的投标人作为项目的中标者。

10.3 合同组织阶段

10.3.1 主要合同文件及其长期性

合同文件是特许经营项目众多参与方之间合理分担风险、保证项目成功实施的重要方面，而多参与方也决定了其合同文件同样较多。虽然特许经营项目涉及的合同文件较多，但按照一定标准可对其进行归类。按合同的签约方可分为四类：政府和项目公司之间的特许权协议，项目公司和承包商、运营商等之间的履约合同，项目公司和放贷方之间的贷款合同，项目公司股东之间的协议。按合同内容可分为五类：融资相关文件，项目和公司相关文件，政府支持和保证相关文件，担保和保险相关文件，专家意见或咨询顾问建议相关文件。表10-1是按后一种分类方法列出的某国际特许经营电厂项目的相关合同文件。

表10-1 某国际特许经营电厂项目的合同文件

合同文件类别	合同文件名称
financing documents（融资文件）	credit agreement（贷款协议）
	promissory notes（本/期票）
	interest rate protection（利率保护）

续表

合同文件类别	合同文件名称
project documents（项目文件）	power purchase agreement（购电协议）
	engineering procurement and construction contract（工程采购和施工合同）
	completion guarantees, performance bonds and warranty bonds under EPC（完工担保、履约保函、工程采购和施工保函）
	operations and maintenance contract（运营和维护合同）
	fuel supply agreement（燃料供应协议）
	wheeling/transmission agreement（配送电协议）
	water supply agreement（供水协议）
	fuel transportation agreement（燃料运输协议）
	site lease or instrument of deed transfer（场地租约或契约转让手段）
insurance（保险）	political risk insurance contract（政治风险保险合同）
	commercial insurance contract（商业保险合同）
	certification of recognized broker（授权经纪证书）
security documents（担保文件）	assignment and security agreement between the various project parties and the lenders（several）（项目各参与方与各放贷方之间的委派和担保协议，多份）
	uniform commercial code filing（统一商业编码文件）
	trust agreement（信托协议）
	consent and assignment of all major project documents（several）（项目主要文件的认可和委派协议，多份）
	chattel paper（动产证书）
	surveys（各种测量结果）
corporate documents（公司文件）	certification of all agreements（经核准的所有协议副本）
	certification of representations and warranties of all project parties（项目各方代表授权证书和担保书）
	certified financial statements for all project parties（经核准的项目各方财务报表）
	certificates of incorporation and good standing
	certified bylaws and corporate authority for all project parties（项目各方经核准的公司章程和公司主管）

续表

合同文件类别	合同文件名称
approval and licenses（批准和执照）	land use（土地使用证）
	operating license（运营许可证）
	construction permit（施工许可证）
	import license（进口许可证）
	environmental permit（环保许可证）
legal opinions（法律观点）	legal opinions from local counsel and project counsel(numerous)（地方和项目法律顾问的法律上肯定意见）
other（其他）	approved feasibility study（经批准的可行性研究报告）
	construction budget and payment schedule（施工预算和支付计划）
	final base case projection（最终基准状况预测）
	engineer's report（工程师报告）
	environmental report（环评报告）

注：融资文件和项目文件都必须经公证以具法人地位和效用。

特许经营项目的寿命期长、不确定性大、先期投巨资建设、后经营收费等特点决定了特许经营项目合同的长期性，合同的有效期限基本与项目的特许经营期相同，少则十几年，多则可达到30年。特许经营项目的成功需要各参与方长期、共同的努力，因为投资者比较关心如何快速回收投资并赚取利润，银行关心贷款本息的偿付，政府比较关心价格和效率，这样，投资者和银行需要适当的合同保护以解决风险分担和权益转让问题，政府或银行往往会约定项目公司特别是大股东在一定期限内不得中途退出或施加退出条件，通过长期的合同或承诺将各参与方都绑在同一条船上，以保证各方在项目特许经营期或更长的时间内同舟共济。因此，在投资特许经营项目时，必须要有长远的履约观念，任何一方参与项目时都要考虑长远，千万不能当作一锤子买卖。

10.3.2 特许经营协议的主要内容

特许经营协议是政府和项目公司之间签订的最重要的合同文件，其内容将直接影响到项目是否能够成功。一般而言，特许经营协议包含的内容主要有：经营权范围、融资、建设、经营和维护、收费及计算、能源材料、供应、移交、合同义务的转让等。表10-2以电厂为例列出了特许经营协议的主要内容。

表 10-2　特许经营协议的主要内容

主要内容		细节内容
特许经营权的范围	权力的授予	约定由哪一方来授予项目发起人某些特权，一般是政府或其公营机构授予民营机构特权
	授权范围	包括项目的建设、运营、维护和转让权等，有时还授予发起人一些从事其他事物的权力
	特许期限	政府许可发起人在项目建成后运营合同实施的期限，该条款与政府及其用户的利益密切相关，所以也是特许经营权协议的核心条款
项目建设方面的约定		约定项目的发起人或其承包商如何从事项目的建设，包括项目的用地、项目的设计要求、承包商的具体业务、施工方法、施工技术、建设质量保证措施、工程的进度及工程的延误等方面的一系列具体约定
项目的融资及其方式		约定项目将如何进行融资、融资的利率水平、资金来源等
项目的经营和维护		约定发起人运营和维护设施的方法和措施等
项目的收费水平及计算方法		在实践中，该条款是非常难以谈判和确定的，因为该条款内容的合适性与正确性将直接关系到整个 BOT 项目的成功与否
能源和原材料供应条款		约定政府将如何保证按时、按质地向发起人供应能源和原材料
项目的移交		约定项目移交的范围、运营者如何对设施进行最后的检修。合同设施在何时何地进行转移，合同设施移交的方式及费用如何负担、移交的程序如何协商确定等
合同义务的转让		在国际实践中，特许经营权协议的主体双方并非是一般经济合同中的普通民事主体之间的关系，政府在协议中的法律地位具有一定程度上的"不可挑战性"。因此，实践中通常约定，发起人不得将其在本协议下的合同义务转让给第三方，而政府则可因其国内原因将其在本协议项下的合同义务转让给法定的继承者第三方

10.4　项目建设开发阶段

在完成初步融资并与所有各方签订有关协议后，项目公司建筑承包商将进行实际的项目施工，并进行下一步的项目融资工作。项目建成后，运营商负责项目的运营和维护。运营期间，项目公司将收回投资和适当的利润，用以归还贷款，支付运营费用、政府税收及股东分红等。

10.5 移交阶段

特许经营期满后,BOT、PPP、PFI 等项目要移交给项目所在国政府或其指定机构,即所谓的正常移交;BOO、BD 等项目则没有该环节,项目最终无须转交给政府。正常移交前,项目公司要解除项目的所有债务和抵押权、质权、留置权等担保物权,并且项目的各项质量技术指标要符合移交标准。移交时,项目公司要将全部固定资产的所有权和利益、场地使用权,以及项目的设计、营运、维修等相关的重要技术资料移交给政府指定机构。

此外,在移交前,政府一般会委托资产评估机构进行资产评估,委托会计师事务所进行财务清理。如果项目设施未能达到协议约定的移交标准,项目公司要对政府予以补偿。

此外,当出现下列三种情况时,项目可能发生非正常移交:
(1) 项目公司违约,政府要求收回特许权;
(2) 不可抗力事件;
(3) 政府违约,项目公司要求政府收回特许权,并予以补偿。

【案例讨论题】

结合本章案例讨论,特许经营项目融资"特"在何处?

【复习思考题】

1. 较公司融资而言,特许经营项目融资在项目识别阶段有什么不同?
2. 特许经营项目融资的招标准备工作有哪些?
3. 特许经营融资项目的投标文件应包括哪些内容?
4. 我们为什么要注重合同文件的长期性?
5. 在哪些情况下项目可能发生非正常移交?

第四部分
工程项目融资管理

第 11 章　工程项目融资资金结构

第 12 章　工程项目融资风险

第 13 章　工程项目融资担保

第 11 章　工程项目融资资金结构

【案例】

　　榆神煤炭液化项目位于陕西省榆林能源基地,拟规划建设红旗、牛佳、金枝、金界和余中 5 个煤炭液化厂,产油规模达 5 000 吨,对口建设的 5 个特大型煤矿,总规模达 1.5 亿吨;规划建设的金界电厂和牛佳电厂,以满足榆神煤炭液化基地的供电要求,对口建设 1 000 吨规模的良井煤矿,供电厂用煤。该项目建设的计划投资达到 30 998 398 万元。一期工程为红旗液化厂,产油规模达 250 万吨,对口建设的红旗煤矿产量达 800 万吨,一期投资达 9 486 366 万元。该项目的发起人为国家独资公司神华集团有限责任公司,公司的注册资本为 25.8 亿元。神华集团拥有经营煤炭的特许权,项目建设时正准备在香港与纽约两地上市,所以,神华集团可以通过国内外发行股票、债券,向国家政策性银行筹措资金等多种途径进行融资。本项目的一期工程融资方案有两种,见表 11-1。

表 11-1　第一期融资方案比较

方案 1					方案 2				
资金来源	金额/万元	W_j	K_j	W_jK_j	资金来源	金额/万元	W_j	K_j	W_jK_j
普通股	4 553 456	48%	16%	7.68%	普通股	5 691 820	60%	16%	9.6%
优先股	1 138 364	12%	12%	1.44%					
长期借款	2 513 887	26.5%	5%	1.33%	长期借款	3 462 523	36.5%	5%	1.83%
短期借款	142 295	1.5%	4%	0.06%	短期借款	332 023	3.5%	4%	0.14%
发行债券	1 138 364	12%	6%	0.72%					
合计	9 486 366				合计	9 486 366			
K_w				11.23%	K_w				11.57%

注:表中,K_w 表示综合资金成本;K_j 表示第 j 种个别资本成本;W_j 表示第 j 种个别资本占全部资本的比重。

　　根据资金成本比较法,融资方案 1 的资金成本为 11.23%,小于方案 2 的 11.57%,因此应选择方案 1 作为一期工程的融资结构。

　　在本项目中,为了抵御项目风险,主要采取担保的方式,保证项目的顺利建设、运营。本项目的信用担保结构由保险公司的直接担保与商业合同的方式组成,对不同阶段的不同风险的担保见表 11-2。

表 11-2 榆神煤炭液化项目融资担保结构

风险名称	风险内容	担保方式
金融风险	利率风险	投保利率险
	汇率风险	投保汇率险
市场风险	价格风险	固定价格协议
	竞争风险	原材料供应协议、产品销售协议
	需求风险	产品销售协议
完工风险	建设延期风险	一揽子承保协议
	建设成本超支风险	
	达不到约定的技术经济指标	
	停工放弃	
运营维护风险	运营维护风险	运营维护合同
	技术风险	协议、担保
	资源风险	供应协议
	能源与原材料供应风险	供应协议
信用风险	贷款人	贷款合同
	承包商	承包合同
	供应商	供货合同
	投资者	合资协议

从案例可以看出,在项目融资中资金结构主要通过股本资金、贷款资金、发行股票、发行债券的方式实现融资。在实现相同数额的融资条件下,主要以资金成本作为确定资金结构的主要依据。同时,为了控制项目融资的各种风险,需要分阶段对工程的建设、项目的运营及项目产品的销售进行担保。

思考

1. 确定工程项目融资资金结构时应该考虑哪些因素?
2. 工程项目融资的来源有哪些?

11.1 工程项目融资资金结构的含义

工程项目建设的资金主要来自所有者权益和负债两类。资金结构的安排就是在确定项目建设资金总需求量的基础上,对债务资金与权益资金的比例、资金的期限结构、资金的货币结构做出规划,以实现项目建设融资的低成本、低风险。

1. 确定项目总的资金需求量

制订项目的资金使用计划来确保项目资金的需求总量是工程项目融资工作的基础。融资开始前,投资者必须周密地确定项目的资金使用计划,并在资金计划中留有充分的余地。为了保证工程项目融资中的资金安排可以满足项目的不同阶段和不同用途的资金需求,做好项目总资金预算及项目建设开发阶段和试生产阶段的项目现金流量,预算起着非常重要的作用。一个新建项目的资金预算应由以下三部分组成:①项目资本投资,主要包括土地、基础设施、厂房、机器设备、工程设计和工程建设等费用;②投资费用超支准备金,即不可预见费,一般占到项目总投资的10%~30%;③项目流动资金,以保证项目生产经营活动的顺利开展。

2. 债务资金与权益资金的比例

在项目总资金需求量确定之后,需要确定不同来源资金的比例,资本结构与项目投资结构、融资模式和信用担保有着密切的关系。通过合理地安排资本结构,选择适当的资金形式,可以有效地降低资金成本和项目风险,提高项目的综合经济效益。权益资金结构是指投资各方的出资比例。不同的出资比例,决定了各投资方对项目建设和经营的决策权、承担的责任以及项目收益的分配。采用新设法人融资方式时,应根据不同项目的行业特点、盈利能力、股东背景及出资能力等因素,设计各股东的出资比例;应根据投资各方在资金、技术和市场开发方面的优势,通过协商确定各方的出资比例、出资形式和出资时间。采用既有法人方式融资时,项目的资金结构要考虑既有法人的财务状况和筹资能力,合理确定既有法人内部融资和新增资本金在项目筹资总额中所占的比例,分析既有法人内部融资和新增资本金的可能性和合理性。既有法人将现金资产或非现金资产投资拟建项目长期占用,有可能影响企业现有的经营活动,如财务流动性降低或持续发展能力受限,因此应对这些潜在影响认真分析。国内投资和国外投资都应分析出资人出资比例的合法性和合理性,按照我国的规定,有些项目不允许国外资本控股,有些项目要求国有资本控股。根据投资体制改革的要求,国家放宽社会资本的投资领域,允许社会资本进入法律法规未禁入的基础设施、公共事业领域。因此,进行融资方案设计的时候,应注意出资人的出资比例和合法性。

债务资金结构反映出债权人为项目提供债务资金的数额比例、期限比例、内债外债比例以及外债中各种币种的比例等。在确定项目债务资金结构比例时,一般要考虑下列因素。

(1) 根据债权人提供债务资金的条件(包括利率、担保方式、偿债期等)确定各类借款和债券的比例,可以降低融资成本和融资风险。

(2) 按照长期资金采用长期融资和短期资金采用短期融资的原则,根据项目投资期和生产经营期现金收支预测,合理搭配短期、中期、长期债务比例。

(3) 确定债务资金的偿还顺序,尽可能先还利率高的债务。对于利用外债的建设项目,由于有汇率风险,通常先还硬货币债务(货币汇率稳定且有上浮趋势的货币),后偿还软货币债务。应确保债务本息的偿还不影响企业正常运营所需要的现金流量。

(4) 确定合理的外债内债比例。外债和内债比例,主要取决于项目使用外汇的额度。从项目自身的资金平衡考虑,产品内销的项目尽量不要用外债,可以采用投资方注入外汇或以人民币购汇的方式为项目融资。

(5) 合理选择外汇币种。选择可以兑换货币,是指实行浮动汇率制且有人民币报价的货币,它有助于防范外汇风险和外汇资金的调拨。尽量做到付汇用软货币,收汇用硬货币。对于项目的外汇借款,在选择还款货币时,尽可能选择软货币。但应注意到,软货币的外汇贷款利率通常较高,这就需要在汇率变化与利率差异之间进行预测和抉择。

(6) 合理确定利率结构。当资本市场利率水平相对较低时,且有上升趋势时,尽量借固定利率贷款;反之,尽量借浮动利率贷款。

在确定债务资金与权益资金的比例时,税收应作为重要的考虑因素,大多数国家的税法都规定了贷款利息支出可以计入企业的成本冲抵所得税,因此债务资金的成本应相对低于权益资金的成本。从理论上讲,股本投资者希望在项目资金结构中的负债比率尽量高一些,债务比率越高,它的资金成本就越低,但是财务状况和抗风险能力会由于承担较高的债务而变得相对脆弱;如果项目的权益资金比例较高,则会提供非常稳固的财务基础和较强的抗风险能力,但却增加了资金的使用成本,使得项目的综合资金成本变得十分高昂。从投资者的角度,其比较倾向于将一笔资金分散投资,以带来较高的收益,而且分散了投资风险;但在一个项目资金中,如果自有资金的比例投入过少,就意味着债权人承担较高的债权回收的风险,银行将通过提高利率或者提出比较严格的担保条件,反而从另一个角度增加了投资者的融资成本。所以,投资者在确定项目的债务资金与权益资金的比例时,应该寻求最佳的比例来实现各方面利益的平衡。

3. 项目资金的期限结构

投资者的股本资金是项目中使用期限最长的资金,在工程项目建设中,股本资金一般用来购买土地,并支付相关的费用。项目建设实施及建成后的运营资金需求由债务资金来满足。项目中的任何债务资金都是有固定期限的,根据期限的长短可分为长期贷款和短期贷款。在工程项目融资中,长期贷款融资期限可以达到8~10年,甚至可以达到20年。其特点是利率固定,但相对较高,能够提供的贷款规模较大,在工程项目中一般用于项目的施工阶段,以及对工程采购款项的支付。而短期贷款的方式及利率的选择较为灵活,通常是在项目建成后的运营过程中,为满足流动资金的需要而安排的融资方式。

4. 利率结构

利率结构主要是确定各种利率的贷款资金在债务资金中的比例关系。在利率结构中,主要有固定利率、浮动利率以及由浮动利率形式演变来的其他利率形式的结构关系。固定利率指在借贷期限内,利率不随借贷资金的供求状况而改变,一般适用于市场利率较为稳定的情况;浮动利率指在借贷期内,随着市场利率的变化而不断做出调整的贷款利率,该利率计算方式较为烦琐,增加了资金成本,但在利率不稳定的市场中降低了借、贷双方的风险。在确定项目融资利率时,需要考虑如下三个因素,并结合项目特点对利率结构做出安排。

(1) 项目现金流量的特征。对于收入相对稳定的项目来说,比如煤电项目、交通设施项目,政府部门是项目产品的购买者,项目产品通常以固定价格加上通货膨胀因素的方式来进行定价,采用固定利率有利于预测项目现金流,减少项目风险。对于资源、原材料类项目,其产品价格主要由国际市场供求关系确定,价格波动较大,采用浮动利率,能够在价格较低的情况下,有效降低项目风险。

(2) 金融市场利率的走向。金融市场上利率的趋势分析对于确定债务资金利率的结构起着非常重要的作用。在利率处于低谷时,借款人可选择固定利率,以较低的资金成本取得项目建设资金。

(3) 借款人对控制融资风险的要求。任何一种利率的安排既可能给借款人带来一定的资金成本,也可能为借款人带来一定的融资风险。如果借款人将控制融资风险作为第一位,则应适当地增大固定利率贷款的比例,但需要借款人因此承担较高的债务成本作为代价;如果借款人更趋向于降低融资成本,则更多地需要依赖金融市场上利率趋势的分析。

5. 货币结构

项目资金的货币结构包括货币的品种结构和货币市场的来源结构,主要体现在外汇币种的选择和境内外借贷的占比。不同币种的外汇汇率总是在不断变化,如果条件许可,项目使用外汇贷款需要谨慎选择外汇币种。外汇贷款的借款币种与还款币种有时不一致,尤其要注意对还款币种的选择。为了降低还款成本,一般要选择币值较为软弱的币种为还款币种,当这种外币的币值下降时,还款成本较低。另外,由于国际货币市场上对利率较低的货币需求较大,导致这种货币利率高,所以在选择币种时,应做好汇率及利率之间的权衡。

适宜的融资结构是保证项目资金使用结构合理的必要前提。确定适当的融资结构,可以降低项目融资的成本,减少项目风险。对于大多数项目融资而言,混合结构融资是合理的选择。混合结构融资是指不同利率结构、不同贷款形式或者不同货币种类的债务资金组合。确定项目的混合资金结构时需要结合项目的资金需求总量以及资金使用的特点,对项目的利率构成、贷款期限及币种的比例做出安排。在经济形势稳定的情况下,对于资金周转率小、资金使用周期长的项目建设阶段可安排为固定利率,这样可降低资金的使用成本,同时又可降低借、贷双方的交易成本。进入项目经营期后,由于资金使用周期缩短,可采取短期融资的方式来实现流动资金的融资,通过浮动利率的方式避免因利率变化较大给项目资金使用成本造成较大的压力。当国际货币形势出现不稳定的形势时,应采取币种的"一揽子"策略,将不同币种的货币组合在一起进行融资,当不同货币的汇率波动时,实现汇率抵消作用,确保项目资金的供应及使用成本的稳定性。

11.2 项目各方对资金结构的要求

项目资金结构直接影响到权益投资者、债务投资者和所在国政府的风险和投资回报,各方对资金结构的要求不同,因此需要确定合理的资金结构来平衡各方的利益,降低资金成本,减少风险,促成项目。

1. 权益投资者角度

股本投资者希望在项目资金结构中负债比率尽量高一些,因为如果项目成功,投资者将获得较高的股本回报率,如果项目失败,其承担的风险也较小。此外,较高的负债比率可使权益投资者保留一部分资金从事其他项目的开发。但较高的负债比率对债务投资者来说,承担着较大的偿还风险,且资金的使用也受到来自债权人的制约。同时,较高的债务比使得公司的财务结构稳定性减弱,并将导致项目公司的财务风险较高。

资本结构的高低影响了权益投资者和债权人的风险,可在回报中得到反映,其主要体现方式为项目的资金成本。其中,资金成本的计算公式为

$$资金成本 = 无风险报酬率 + 风险报酬率 \tag{11-1}$$

从式(11-1)可以看出,随着负债比率的提高,项目公司的财务风险随之加大,风险报酬率也将提高,从而使得权益资金成本提高。

2. 债权人角度

对于债权人而言,随着负债比率的增加,其将承担较大的风险,因而提高了贷款利率,增加了债务资金的融资成本。项目的权益资金比例越高,投资者对项目的重视程度越高,从而降低了项目的风险,增强了项目成功的现实性,有利于债权人的借贷资金顺利回收。相反,债务资金的比率越高,投资者的还款压力越大,债权人所面临的风险越大。

利润分配在缴纳所得税后,利息偿还在所得税前,而且权益风险大于债务风险,因此,权益资金成本高于债务资金成本,通常高出 10% 以上。其中,资金成本的计算公式为

$$资金成本 = 负债比率 \times 债务资金成本 + (1 - 负债比率) \times 权益资金成本$$

考虑所得税对资金成本的影响,则有

$$债务资金成本 = 利率 \times (1 - 税率)$$

3. 政府角度

因债务资金成本较低,随负债比率的提高,初始阶段项目资金成本将降低,当负债比率超过一定值后将开始增加,其中最低资金成本所对应的负债比率对政府来说是最佳的资金结构。

由此可以看出,项目的资金结构取决于债务资金成本和权益资金成本,这两者又分别取决于债务投资者和权益投资者所承担的风险,因此降低和合理分配两者风险是降低项目资金成本、获得理想资金结构的重要途径。

11.3 资金结构的确定

11.3.1 资金成本概述

1. 资金成本的含义

资金成本又称融资成本,是指企业为完成某项目筹集和使用资金而付出的代价。企业筹集和使用任何资金,不论短期还是长期,都要付出代价。现代经济条件下,权益人和债权人是企业为项目筹集资金的两大途径,前者称为权益资金,后者称为债务资金。投资者或权益人将资金投入到企业,其目的是取得一定的投资报酬,而债务人将资金借贷出去的目的是获得一定的利息。由此可见,企业作为资金的使用人,必须付代价,这个代价就是资金成本。资金成本可能是企业在一定时期内实际支付的利息和股利等实际成本,是企业事后核算的成本,也可能是按照一定市场利率等计算的机会成本,是企业因项目筹集资金可能会发生的事前预期成本。在项目融资中,企业主要关注的是对于未来筹资的安排和规划,因此更多考虑的是资金的预期成本。

2. 资金成本的构成

资金成本由资金筹集费用和资金占用费用两部分组成,资金筹集费用是指企业在资金筹集过程中发生的各项费用,如发行股票、债券支付的印刷费、发行手续费、律师费、资信评估费、公证费、担保费、广告费等。资金占用费是指企业作为资金的使用者支付给资金所有者的资金报酬,如股票的股息、银行贷款和债券利息等。资金筹集费用一般属于一次性发生,在计算资金成本时通常作为筹资金额的一项扣除。资金占用费是筹资企业经常发生的,是资金成本的主体部分,也是降低资金成本的主要方向。

3. 资金成本的作用

1) 资金成本是工程项目筹资决策的重要依据

资金成本是工程项目选择筹资来源和方式,拟定筹资方案的依据,也是评价投资项目可行性的衡量标准。通常工程项目的资金来源渠道多种多样,项目筹资决策的核心问题就是确定融资方案,综合资金成本的高低就是确定最佳筹资方案的主要依据。

2) 资金成本是评价投资决策的主要标准

项目的资金成本通常被确认为投资项目的最低报酬率,只有投资项目的预期收益率高于资金成本,项目投资才被认为是可行的。因此,项目资本金成本是项目投资评价的主要标准。

3) 资金成本是衡量业绩的重要尺度

资金成本是投资人要求的报酬率,也是最低报酬率。任何项目无论怎么运营,其实际的投资报酬率都要高于资金成本,才能满足投资者的要求。因此,资金成本是衡量企业业绩的重要尺度。

4) 资金成本的主要影响因素

在市场经济环境中,多方面的因素综合作用决定着企业资金成本的高低,其中主要有以下几个因素:

①总体经济环境。总体经济环境决定了整个经济中资金的供给和需求,以及预期通货膨胀水平。如果货币需求增加,而供给没有相应增加,投资人就会提高投资收益率,企业的资金成本就会上升;反之,则会降低投资收益率,使得成本下降。如果预期通货膨胀水平上升,货币购买能力下降,投资者也会提出更高的收益率来补偿预期的投资损失,导致企业资金成本上升。

②证券市场条件。证券市场条件影响证券投资的风险,证券市场条件包括证券的市场流动难易程度和价格波动程度。如果证券市场流动性不好,投资者向买进或卖出证券困难,变现风险变大,则会要求更高的收益率;或者虽然存在对证券的需求,但其价格波动较大,投资风险大,要求的收益率也会提高。

③企业内部的经营和融资状况。企业内部的经营和融资状况指经营风险和财务风险的大小。经营风险是企业投资决策的结果,表现在资产收益率的变动上;财务风险是企业筹资决策的结果,表现在普通股收益率的变动上。如果企业的经营风险和财务风险太大,投资者便会有较高的收益率要求。

④融资规模。企业融资规模大,资金成本较高。例如,企业发行的证券金额很大,资金筹集费和资金占用费都会上升,而证券发行规模的增加还会降低其发行价格,由此会增加企业的资金成本。

当前项目融资中,确定资金结构的方法有资金成本法和每股收益分析法。这两种方法分别从降低工程项目融资的资金使用成本和提高单位融资收益的角度为确定项目的资金结构提供定量的决策工具。

11.3.2 比较综合资金成本法

采用比较综合资金成本法,需要先确定不同融资方案的综合资金成本,再对不同方案的资金成本进行比较,选出资金成本最低的融资方案以确定最佳资金结构。综合资金成本,又称平均资金成本(weighted average capital cost,WACC),是以各种资金占全部资金的比重为权数,对个别资金成本进行加权确定。其计算公式为

$$K_w = \sum_{j=1}^{n}(K_j \cdot W_j) \tag{11-2}$$

式中:K_w——综合资金成本;

K_j——第 j 种个别资本成本；

W_j——第 j 种个别资本占全部资本的比重。

为确定综合资金成本，需要确定各种不同来源的资金成本。下面按照不同的资金来源，即长期借款、债券、普通股、优先股分别确定资金成本。

（1）长期借款成本。

长期借款成本一般由借款利息和借款手续费两部分组成，考虑利息的抵税作用，一次还本、分期付息借款的成本计算公式为

$$K_L = \frac{I_t \cdot (1-T)}{L \cdot (1-F_L)} \tag{11-3}$$

式中：K_L——长期借款成本；

I_t——长期借款年利息；

T——所得税率；

L——长期借款融资额；

F_L——长期借款融资费用率。

（2）债券成本。

债券成本主要由债券利息和融资费用构成。和贷款资金成本一样，债券成本也需要考虑债券利息的抵税作用。不同的是，由于债券的发行价格为公开发售，受发行市场利率的影响，致使当发行价格出现等价、溢价、折价发行情况时，债券的利息计算按照债券的票面价值计算。债券成本的计算公式为

$$K_b = \frac{I_b \cdot (1-T)}{B \cdot (1-F_b)} \tag{11-4}$$

式中：K_b——债券资金成本；

I_b——债券年利息；

T——所得税率；

B——债券融资额；

F_b——债券融资费用率。

（3）普通股成本。

普通股成本是普通股东预期的、要求达到的或实际在赚得后可使股票的市场价值保持不变的报酬率。普通股的股利不是不变的，因为其承担的风险比债权人的风险要大，所以其要求的收益也较高，而且通常要求逐年增长。

设预期企业每期的股利相等，则普通股成本的计算公式为

$$K_{nc} = \frac{D_c}{P_c \cdot (1-F_c)} \tag{11-5}$$

式中：K_{nc}——普通股成本；

D_c——每年固定股利；

P_c——普通股市价；

F_c——普通股融资费用率。

(4) 优先股成本。

优先股介于债务资金与普通股之间,其与债务成本的区别在于优先股股息的支付是在税后发生,且没有固定的到期日。企业破产时,优先股持有人求偿权在债权人之后,但在普通股权益人之前,因此其融资成本亦介于债务资金与普通股权益资金之间。优先股成本的计算公式为

$$K_p = \frac{D_c}{P \cdot (1 - F_p)} \tag{11-6}$$

式中:K_p——优先股成本;

D_p——优先股股息;

P——优先股发行价格;

F_p——优先股融资费用率。

(5) 留存收益成本。

留存收益是企业缴纳税后形成的,由公司税后净利润形成,其所有权属于股东。股东将这一部分未分派的税后利润留存于企业,实质上是对企业追加投资。如果企业将留存收益用于再投资所获得的收益率低于股东自己进行另一项风险相似的投资收益率,企业就不应该保留留存收益而应将其分派给股东。股东将留用利润用于公司而不作为股利取出投资于他处,总是要求得到与普通股等价的报酬。因此,留用利润也有成本,不过是一种机会成本。它的成本确定方法与普通股成本基本相同,只是不考虑融资费用。

$$K_r = \frac{D_c}{P_c} + G \tag{11-7}$$

式中:K_r——普通股成本;

D_c——预期年股利;

P_c——普通股融资额;

G——股利固定增长比率。

11.3.3 每股盈余分析法

每股盈余分析法是对每股盈余分析法进行对比,选择每股盈余较大的融资方案来确定融资结构的方法。每股收益的计算公式为

$$EPS = \frac{(EBIT - I) \cdot (1 - T) - I_p}{N} \tag{11-8}$$

式中:$EBIT$——息税前利润;

I——负债利息;

T——公司所得税;

N——普通股股数;

I_p——优先股股利。

从式(11-8)中可以看出,普通股股数越大,每股收益EPS函数曲线的斜率越大。

不同融资方案的普通股股数的不同,带来函数曲线的斜率的不同,从而使得不同的融资方案间的 EPS 曲线可能发生相交,相交时的息税前利润 $EBIT^*$。表示无差异点的息税前利润。$EBIT^*$ 可通过如下关系来确定

$$\frac{(EBIT^* + I_1) \cdot (1-T) - I_{P1}}{N_1} = \frac{(EBIT^* + I_2) \cdot (1-T) - I_{P2}}{N_2} \quad (11-9)$$

式中:I_1——第一种资本结构所含负债利息;

I_2——第二种资本结构所含负债利息;

N_1——第一种资本结构所含普通股股数;

N_2——第二种资本结构所含普通股股数;

I_{P1}——第一种资本结构所含优先股股利;

I_{P2}——第二种资本结构所含优先股股利。

股权融资、债券融资、优先股融资对企业每股盈余影响的函数图像如图 11-1 所示,根据 EPS 函数性质可以判断出债券融资曲线与优先股融资曲线平行,不可能相交,因此融资方式只可能在普通股融资与长期债务融资、普通股与优先股之间选择。当 $EBIT < EBIT_D^*$ 时,明显可以看出普通股融资的每股盈余最大,所以此时应选择普通股融资;当 $EBIT_D^* < EBIT$ 时,应选择债券融资方式;当 $EBIT > EBIT_D^*$ 时,应该选择优先股融资方式。

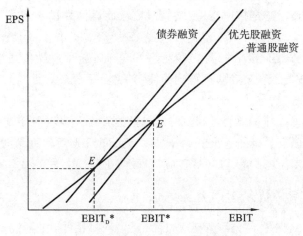

图 11-1 无差异点与融资方式的确定

11.4 资金结构的调整和优化

11.4.1 资金结构的调整

1. 资金结构调整的原因

影响资金结构变动的因素有多种,资金结构变动调整的原因主要有:①原有资

金结构的资金成本过高,利润下降,这是资金结构调整的主要原因;②风险过大,如果融资风险过大,以至于企业难以承担,则破产成本就会直接抵减因负债融资而取得的杠杆收益,此时企业需要进行资金结构调整;③弹性不足,弹性是指企业在进行资金结构调整时原有结构应有的灵活性,包括融资期限的弹性、各种融资方式之间的转换弹性等。转换弹性主要指各种负债之间、负债与权益之间、权益融资之间是否具有可转换性。弹性不足时,企业调整资金结构就比较困难,调整弹性大小是判断企业资金结构是否健全的标志之一;④约束条件太严,不同的融资方式,投资者对融资方式使用的约束不同。约束过严,不利于企业灵活调度与使用资金,也促使企业进行资金结构调整。

2. 调整的时机和方法

在以下情况下,企业有可能按照目标融资结构进行调整:在企业的现有资金结构弹性较好时;增加投资或减资时;企业盈利较好时;债务重整时。

对于这些调整的可能性与时机,可以采用以下方法。

(1) 存量调整。其是指在不改变现有资产规模的基础上,根据目标资金结构的要求,对现有资金结构进行调整。具体方法有:①债务资金过多时,将部分债务资金转化为权益资本;②债务比率过高时,将长期债务收兑或提前归还,筹集相应的权益资本;③权益资本过高时,减资并增加相应的负债,调整融资结构。

(2) 增量调整。其是指通过追加融资量,从而增加总投资的方式来调整资金结构。具体方法如下:①债务资金过高时,通过追加权益资本投资改善融资结构,如将公积金转换为资本或直接增资;②债务资金过低时,通过追加负债融资来提高负债融资的比例;③权益资本过低时,可通过筹措权益资本来扩大投资,提高权益资本比例。

(3) 减量调整。其是指通过减少资产总额的方式来调整资金结构。具体方法如下:①权益资本过高时,通过减资来降低其比例;②债务资本过高时,利用税后留存收益归还债务,以减少总资产,并相应减少债务比例。

11.4.2 资金结构优化与财务契约设计

不同融资方式的组合关系形成不同的企业融资结构,在不同的融资结构安排下,又表现为投资者与经营者之间的一种契约安排。在企业融资结构中,一个非常重要的问题就是要分析和确定企业进行融资时,什么样的融资结构或契约安排能够最大化地降低债权人与股东、股东与经营者的矛盾或冲突。

股东与债权人之间的代理问题的产生主要有以下原因:一是借贷双方目标不一致,二是借贷双方存在信息非对称性。从双方的目标来看,企业借款的目的是扩大经营,强调借入资金的收益性。债权人贷款的目的是到期收回本息,由于贷款期望收益率取决于贷款利率和债务偿还概率。在利率一定的情况下,债务偿还概率越小,或债务违约风险越大,债权人收益就越小。所以,债权人更加关心贷款的安全性。

在信贷活动中存在着以债务人占有私有信息为特征的信息不平衡现象，即债务人比处于企业外部的债权人更了解企业状况。由此可能导致在借贷签约前后分别发生"逆向选择"和"道德风险"问题。当贷款人无法对借款人的信用质量和债务偿还概率做出正确的判断时，也不能正确比较众多借款人的信用质量时，他们只能按照所有借款者的平均质量决定其贷款利率。在贷款收益率一定的情况下，信用质量高于平均水平的借款者认为按照平均利率借款不合算，从而不愿意从市场筹集资金扩大经营；而信用水平低于平均水平的借款者则希望能够尽量多地按平均利率筹措资金。由此导致信贷资金向低质量借款者流动，使得越是信用质量差的借款者越容易取得市场信贷资金。这种不合理的信贷资金分配机制就是"逆向选择"问题。信息不对称不仅会在借贷交易完成之前产生信贷资金的"逆向选择"问题，而且在交易完成后，借款人还会发生"道德风险"，即他们利用增进自身效用而不利于债权人的各种行为，如债务人违反借款协议或投资者如实披露企业状况。史密斯和华纳在《论财务契约：债券契约分析》中，汇总并全面分析了在美国同业交易基金会编撰的债务限制条款概览上的所有标准条款，从中找出财务契约上的各种债券限制条款是如何制定的，以及怎样用于控制债权人与股东之间的冲突。由此得出结论，债权人与股东的冲突来源于四种情况：股利支付、股权稀释、资产置换和次级投资。

资本市场的参与者知道这些冲突，因此理性的投资者会支付较低的价格，以反映他们对股东行为的重新估量。不仅如此，他们还会在债务契约中增加各种限制性条款进行监督，史密斯和华纳将限制条款分为四类：限制生产或投资的条款、限制股利支付条款、限制融资条款和约束条款。债权人对债务人采取各种约束方式，一方面降低了道德风险，另一方面也增加了代理成本，如监督债务人所花费的监督费用、信息投资成本等，这些费用一般通过提高借款利率体现在会计账目上。监督虽然可以提供更多有关债务人行为的信息，但如果监督成本过高，那么它提供的信息再多也没有意义。

从股东与经营者委托代理关系看，在两权分离的条件下，降低代理成本的重要条件就是设计一个委托代理契约，可以通过契约关系和对代理人行为密切监督以便约束代理人有不利于委托人利益的活动，同时提供必要的刺激和动力，使得代理人为实现委托人的利益而努力工作。由于委托人和代理人存在着不对称信息，因此设计激励约束机制的普遍问题是，当委托人向代理人了解信息时，除非通过货币支付或某种控制工具作为刺激和代价，否则代理人就不会如实告知。因此，获得代理人行为的信息是设计激励约束机制关键问题。杨瑞龙认为，促使代理人公开其私有信息是一个不断博弈的过程，在这一过程中，委托人不断改变规制，直到代理人能够在接受契约的同时也达到自己期望效用的最大化。可以考虑的思路有两种：一是事先计入，考虑到委托人对某些信息不了解，代理人将此加以隐瞒，与其设法让代理人说出真情，不如把代理人可能撒谎的部分事先预计在双方的契约之内；二是假定当撒谎还是说实话的后果对代理人并无差异时，他就会说出真情。根据这一假设，委托人可以设计某种机制,诱使代理人将其私有信息公开。

【案例讨论题】

1. 如何将工程项目融资成本控制在一个期望水平内?
2. 如何确定项目资本金与债务资金的比例?

【复习思考题】

1. 如何理解项目融资担保结构的内涵?
2. 项目融资的全过程的风险控制分别通过怎样的担保方式减弱?
3. 项目的不确定性给项目所带来的风险有哪些?

第 12 章 工程项目融资风险

【案例】

　　印度大博电厂是由美国安然公司投资近 30 亿美元建成的,是印度国内最大的 BOT 项目,也是迄今为止该国最大的外商投资项目。2001 年,大博电厂与其所在地马哈拉斯特拉邦(以下简称"马邦")的电费纠纷导致电厂最终停业。该项目的失败导致印度境内几乎所有的独立发电厂陷于停顿,印度吸引外资的努力也受到沉重打击。也正是由于该项目的失败和其他一系列经营失误以及隐瞒巨额债务的行径败露,安然公司的股票价格由 2000 年的 90 美元暴跌到 2001 年的不足 1 美元,并不得不申请破产保护,成为有史以来规模最大的公司破产案,令全球震惊。

　　20 世纪 90 年代初,亚洲各国纷纷利用项目融资方式吸引外资,建设基础设施。受深圳的沙角 B 电厂、广西的来宾电厂以及马来西亚在 20 世纪 90 年代相继修建的 5 个独立发电厂等成功案例的影响,印度政府基于其国内电力市场的供需情况,批准了一系列利用外资的重大能源项目,大博电厂正是在这样的背景下开始运作的。该项目由美国安然公司安排筹划,由全球著名的工程承包商柏克德承建,并由通用电气公司提供设备。电厂所在地是拥有印度最大城市孟买的马邦,它是印度经济最发达的地区。由于投资者、承包商以及项目所在地的经济实力均是最强的,因此当时这一项目的前景让不少人看好。

　　与常见的工程项目融资的做法一样,安然公司为大博电厂设立了独立的项目公司。该项目公司与马邦电力局(国营)签订了售电协议,安排了比较完善的融资、担保、工程承包等合同。政府特许售电协议约定,大博电厂建成后所发的电由马邦电力局购买,并约定了最低的购电量以保证电厂的正常运行。除常规的电费收支财务安排和保证外,售电协议还包括马邦政府对其提供的担保,并由印度政府对马邦政府提供的担保进行反担保。售电协议约定,电价全部以美元结算,这样一来,所有汇率风险都转移到马邦电力局和印度政府的头上。协议中的电价计算公式遵循成本加分红电价的基本原则,即在一定条件下,电价将按照发电成本进行调整,并确保投资者的利润回报。这一定价原则使项目公司所面临的市场风险减至最小。

　　从合同条款来看,可以说对项目公司是非常有利的。然而,正当项目大张旗鼓地开始建设时,亚洲金融危机爆发了。危机很快波及印度,卢比对美元的汇率迅速贬值 40% 以上。危机给印度经济带来了很大的冲击,该项目的进展也不可避免地受到了影响。直到 1999 年,一期工程才得以投入运营。工程的延期大大增加了大博电厂的建设费用,因而也使大博电厂的上网电价大幅度提高。同时,金融危机造成卢比贬值,马邦电力局不得不用接近2倍于其他来源的电价来购买大博电厂所发的电。

2000年世界能源价格上涨时,这一差价上升到近4倍。到2000年11月,马邦电力局已濒临破产,因而不得不开始拒付大博电厂的电费。根据协议,先是马邦政府继而印度联邦政府临时拨付了部分款项,兑现了所提供的担保与反担保。然而,它们却无法承担继续兑现其承诺所需的巨额资金,因而不得不拒绝继续拨款。至此,该项目运营中的信用风险全面爆发。

思考

1. 请总结印度大博电厂融资过程中所发生的风险。这些风险对大博电厂有何影响?
2. 印度大博电厂的失败对其他项目融资的安排有何借鉴意义?
3. 你认为可以采用哪些措施和手段来预防和降低这些融资风险?

12.1 工程项目融资风险的识别

风险识别是工程项目融资风险分配与管理的前提,在识别风险之前我们首先需要正确理解风险的内涵。所谓风险就是指不利事件发生的可能性,风险的大小与不利事件发生的概率及其损失成正相关关系。在工程项目融资中,投资者不仅需要从项目的视角来分析与识别风险,还需要从贷款银行的视角来识别融资风险,只有这样投资者方可在融资谈判中知己知彼,更有可能获得所需资金。

12.1.1 工程项目融资风险的划分

目前在工程项目融资中,已经形成较为完整的融资风险划分体系。从项目发展阶段性角度,可将风险划分为项目建设开发阶段风险、项目试生产阶段风险和项目生产经营阶段风险;从可控制性角度,可将风险划分为系统风险和非系统风险,亦可称为环境风险和核心风险;从项目投入要素的角度,可将风险划分为人员、时间、资金、技术和其他方面的风险。下面将从项目发展阶段性角度和可控制性角度对工程项目融资中可能存在的风险进行具体的分析和阐述。

1. 从风险的项目发展阶段性角度划分

1) 项目建设开发阶段的风险

在正式建设之前,大多数项目都会有一个较长的预开发阶段,包括项目的规划、可行性研究、工程设计,对于矿山项目还会包括地质勘探、储量确定、矿石金属性试验等一系列工作。在这一时期,项目带有许多未知的和不确定的因素,其投资也带有风险投资的性质,但由于这一阶段的风险是由项目投资者来承担的,因此该风险也就不包括在工程项目融资风险之中。

项目建设开发阶段的风险,是从项目正式动工建设开始计算的。项目动工建设后,大量的资金投入到购买工程用地和设备、支付工程施工费用中,项目还未产生任何收入,贷款的利息计入资本成本。从贷款银行的角度,在这一阶段随着贷款资金的不断投入,项目的风险也随之增加,在项目建设完工时达到或接近最高点。此时,当由于任何不可控制或不可预见的因素造成项目建设成本超支,致使项目不能按时完工或无法完成时,贷款银行将承受最大的损失。因此,投资者须提供强有力的信用支持以保证项目的顺利完成。只有在对项目建设有百分之百把握的前提下,贷款银行才会取消对投资者提供附加信用支持的要求。

使用不同形式的工程建设合同可以影响项目建设期相应的风险变化,甚至可能将部分项目建设期的风险转移给工程承包公司。这类合同包含两个极端:其一是固定价格、固定工期的交钥匙合同,其二是实报实销合同,两者间存在着多种中间类型的合同形式。在交钥匙合同中,项目建设的控制权和建设期风险由工程公司承担;而在实报实销合同中,项目建设的控制权和建设期风险则由投资者承担。

2) 项目试生产阶段的风险

在项目试生产阶段,融资的风险仍然很高。当项目已经建成投产时,如果项目不能按照原定的成本计划生产出符合商业完工条件的产品和服务,达不到项目预期的现金流目标,则必然危及贷款的偿还,给投资者带来一定的风险。

特许经营项目融资中所谓的商业完工是指在融资文件中具体约定了项目产品的产量和质量、原材料、能源消耗定额以及其他一些技术经济指标作为完工指标,只有项目在约定的时间范围内满足这些指标时,贷款银行才视其正式完工。

3) 项目生产经营阶段的风险

当项目试生产完成商业完工的具体指标时,项目的生产经营阶段才正式开始。在这一阶段,项目进入正常运转的状态,如果项目可行性研究报告中的假设条件符合实际情况,项目将生产出足够的现金流量以支付生产经营费用,偿还债务,并为投资者提供理想的收益。贷款银行的项目风险将随着债务的偿还逐渐降低,融资结构将基本依赖项目自身的现金流量和资产,形成无追索的结构。这一阶段的项目风险主要表现在生产、市场、金融以及其他一些不可预见的因素方面。

2. 从风险的可控制性角度划分

1) 系统风险

系统风险是指在项目的开发建设、生产经营过程中由于受到超出项目公司或投资者控制范围的经济、环境变化的影响而遭受损失的风险,包括不可抗力风险、政治风险和金融风险。

(1) 不可抗力风险是指由于不可抗力造成项目正常建设或生产经营受到影响,从而给项目投资者或项目造成损失的潜在可能性。不可抗力具有不可预见、不可预防和不可避免等特性,如地震、台风、洪水等自然灾害,或战争、罢工等社会动乱。

(2) 政治风险涉及项目的方方面面,包含从项目的建设、试生产,直到生产经营等各阶段。例如,项目所在国政治、外交政策等原因而引起的对项目实行强制性收购、对项目产品实行禁运、中止债务偿还等情形。比如,A国某项目生产的原材料来自B国,当A、B两国外交关系恶化时,B国禁止其国内产品出口到A国,此时该项目为保证正常生产,必须寻求价格更高的原材料供应,势必对项目的净现金流量产生影响。此外部分发展中国家曾实行没收或国有化政策,这对投资者而言,风险是相当大的,甚至可能零收益。

(3) 项目的金融风险主要表现在利率风险和汇率风险两方面。在项目生产经营过程中,由于利率或汇率变动直接或间接地造成项目价值降低或收益受到损失。一方面,在国际项目融资中,如果项目以美元借入,而收入为当地货币,则当地货币贬值意味着项目公司不能产生足够的现金流量用来偿还美元贷款。实际上,大多数发展中国家的货币都存在着贬值的压力。另一方面,由于工程项目融资中贷款期限一般都较长,贷款银行更愿发放浮动利率贷款,但对于项目投资者而言,其利率风险将增大。

2) 非系统风险

非系统风险是指与项目建设、生产经营管理直接相关,并被项目公司或投资者所控制的风险,如信用风险、完工风险、生产经营风险、市场风险和环保风险等。

(1) 信用风险指参与各方因故无法履行或拒绝履行合同所约定的责任与义务的潜在可能性。信用在市场经济体制下是至关重要的,现代国际金融体系是以信用为基础发展起来的。例如,发达国家的信用评价体系较为完善,在经济活动中,各市场主体非常重视自身的信用等级;而在一些法制不够健全的发展中国家,由于没有企业和个人的信用记录,信息的不对称导致了市场信用的缺失,因此在这些国家的工程项目融资中,信用风险是比较大的。

(2) 完工风险指在项目建设期间由于成本超支、工期延误或投产时无法达到预期运行标准,而使项目建设成本超支、贷款利息负担增加、项目现金流量不能按计划获得等具有的潜在可能性。完工风险是项目贷款银行关注的主要风险之一,存在于项目建设阶段和试生产阶段。项目贷款银行一般会以项目完工程度来确定对项目投资者的追索程度,即在项目完工前,贷款银行对投资者是完全追索的,而在项目完工后,特许经营项目融资才转变为有限追索。鉴于项目完工事件的重要性,贷款银行和投资者必然会提出项目完工的概念。如果以项目实体建设完毕的时刻为完工标志,那么当项目交付运行后,始终达不到预定生产能力和预期现金流量时,参与工程项目融资的贷款银行将面临巨大的风险。鉴于此,在工程项目融资实践中,贷款银行引入了商业完工的概念,即在融资文件中约定只有项目达到以下标准中的一项或几项时,才认定项目正式完工。

①完工和运行标准。它约定在一定的时间内,项目在具体生产消耗指标(单位生产量的能源、原材料和劳动力消耗指标)、项目产品或服务质量、项目稳定生产或运行指标等方面要达到约定要求,并且在该时期内(通常为3~6个月)保持在该水平上运行。

②技术完工标准。项目采用的技术是成熟的,并在一定时期内不落后。

③现金流量完工标准。这是另一种类型的完工标准,贷款银行不考虑项目的技术完工和实际运行情况,只要项目在一定时期内(通常为 3～6 个月)达到预期的最低现金流量水平,即可认为项目通过了完工检验。

④其他形式的完工标准。由于某种原因(如时间原因),有些项目可能在工程项目融资还未完全安排妥当,就需要进行提款,此时贷款银行为了降低项目风险,往往会要求确定一些特殊的完工标准。例如,某项目在提款前,其产品销售合同还未最后确定,贷款银行就有可能约定以某种价格销售最低数量的产品作为项目完工标准的一部分。又如,矿山的最终储量在提款前未能确定,则最小证实储量就可能包含在项目的完工标准中。

完工风险的大小在某种程度上决定于以下因素:项目设计技术要素、承建商的建设开发能力和资金运筹能力、承建商的信用、建设合约的法律效力、第三方的干扰等。实际上,项目的建设成本和运行成本与项目的设计方案有很大关系,若项目设计方案失误,不但会影响按期完工,还会引起成本超支。

(3)生产经营风险指在项目试生产和正常运营阶段,由于项目经理的经营管理能力、生产技术水平及其发展趋势、生产条件等因素对项目盈利能力或预期项目现金流量的不利影响。该风险包括技术风险、生产条件风险、经营管理风险等。

①技术风险。贷款银行一般认为向生产技术比较成熟的项目提供有限追索贷款的风险较低。对于采用新技术的项目,若没有投资者有力的技术保证和资金支持,贷款银行则不可能给项目提供贷款。然而对于成熟的生产技术,贷款银行还关注该生产技术的生命周期问题,即该技术在多长时间内能够保持一定的先进性,是否会被新技术替代,所要求的配套设施、技术人才、原料是否可获得以及获得成本的高低。

②生产条件风险。一是能源和原材料供应风险,指由于能源和原材料不能按时、按价、按质供应,从而影响项目生产的持续稳定性和产品成本,造成项目收益损失的潜在可能性。二是针对矿产资源类项目而言的,主要是资源矿产的储量问题。因为资源储量的探明存在着一定的不确定性。为降低风险,贷款银行用"资源覆盖比率"来衡量该风险的大小,并据此决定是否发放贷款及发放贷款额度的大小。

资源覆盖比率是指探明可供开采的资源总储量与项目融资期间计划开采的资源量之比。其中,最低资源覆盖比率是根据具体项目的技术条件和贷款银行对该行业部门的认知经验确定的。一般约定,该比率应不低于 2,当该比率低于 1.5 时,贷款银行认为风险过高,要求投资者提供相应的最低储量担保,或贷款银行提供混合贷款。混合贷款是指以当前探明的资源储量为基础,在资源覆盖比率最低限值的前提下确定项目融资期间计划开采量,为该计划开采量的资本性投入提供有限追索贷款,而对其他部分提供完全追索的项目融资。

③经营管理风险取决于项目投资者或其委托的经营管理公司(简称项目经理)

是否有能力经营管理好项目。这与项目经理的资信、工作经验和职业道德有关,还与其经营管理机制有关。

(4) 市场风险指与项目产品或服务相关的市场价格和销售量两个要素的变动对项目预期收入的不利影响。一般而言,产品或服务的价格或需求量将影响项目的预期收入。

(5) 环保风险指随着人们环保意识的提高,世界各国越来越关注项目建设和运营所引起的环保问题,并采用严格的法律法规约束和惩罚污染环境的行为等,因此对项目带来不利影响。例如,项目公司为了达到东道国的环保要求,须要建设环保设施,进行动态管理,无形中增加了项目建设的成本,影响项目的经济强度,尤其针对已开始运营的项目,由于环保标准提高致使项目必须进行技术改造,风险更高。例如某项目产品的包装盒不符合环保要求,被政府有关部门责令限期改换一种成本更高、符合环保要求的包装盒,为此增加了项目的产品成本。如果该产品的需求价格弹性较小,则对产品销量影响不大,可能对项目经济强度影响也较小;但如果该产品的需求价格弹性较大,则对产品销量影响较大,从而导致需求量下降得更快,项目的现金流量减少。在这种情况下,即使是产品价格保持不变,假设需求量也不变,但由于成本的增加也会导致项目盈利能力的降低,甚至可能影响到按期还本付息。例如,1997年,由于在第三条海底隧道BOT项目的建设中发现了受污染的泥土,我国香港特区政府约定承包商和项目公司必须将受污染的泥土转运到指定地点,以免周围的海洋生态环境受到污染。这比原施工组织设计中所设计的土方堆放地点远了许多,项目公司因此付出了额外的开支。

3. 从项目的投入要素划分

项目在开发和经营过程中需要投入的要素可以划分为五大类:人员、时间、资金、技术、其他。因此可以从项目投入要素的角度,对项目风险作出划分。

(1) 人员方面的风险。

人员方面的风险主要表现在:人员来源的可靠性、技术熟练程度、流动性;生产效率;管理人员素质、技术水平、市场销售能力;质量控制;对市场信息的敏感性及反应灵活程度;公司内部的政策、工作关系协调。

(2) 时间方面的风险。

时间方面的风险主要表现在:生产计划及执行;决策程序、时间;原材料运输;原材料短缺的可能性;在建设期购买土地、设备延期的可能性,工程建设延期的可能性;达到设计生产水平的时间;单位生产效率。

(3) 资金方面的风险。

资金方面的风险主要表现在:产品销售价格及变化;汇率变化;通货膨胀;年度项目资本金开支预算;现金流量;保险;原材料及人工成本;融资成本及变化;税收及可利用的税收优惠;管理费用和项目生产运营成本;土地价值;项目破产及破产有关的法律规定。

(4) 技术方面的风险。

技术风险主要表现在:综合项目技术评价(选择成熟技术是减少项目融资风险的一个原则);设备可靠性及生产效率;产品的设计或生产标准。

(5) 其他方面的风险。

除上述四个方面的风险外,还有其他风险,如产品需求、产品替代的可能性、市场竞争能力,投资环境,环境保护,项目法律结构和融资结构,知识产权,自然环境,其他不可抗拒因素造成的风险。

12.1.2 工程项目融资风险识别的方法

风险识别的目的是确定风险的来源、风险产生的条件和描述风险的特征等。在实际工作中,根据风险管理人员的习惯偏好以及风险的类型,有德尔菲法、核查表法、图解法、面谈法等多种风险识别的方法。下面介绍融资项目中融资顾问常用的几种方法。

1. 德尔菲法

德尔菲法是由美国著名咨询机构兰德公司于20世纪50年代初发明的,它的本质是一种匿名反馈函询法,其做法是:首先由风险管理人员选择相关领域的专家,并与他们建立直接的函询联系,通过函询进行调查,收集意见后进行整理,并将整理结果反馈给各位专家继续征求意见,如此反复,直至专家意见基本趋于一致。德尔菲法是一种背对背的调查法,因而最能反映专家对于特定项目风险的真实判断。

采用德尔菲法的关键是设计函询调查表。函询调查表的问题一般以20~30个为宜,且最好为封闭型问句,即把可能的答案罗列出来,由专家根据自己的经验知识进行选择。为了充分发挥专家的主观能动性,还可设计若干开放型的问题。表12-1为风险识别调查表的一种可能形式。

表 12-1 风险识别调查表　　　　　　　　　　　编号:

融资项目名称:
融资项目背景简介:
问题选择: 1. 您认为该东道国在项目特许期内的政治局势是否稳定? A.稳定 B.较稳定 C.不稳定   2. 您认为东道国与本项目有关的法律法规是否完善? A.完善 B.较完善 C.不完善   3. 您认为该项目生产技术是否成熟?该技术在多少年后会落后?   A.成熟 B.较成熟 C.不成熟 D.3年 E.5年 F.8年 G.10年
除了上述问题外,您认为该项目还有哪些风险需要特别说明,请对其从风险的来源、风险出现的方式和风险的主要后果进行详细的描述:
对主要风险归属权的分析:(谁受损失?谁应付款?谁能管理风险?)

2. 核查表法

核查表就是以往类似项目中经常出现的风险汇总表。该方法将本项目与以往经历项目中的风险清单进行对比，从而确定本项目存在的风险。核查表法简单易行，但有时可能受制于以往的经验总结，而遗漏某些重要的风险。表 12-2 为某项目融资风险核查表内容。

表 12-2　工程项目融资风险核查表

风险因素	本项目情况
项目的环境 东道国政府的行政干预严重； 东道国法律修改频繁，政策透明度不高； 项目所在地的自然条件不利； 东道国汇率不稳定； 东道国通货膨胀率高； 国际金融市场低迷； 项目所在地的公众反对； ……	
项目投资者 项目投资者资金实力较弱； 该项目在投资者战略发展中的地位较低； 投资者股本资金投入不足； ……	
项目性质 工程规模大、技术复杂； 项目技术陈旧； 计划工期过于乐观； 潜在变化更多； 项目资产的专用性高； ……	
项目建设管理 项目管理者对同类项目的建设管理经验不足； 项目经理的能力差； 选择的承包商资金、技术不够雄厚； 供应商供应的项目设备有质量问题； ……	

续表

风 险 因 素	本项目情况
项目经营 项目经营管理人员的素质低、经验不足、职业道德差； 项目原材料供应不稳定； 项目产品或服务在市场中没有竞争力或价格有持续走低的趋势； 项目监督不力； ……	
费用估算 项目费用估算不够准确； 项目合同条件不够严谨； ……	

3. 图解法

图解法又可分为因果分析图法和流程图法两种。因果分析图法是从结果找原因。而流程图是从原因查找结果，即结合工程的具体情况，按照工程项目（子项目）的实施过程进行分析，找出期间可能会出现的不确定事件的方法。

4. 面谈法

融资顾问或项目风险管理人员通过与项目相关人员直接进行面对面的交流，搜集不同人员对项目风险的认识和建议，了解项目贷款期间的各项活动，这样有助于识别那些在常规计划中容易被忽视的风险因素。面谈法的关键是要有事前的策划、事中的记录和事后的整理。

需要说明的是，不同性质的风险可能需要不同的识别方法，例如，针对某一具体风险细节问题，采用因果分析图法可能比较有效，而对整个项目的风险识别则可能采用德尔菲法和流程图更为有效。但具体采用何种识别方法，还要视风险识别成本与风险后果的经济比较而定。随着项目的发展，风险也在不断地产生和变化，因此要有一个连续的风险识别计划。

12.1.3 工程项目融资风险识别的成果

风险识别的成果往往表现为一张风险清单，清单最主要的作用是描述可能存在的风险，并记录可能减轻风险的行为。如果风险识别达到一定深度，风险清单还可以包括风险成本效益、风险归属权及残留风险等内容。表 12-3 为一种风险清单格式。

表 12-3　风险清单格式

风险清单		编号：	日期：
项目名称：		审核：	批准：
序号	风险因素	可能造成的结果	发生的可能概率	可能采取的措施
1				
2				
3				

12.1.4　工程项目融资风险识别的流程

工程项目融资风险识别，可以通过以下三个步骤进行。

第一步，搜集资料。完整的资料是保证风险清单完备和准确的基础。具体需要搜集下列资料：风险管理计划、工程项目的前提假设和制约因素、工程项目概况和相关计划文件、历史信息等。

第二步，分析不确定性，识别风险。在资料搜集完的基础上，要识别工程项目风险，估计项目风险形式。风险形式估计是要明确项目融资的目标、战略、战术，以及实现项目融资目标的手段和资源，以确定项目融资及其环境的变数。

第三步，形成初步风险清单并分类。将所有识别出来的风险罗列起来，得到工程项目的初步风险清单，然后根据需要对风险进行分类，以确定风险的性质。

12.2　工程项目融资风险管理实践

12.2.1　系统风险的管理

1. 不可抗力风险管理

不可抗力风险在理论上应由项目公司和贷款银行共同承担，但在实践中主要通过购买保险的方式，将风险转移给第三方。项目公司用于购买保险的费用可计入融资项目成本，而保险补偿权益将按贷款合同约定，由项目公司转移给贷款银行。

(1) 对于自然灾害(火灾、洪水和地震等)引起的项目损失，一般通过保险将损失转移给商业保险机构承担。在工程项目建设中常见的保险种类如下。

①建筑(安装)工程一切险。当建筑工程费占据工程总费用50%以上时，项目投保建筑工程一切险，反之则投保安装工程一切险。建设(安装)工程一切险主要是针对建筑施工中意外发生的、突发性的或不可预料的因素导致工程本身、施工机具或设备所受到的损失或灭失而提供的一种保险。但在下列情形下，保险公司予以免责：战争或类似战争行为导致的损失，由于被保险人故意行为或疏忽导致的损失，由于核反应、核辐射或辐射污染而引起的损失，日常磨损等。

②预期利润损失险。这是对由于开工延误导致业主的经济损失而提供的一种保险,是前一险种的附加险,其承保范围为因建设(安装)工程一切险中所承保因素而导致的延误。例如,由于恶劣的自然条件致使开工延误,假设需要按期完工的话,业主必须支付赶工费用,因而造成成本增加,这种经济损失由保险公司承担。

③第三者责任险。这是为工程项目参与人以外的第三方而投保的一种险,其目的是一旦项目出现风险,如在建工程的坍塌等,造成了第三方生命财产的损失,则该损失由保险公司承担。

④海洋货运险及海洋预期利润损失附加险。这是针对项目所需设备和原材料在海洋运输过程中可能发生的风险及损失而提供的一种保险。

⑤雇主责任险。这是针对工程事故造成雇员人身、财产损失,而应由雇主承担的法律责任所提供的保险。

(2) 对于战争、罢工等不可抗力引起的项目物质或财务损失,许多国家的出口信贷机构或世界银行的多边投资担保机构,可以为之提供保险。

2. 政治风险管理

由于项目所在国政府最有能力承担政治风险,因此,按照前述工程项目融资风险分配原则,政治风险最好由项目所在国政府来承担,提供某种承诺或协议。

实践中有些国家的项目就是这样做的。例如,在印度的电力开发项目中,若印度发生政治性事件,国家电力局或国家电力公司有责任继续向项目公司支付电费,最长可达270天;在菲律宾的某些电力开发项目中,国家电力公司和贷款银行签订项目全面收购协议,并承诺一旦该国政治风险事故连续维持一段时期,则该公司有责任和义务用现金收购该项目,其价格以能偿还债务并向项目发起人提供某些回报为准。而在某些国家(如我国)不允许政府机构对项目做任何形式的担保或承诺,则此时比较可行的方法有如下几种。

(1) 将国家风险视为不可抗力来处理,主要通过商业保险机构提供的担保或保险来分散、转移。例如,孟加拉国KAFCO化肥项目利用美国海外私人投资公司、英国出口信贷担保局和日本通产省出口保险局为项目融资提供政治风险担保,对项目融资的成功起到了关键作用。除上述机构外,还有德国的赫尔梅斯保险公司、美国进出口银行、地区开发银行和世界银行的多边投资担保机构等皆可为国家风险(主要指没收或国有化风险、外汇的可获得性和可转移性风险、东道国政府违约风险等)提供担保。

(2) 努力调整融资项目的产权和债务整体结构布局,形成有利于降低国家风险的产权组合和债务结构。基本途径是:在产权组合上,谋求项目所在国政府部门或实力强大、对国家经济有着重要影响的企业参与项目投资,抑或促使多边结构,如国际金融公司投资并掌握项目的部分产权。贷款银团一般认为,一个活跃的多边机构掌握项目的部分产权,会降低国家风险;而在债务结构上,谋求世界银行、地区开发银行或与项目所在国友好国家的政府、商业银行贷款,其他商业贷款人则会认为可以降低国家风险。

(3) 在借贷法律文件中选择外国法律为解决贷款合同纠纷的适用法律,并选择外国法院为管辖法院。这样可以不受东道国法律变动影响和东道国法院的管辖。

(4) 若项目本身收入为国际流通货币,贷款银团通常采用在项目所在国境外设立项目银行托管账户的手段,直接控制项目资本投入和现金流量,以达到降低国家风险的目的。例如,1990年12月完成的越南河内第一饭店改造工程的项目融资就采用了项目银行托管账户的手段以防范国家风险和外汇风险,在新加坡设立了贷款银团托管的项目银行账户。

国家法规政策调整变更风险,在项目实施前难以预料,故项目公司一般与项目所在国政府签署一系列合同或协议,将风险转由项目所在国或当地合作伙伴承担,即在协议中约定政府或当地合作伙伴能够补偿政策调整变化给项目公司带来的损失。补偿方法包括现金直接补偿、提高项目产出物或服务价格和延长特许协议期限等。

3. 金融风险管理

金融风险管理分为汇率风险管理和利率风险管理。

(1) 汇率风险管理。基础设施的产品和服务通常面向当地需求,且收入亦为当地货币,而外国投资者和外国贷款者则希望以原来的币种进行偿还,并得到收益。因此汇率风险能否有效消除,在很大程度上关系到项目资本成本的高低和项目现金流量风险的大小。汇率风险要么是通过市场组合运作的方式对冲风险,要么是通过协议将风险分散给其他项目参与人共同承担,具体的方法如下:

①东道国货币若是硬通货,可通过金融衍生工具如汇率期权、货币掉期等来对冲风险。

②预测汇率的变化,调整资产或负债的货币结构。这种方法成功与否直接取决于对汇率的预测是否准确。例如,20世纪80年代后期,国际上有些公司只看到日元低利率所带来的低成本,将大量美元贷款转换成日元贷款。但是他们忽视了日元升值的可能性,结果在20世纪90年代中期,日元升值,导致这些公司形成了很大的汇率亏损。我国当时也有很多水电站项目使用日元贷款,在日元升值后,还贷负担非常重,有些甚至影响了项目的正常生产。

③通过协议来转移汇率风险,要求将部分产品、服务以外币计价以外汇支付外币债务。例如,在深圳沙角B电站项目中,对项目公司Hopewell的电费收入,要求外币(美元)和人民币的支付各占50%。此外,还可以对项目产品实施可调整价格制度,以应付汇率波动的影响,即项目公司与东道国政府或产品买主签订浮动价格购买协议,将汇率变化所带来的影响部分或全部转移到合同价格中,以浮动价格来消除汇率风险。

(2) 利率风险管理。投资者可以通过多种货币组合贷款方式,建立合理的贷款期限结构,降低利率变动造成的风险。当然,如果资产或负债使用的是硬通货,通过金融衍生工具,如利率期权、利率期货、利率掉期、远期利率协议等,将浮动利率转换成符合项目现金流量特点的固定利率结构,这样消除风险是比较有效的;若使用的不是硬通货,则最好通过适当的协议将风险分散给其他项目参与人,其做法与汇率风险管理基本相似。

12.2.2 非系统风险的管理

1. 完工风险管理

完工风险通常由投资者或项目公司承担,因为投资者或项目公司最有能力承担该风险。投资者或项目公司常用以下方法来承担完工风险。

(1) 提供完工担保。

(2) 做出债务承购保证,项目的完工条件最终不能达到时,由投资者将项目债务收购或将其转化为公司债务。

(3) 转移风险,即投资者或项目公司向其他项目参与人寻求完工的保证。一般是通过与信誉良好的承包商签署类似于固定价格的交钥匙合同的方法来转移完工风险。为保证承包合同的顺利实施,通常还要求承包商提供一些附加的支持条件,如金融保险机构提供的履约担保、预付款担保、留置资金担保和运行担保等。项目的承建价格根据项目风险系数大小确定,承建商承担一级风险,项目公司承担二级风险。固定价格合同中一般含有惩罚性条款,该条款一般约定,项目延期完工时,承包商向项目公司的误期赔偿金额为项目延期完工时项目公司支付给贷方的延期部分的利息和其他实质性损失,但对于项目的产权投资者并无赔偿,因而可能影响项目营运的投资回收。

(4) 加强对项目建设的全过程监督,项目公司通过委托经验丰富、信誉好的专业咨询机构进行工程项目建设的监督管理,保证项目在投资限额内按期、按质完成,降低了完工风险。

此外,为进一步限制和转移完工风险,贷款方有时可能要求当地政府为项目提供备用附属贷款,该备用附属贷款金额要足以保证项目竣工后债务的还本付息。虽然这种附属贷款有悖于工程项目融资方式依靠项目未来预期收益来获得回报的特点,但有时当地政府也愿意提供附属贷款保证,来替代商业备用贷款或备用产权承诺(该部分贷款或产权投资要求回报率高),从而减轻未来项目设施用户的负担。

2. 生产风险管理

生产风险管理有技术风险管理、能源和原材料供应风险管理和经营管理风险管理等。

(1) 技术风险管理。技术风险由项目公司承担。项目公司防止技术风险的一个重要手段是对设施定期进行严密的综合监测和检查,同时项目公司可通过与承建商签订担保书的方式来转移项目不能达到预期技术要求的风险。由于工程承包商的原因造成的故障,一部分可由项目运行担保来分担(一般由履约担保和留置资金担保自动转成),其余部分可由承包合同中的惩罚性条款来解决,该条款约定承包商若无法在预定时期内使项目达到预期技术要求,则必须向项目公司支付一定数额的罚款。由于设备自身质量问题造成的故障,可通过设备供应商提供的保险来获得补偿。

(2) 能源和原材料供应风险管理。能源和原材料供应风险通常采用长期购买合同,如或供或付合同来降低供应的不确定性。

(3) 经营管理风险的管理。由于不对称信息的存在,除了采用竞标的方式选择具有丰富经验和较强能力的经营者以外,更为重要的是项目投资者要设计出一套科学合理的激励机制,如利润分成和成本控制奖励条款以及其他的惩罚性条款来化解经营管理效率、质量控制和成本控制等风险。如果项目经营者同时又是项目投资者(投资达到40%以上),则贷款方通常认为经营管理风险更低。

3. 市场风险管理

对于项目的市场风险,通过安排长期的市场合同,约定数量和价格来规避风险,如"无论提货与否均需付款""提货与付款"等合同,可以在很大程度上减少市场不确定因素对项目收入的影响。可以看出,市场风险由产、供、销三方共同承担是符合前述风险分配原则的。但是,对有些基础设施项目,如收费公路、收费隧道或客运铁路系统需要与其使用者签订类似无论使用与否均需付款的合同就比较困难。这就需要有经验的专家对未来需求做出分析预测,同时要求在一定时期内,政府不能批准再建设具有替代性质的平行项目。

12.3 工程项目融资风险的管理和防范

工程项目融资风险管理的目标是努力降低风险损失的概率,使损失降低到自己可接受的水平,并将剩余风险责任分配给最有能力承担的一方。

经过不断的实践探索和检验,国际上已经逐渐形成了一些行之有效的降低项目融资风险的做法,尤其是参与项目贷款的主要银行,更是建立了一系列的方法和技巧以降低项目风险。

12.3.1 工程项目融资风险的分配原则

对于基础设施项目融资而言,有效地分配风险与降低风险是至关重要的。只有将风险分配给最适于管理它的一方时,这种风险分配才是最有效的。虽然一些风险没有照此原则分担,项目融资仍可进行。但是由于项目方和债权人认为,要承担更多的风险就应得到更多的回报,因而成本及最终的资费就会高一些。为了减轻项目融资的风险,项目的投资者在运作项目融资的过程中必须建立和坚持以下原则:

(1) 确定项目的关键风险;
(2) 评价项目每一种风险的可接受程度;
(3) 确定最适合承担某种风险的各当事人。

在国际项目融资中,项目风险的识别和分配对项目参与人来说是一个核心问题。项目风险的分配并不是对每个参与人平均分配风险,而是将所有的风险都分配给最适合承担的一方,即项目的任何一种风险应完全由对该风险偏好系数较大的项目参与人承担时,使项目的整体满意度最大。例如,一般认为,东道国政府最适合承担项目的政治风险而不是商业风险,而境外投资者却正好相反,他们有能力承担商业风险而对政治风险望而却步。在这种情况下,如果能够通过各种协议让参与人各得其所,那么,境外投资者和东道国政府就不会因为不得不面对自己不熟悉的风险而将风险成本估计得过高。

12.3.2 工程项目融资的风险分担机制

工程项目的风险分担机制是基于项目的实践,寻找项目中风险分担的一般规律而形成的一套理性化的制度。从静态来看,风险分担机制就是通过这套制度来反映风险与项目参与方之间与项目整体相互协调、相互作用的方式。风险分担机制的内涵就是构成这套制度的几个方面的要素。风险分担机制可以概括为以下四个方面。

1. 风险分担主体

风险分担的主体是在风险分担中风险的期望收益受到影响的各项目参与方。对风险分担主体的确定,必须建立在专业的风险评价和对参与方客观分析的基础上,然后根据评价结果以及风险与参与方的相关程度等来确定风险分担的主体,包括风险直接作用对象,以及风险发生所间接影响到利益的其他项目参与方。从特许经营项目来看,主要参与方为政府、私人投资者、金融机构、承建商以及运营商,形成了工程项目融资的主要结构。一个成功的工程项目融资结构应该是在项目中没有任何一方单独承担起全部项目债务的风险责任。融资结构一旦建立,任何一方都要准备承担任何未能预料到的风险。

2. 风险分担决策动因和模型

风险分担决策动因是影响风险分担主体进行风险分担决策的内部原因。风险分担主体在进行风险分担决策时,必然会有一定要考虑的因素。这些因素是风险分担主体本质的体现,也是其参与项目的根本目标,因此决定了风险分担决策的方向。一般需要建立风险分担指标体系来全面、系统地反映风险分担主体的决策动因。同时,还需要建立风险分担模型,用量化指标来分析和评价参与方对风险的控制能力以及承担风险的意愿,最终确定工程项目融资风险的最佳承担者。风险分担模型可以为工程项目融资风险在各参与方之间合理公平地分配提供可行的量化方法。

3. 行为导向制度

行为导向制度是工程项目各参与方在风险分担上所期望的努力方向和行为方式的规定。在项目中,风险分担主体基于决策动因所做出的风险分担决策可能朝各个方向,即不一定都指向风险有效分担、风险收益最大化的风险分担目标。这就需要在项目各参与方中培养和建立统一的风险分担价值目标。行为导向一般强调全局观念、集体观念以及长远观念,这些观念都是为实现项目及项目各参与方的长远利益目标服务的。借用人力资源管理学的激励措施,在工程项目中可以建立相似的措施制度,比如:奖励对风险的积极控制;奖励合作,反对内讧;奖励对风险果断有效的行动而不是无用的分析;奖励对整体利益的关注而不是单纯计较个体得失等。这些措施可以在一定程度上激励风险分担主体以积极合作的态度分担风险。

4. 行为归化制度

行为归化是指对风险分担主体进行风险分担行为上的同化以及对违反行为规范或达不到要求的处罚。由于工程项目一般具有投资大、期限长、参与方众多等特点,各参与方在风险分担过程中的合作、整体及共赢的观念显得尤其重要。因此,除了在选择项目参与方时需要谨慎,还有必要建立相应的行为归化制度来保证项目各参与方对项目其他参与方及项目整体的善意行为,各参与方在经济实力、业务范围、参与项目的程度、价值观等方面有着个体的特征,因此风险决策不一定符合其他参与方和项目的整体利益,甚至可能造成破坏性影响。因此,应在风险分担中建立行为归化制度,使工程项目中风险分担的价值观和目标逐渐统一。

以上四个方面的制度和规定都是工程项目风险分担机制的构成要素,风险分担机制是这四个方面的总和。其中,风险分担主体是行为的具体执行者,风险决策动因和模型起到发动行为的作用,行为导向制度和行为归化制度起到导向、规范和制约风险分担行为的作用。

设计风险分担机制应当注意:风险分担机制要迫使项目各参与方尽量采用市场手段和自身高效经营和管理,而不是靠将风险转移给其他参与者来降低风险;风险分担机制要有利于降低各参与方的风险控制成本,提高私营部门控制风险的积极性;风险分担机制要能使各参与方控制风险的行为有利于项目社会效益的提高。

12.3.3 工程项目融资风险管理的一般方法

一般风险管理方法有风险回避、风险自留、风险抑制和风险转移四种。

1. 风险回避

风险回避(risk avoidance)是指当事人主动放弃原先承担的风险或完全拒绝承担该种风险的行动方案。虽然风险回避是一种最彻底地消除风险影响的方法,但由于风险与收益并存,放弃承担风险的同时也就意味着对获取收益的拒绝。因此风险回避方法只适用于以下三种情形:

(1) 损失频率和损失程度都较大的特定风险;
(2) 损失频率虽不大,但损失后果严重而无法得到补偿的风险;
(3) 采用其他风险管理措施的经济成本超过了进行该项经济活动的预期收益。

需指出的是,某些风险是无法回避的,如地震、海啸、台风等自然灾害对人类来说是不可避免的。例如,2004年印度洋海啸给泰国、印度尼西亚等国的旅游业造成了重大损失;2005年"卡特里娜"飓风使美国新奥尔良这一新兴城市变成了空城,几乎是灭顶之灾。

2. 风险自留

风险自留(risk retention)是指面临风险的当事人采取有效的应对方案自行承担风险后果的行为。风险自留要求当事人预先安排一笔资金用于弥补损失，它一般在以下情形中采用：处置残余风险；风险损失不严重，在当事人的风险承受能力之内；无法采取其他风险处置方法，或即使能够采取其他方法，但不经济。

风险自留有主动与被动之分。主动风险自留是指风险管理人员识别了风险的存在并对其损失后果有了准确的评估，同时权衡并比较其他风险处置技术后，有意识、有计划地主动将风险自留；被动风险自留是指没有意识到风险的存在，或虽意识到，但低估了风险的后果，而将风险由自身承担。显然，被动风险自留是不可取的，因对其没有任何心理上、财力上及物力上的准备，常会给当事人带来严重的财务后果。

3. 风险抑制

风险抑制(risk mitigation)是指当事人采取预防措施，将风险的发生概率或后果降低到某一可以接受程度的过程。风险抑制并不能达到消除风险的目的，它只是从人的思想、组织机构、制度、资金等方面做好应对准备，将风险发生的可能性降到最低程度；或风险发生后，采取一切措施防止损失扩大化。

4. 风险转移

风险转移(risk transference)是指将风险及其损失转移给第三方的行为。风险转移有保险和非保险两种方式。保险方式是集社会资金来承担风险损失，当事人可通过缴纳一定的保费即可将某些风险转移给保险公司；非保险方式是借助于协议或合同将风险损失转移给他人承担。

前述四种风险管理的基本方法在不同性质、类型的项目中有不同的表现方式，下面将从项目贷款银行和项目公司的角度介绍项目融资风险管理中常采用的具体措施和方法。

12.3.4 政治风险的防范

由于东道国政府最有能力承担政治风险，因此政治风险最后由东道国政府来承担是最佳的选择。事实上，国外有一些项目就是这么做的，其所有债务在政治性事故发生时都有所保障。在我国，政治风险不容忽视，政府机构应参与批准和管理基础设施项目。但是，政治风险非个人和公司所能控制，因而只能依靠国际社会和国家的力量来防范。

1. 特许权

项目公司应尽量尝试向政府机构寻求书面保证，其中包括政府对一些特许项目权力或许可证的有效性及可转移性的保证，对外汇管制的承诺，对特殊税收结构的批准等一系列措施。例如，广西来宾B电厂项目在政治风险控制方面就得到了政府强有力的支持,原国家计委、国家外汇管理局、原电力工业部分别为项目出具了支持函,广西壮族自治区政府成立了专门小组来负责该项目,当法律变更使得项目公司损失超出一定数额时,广西政府将通过修改特许期协议条款与项目公司共同承担损失,从而很好地预防了政治风险。

2. 投保

除特许权协议外,还可以通过政治风险投保的方式减少这种风险可能带来的损失,包括纯商业性质的保险和政府机构的保险。但由于市场狭小,且保险费昂贵,能够提供政治风险担保的保险公司数量很少,同时对项目所在国的要求特别苛刻,因此以保险的方式来规避政治风险是很困难的。在我国,为政治风险投保的一个实例是山东日照电厂。德国的Hermes和荷兰的Cesce两家信誉机构为该项目的政治风险进行了担保,从而使该项目进展比较顺利。

3. 多边合作

在许多大型工程项目融资中,政府、出口信贷机构和多边金融机构不仅能为项目提供资金,同时还能为其他项目参与人提供一些政治上的保护,这种科学合理的产权布局就可能使国家风险降低很多。此外,也可以寻求政府机构的担保以保证不实行强制收购,或当收购不可避免时,政府机构会以市场价格给予补偿。一般来讲,各种法规制度的变化很难预测,因而可以设法把此种风险转移给当地政府或合作伙伴。

12.3.5 完工风险的防范

超支风险、延误风险和质量风险是影响我国工程项目竣工的主要风险因素,统称为完工风险。对项目公司而言,控制完工风险最简单的方法就是要求施工方使用成熟的技术,并在一个双方同意的工程进度内完成,或者要求其在可控制范围内对发生延误承担责任。然而对项目的贷款银行或财团而言,如果仅仅由施工方承担完工风险显然是难有保障的,因为项目能否按期投产并按设计指标进行生产和经营将直接影响到项目的现金流量,进而影响到项目的还贷能力,而这恰恰是融资的关键。因此,为了限制和转移项目的完工风险,贷款银行可以要求项目公司提供相应的措施来降低和回避此种风险。

1. 利用合同形式来最大限度地规避完工风险

项目公司可以通过利用不同形式的项目建设合同将完工风险转移给承包商。常见的合同有固定总价合同、成本加酬金合同和可调价格合同。

在固定总价合同中,合同主体在专用条款内约定合同价款所包含的风险范围和风险费用的计算方法,以固定的总价发包给承包商,该价格不因环境和工程量增减而改变,承包商承担全部的完工风险。在这种合同形式下,项目公司承担的风险是很小的,而承包商承担的风险最大。尽管如此,承包商为了获得该项目的建设权,往往也在项目中投资,承担其中的风险,以此来获得该项目的承建合同。

在成本加酬金合同中，项目公司承担了大部分风险，承包商承担的风险是很小的，项目公司在这种合同中应加强对实施过程的控制，包括决定实施方案、明确成本开支范围。这类合同通常会约定项目公司对成本开支有决策、监督和审查的权力，否则容易造成不应有的损失。

在可调价格合同中，项目公司和承包商对完工风险进行了合理的分担。项目公司为了有效回避完工风险，通常采用固定总价合同将该风险转移给承包商。

2. 利用担保来规避项目完工风险

在项目建设阶段，完工风险的主要承担者是贷款银行，为了控制及转移项目的完工风险，贷款银行通常要求项目投资者或项目承包商等其他项目参与人提供相应的完工担保作为保证。

在工程项目融资的建设阶段，大都由项目出资人（经常是项目主办方）提供完工担保。完工担保许诺，在约定时间内完成项目，若在预定工期内出现超资情况，则担保方承担全部超资费用。一般来说，完工不仅指工程建设完毕，还包括以一定费用达到一定生产水平。而完工担保人保护自己的方法则是选择有实力的承包商，使承包协议条款和完工担保条件一致，如果承包商资质高、信用好，贷款人可以不要担保。因此选择合适的承包商建设项目，对工程项目融资无疑是十分重要的。

由于完工担保的直接经济责任在项目达到商业完工标准后即告终止，贷款人的追索权只能限于项目资产本身，即项目的资产以及其经营所得，再加上无论提货与否均需付款等类型的有限信用保证的支持来满足债务偿还的要求。因而，为了避免遭受因不能完工或完工未能达到标准所造成的风险，项目的贷款银行或财团对商业完工的标准及检验要求十分严格。无论哪项指标不符合融资文件中约定的要求，都会被认为没有达到担保的条件，项目完工担保的责任也就不能解除。项目完工担保的提供者有两方，一方是项目公司，另一方是承建项目的 EPC 或交钥匙承包商、有关担保公司、保险公司等。

1）由项目公司作为完工担保人

对贷款银行或财团来说，由项目公司直接为完工担保是最理想的担保方式。因为项目公司不仅是项目的主要受益者，股本资金的投入使其对项目的建设和运行有着最直接的利益关系，如果项目公司为借款人提供完工担保，则会使项目贷款银行对项目充满信心，并且会尽力支持，以使项目按计划完成，按时投产收益，实现贷款的归还。

这种担保方式的典型例子是 BOT 项目。在 BOT 项目中，完工担保可以是一个单独的协议，也可以是贷款协议的一部分。无论是何种形式，完工担保一般包括以下三个方面。

（1）完工担保的责任。完工担保的主要责任是项目公司向贷款人作出保证，除计划内的资金安排（贷款额度）外，为使项目按预定工期和预定商业完工标准完工，项目公司必须提供超过原定设计资金之外的任何所需资金。如果项目公司不履行其提供资金的担保义务而导致项目不能完工,则需要偿还贷款银行的贷款。一般在项目完工担保期间,贷款银行或财团对项目的贷款有完全的追索权。

(2) 项目公司履行完工担保方式。一旦项目出现工期延误和费用超支,则需要项目公司根据完工担保义务支付项目所需要的资金,此时通常采用两种方式:其一,要求项目公司各股东增加股本投入;其二,项目公司本身或通过其他金融机构向项目公司提供初级无担保贷款(即准股本基金),这种贷款必须在高级债务被清偿后才能有权要求清偿。

(3) 保证项目公司履行义务的措施。一般项目的贷款银行与项目公司成员往往分散在不同的国家,在这种情况下,一旦项目担保人不履行其完工担保义务,则会使贷款银行或财团在采取法律行动时产生诸多不便。因此,常用的做法是:项目公司被要求在指定的银行账户上存入一笔预定的担保存款,或者从指定的金融机构开出一张以贷款银行为受益人的备用信用证,以此作为贷款银行是否支付第一期贷款的先决条件。一旦出现需动用项目担保资金的情况,贷款银行将直接从担保存款或备用信用证中提取资金。

2) 由 EPC 或交钥匙承包商与金融机构或保险公司联合作为担保人

项目公司承担了完工担保责任,同时也承受了巨大的压力。在这种情况下,它可以通过在工程合同中引入若干完工担保条件,将大部分完工风险转移给承包商,以使自己承担的风险降到最低限度,同时由于项目是由具有较高资信和经验丰富的承建商来承担的,这样也可增强贷款银行对项目的信心。为确保承建商履行其义务,项目公司应该要求以承建商背后的金融机构作为担保人出具一定的担保,如投标担保、履约担保、预付款保函、保留金担保、维修担保等,这些完工担保常常是以银行开出的无条件备用信用证或银行保函形式出现的。不过,这种承建商提供的按合同执行项目的担保,虽然可以将部分风险转移给承包商,却不能取代项目公司的完工担保。通常情况下,只有承包商违约时,才能按其担保责任赔偿相应工程费用,通常为合同金额的 10%~30%。例如,在河北唐山燃煤热电项目中,美国雷神公司为国产设备提供交钥匙承建责任,建筑合同订下了实价及完工日期,合同约定延工赔偿为合约价的 13.5%,表现不佳赔偿为合约价的 12.5% 及总赔偿为合约价的 20%。

3. 利用金融衍生工具

以上两种措施都是把完工风险转移给承包商,而承包商也意识到完工风险会给自己带来潜在的损失,为此将采取加快工程进度,开展全面质量控制,加强科学管理等措施来保证项目按期、保质完工。但在具体承建过程中,鉴于项目规模大、建设周期长、"三材"(钢筋、水泥、木材)用量大等特点,材料市场价格的波动对项目的总造价影响是很大的,很可能会造成总成本的增加,超出预算。在利润微薄的建筑行业,工程项目中材料费用占总造价的 60%~75%(国际工程中约占 30%~50%),当材料价格上涨 10% 时,其总造价将上涨 6%~7.5%(国际工程中约为 3%~5%),这样的风险对承包商来说是无法承受的,而且会由此导致完工风险,影响项目融资的正常运营。为此,可以采用远期合约的手段来有效回避风险。

12.3.6 市场风险的防范

降低和防范市场风险的方法需要从价格和销售量两个方面入手。工程项目融资要求项目必须具有长期的产品销售协议作为融资的支持。这种协议的合同买方可以是项目投资者本身,也可以是对项目产品有兴趣的具有一定资信的任何第三方。通过这种协议安排,合同买方对项目融资承担了一种间接的财务保证义务。无论提货与否均需付款和提货与付款合同,是这种协议的典型形式。

降低和规避市场风险可以从以下几个方面着手:
(1) 要求项目有长期产品销售协议;
(2) 长期销售协议的期限要求与融资期限一致;
(3) 定价充分反映通货膨胀、利率、汇率等变化。

另外,在降低市场风险的谈判中,如何建立一个合理的价格体系对项目公司也是十分重要的,项目公司必须对市场的结构和运作方式有清楚的认识。一般在销售价格上,根据产品的性质可以采取浮动定价和固定定价两种类型。浮动定价也叫公式定价,主要用在国际市场上具有公式定价标准、价格透明度比较高的大宗商品,其价格一经确定,在合同期内就不可以再变动;固定价格方式指在谈判长期销售协议时确定下来一个固定价格,并在整个协议期间按照某一预定的价格指数加以调整的定价方式。

另外,项目公司在与政府制定协议时,要有防止竞争风险的条款。例如,政府已经和项目公司达成建设一条公路的协议,则政府就不能在此条公路的近距离内修筑另一条公路。

总的来说,对于市场风险的管理控制方法如下。

(1) 做好国内外市场调研分析。项目初期做好充分的市场调查,认真做好项目的可行性研究。市场调研主要应研究分析以下问题:①项目的需求量有多大,调查该项目产品是否存在国内国际市场;②可能的竞争程度,是否有相似项目竣工,即还有多少家公司提供这种产品或服务;③产品的国际价格、市场准入情况、项目自身的市场占有率和市场渗透力如何;④项目产品或服务有无其他替代品;⑤顾客或用户的消费习惯是否会有新变化;⑥未来的通货膨胀率大致是多少。

(2) 通过签订或取或付的产品购买合同、或供或付的长期供货合同锁定产品的价格,确定好产品定价策略,确保项目收益。其中,产品购买合同是项目融资能力的基础,合同中规定的产品购买价格要涵盖产品的固定成本,而且合同必须在整个项目贷款期内都有效。

(3) 政府或其公共部门保证。该保证主要是要求政府或其公共部门,在协议中明确承诺在项目运营的前几年内,保证最低需求量以确保项目的成功。在 BOT 高速公路、隧道、桥梁、发电项目中经常采用这种方式来分散风险,比如对发电项目,消费者常常是唯一的一个国家或地区的电网,在这种情况下,通常由相关的使用机构来提供最低使用量和价格的保证。

(4)建立独立账户。针对现金流量时高时低的情况,通过设立独立账户,优先支付项目债务利息。政府在项目建设期,提供附属贷款,保证偿还债务利息。

12.3.7 金融风险的防范

对于金融风险的防范和控制主要是运用一些金融工具。传统的金融风险管理基本上局限于对风险的预测,即通过对在不同假设条件下的项目现金流量的预测分析来确定项目的资金结构,利用提高股本资金在项目资金结构中的比例等方法来提高项目抗风险的能力,以求降低贷款银行在项目出现最坏情况时的风险。随着国际金融市场的发展,特别是近些年掉期市场和期权市场的发展,使得项目金融风险的管理真正实现从预测到管理的转变。

不过,对中国境内的项目而言,抵御金融风险的方法仍然相当有限。目前我国仅开展人民币对外币的远期外汇业务、择期业务,对外汇间的兑换开展了外汇期货、期权、择期业务,而国际上流行的掉期业务等在我国尚未开展。

1. 利率掉期

利率掉期指在两个没有直接关系的借款人(或投资者)之间的一种合约性安排,在这个合约中,一方同意直接地或者通过一个或若干个中介机构间接地向另一方支付该方所承担的借款(或投资)的利息成本,一般不伴随本金的交换。利率掉期一般是投资银行作为中介进行操作,且经常在浮动利率和固定利率之间进行。一般的利率掉期在同一种货币之间进行,不涉及汇率风险因素,可以规避利率风险。

2. 远期外汇合约

在我国的工程项目中,项目的收入是人民币,承包商则要将其兑换成美元汇回总部,因而可以事先同当地银行签订出卖远期外汇合同,在约定的交割日将人民币收入卖给银行,按合约约定的远期汇率买入美元。这里要注意,签订远期外汇合同时,要考虑汇率的变动情况和人民币收入时间与交割时间的匹配。如果根据经验判断美元会升值,则可根据人民币收入的时间确定交割时间及远期汇率,以便到时买入美元,避免本币贬值带来损失。这种方法的缺陷是交割时间固定,到了约定的交割日期合约双方必须履约,时间匹配困难。

3. 期权

由于期权允许其持有人在管理不可预见风险的同时不增加任何新的风险,使得期权在项目融资风险管理领域有着更大的灵活性,它避免了信用额度范围的约束(投资银行根据客户的信用程度给予客户的交易额度),只要项目支付了期权费,就可以购买所需要的期权合约,从而也就获得了相应的风险管理能力,而不需要占用任何项目的信用额度,或者要求项目投资者提供任何形式的信用保证。从实际项目来看,国际工程项目存在着许多不确定因素,从合同签订到实际付款日的时间不一定很明确,延期支付时有发生,一般的远期合约有时无法应用,而期货合约正好解决了这一问题。在我国,项目承包商需要以人民币买入美元等可自由兑换货币,并在从其他国家购买设备或向总部汇回利润时,就可以买入外币"买权"合约。当市场汇价高于期权合约协定汇价时,承包商可以要求对方履约,即以较低的协议汇价买到外汇;而当市场汇价低于期权合约协定汇价时,承包商可以不履约,而在现汇市场上购买低价的外汇。

4. 择期

择期是远期外汇的购买者(或卖出者)在合约的有效期限内任何一天有权要求银行实行交割的一种外汇业务。择期期限由择期交易的起始日和到期日决定,起始日和到期日的确定应以远期企业远期期限为标准,并与远期期限的任何一档相吻合。在这期间,承包商可将人民币收入立即兑换成美元或其他可自由兑换货币汇回国内,从而避免了汇率波动的风险。根据国际惯例,银行对择期交易不收取手续费,所以择期交易在实际应用中是非常方便的。

5. 固定汇率

在国际融资中选择何种货币,直接关系到融资主体是否承担外汇风险,将承担多大的外汇风险,因此,融资货币的选择是融资主体要考虑的一个重要问题。承包商可以与政府或结算银行签订远期兑换合同,事先把汇率锁定在一个双方都可以接受的价位上,以此来消除汇率频繁波动对项目成本造成的影响。

6. 融资货币

我国的现行汇率形成机制基本可以看作是一种钉住美元的固定汇率制。而近年来,美元风险加大,其走势往往很难准确把握,因此我国的项目在融资时最好采取融资多元化策略,也就是持有多种货币组合的债务,最好是让人民币汇率锁定在"一揽子"硬通货上。一种货币的升值导致的债务增加靠另一种货币的贬值导致的负债减少来抵消。只要合理选择货币组合,就可以减少单一货币汇率波动造成的损失。

7. 汇率变动保险

许多国家有专门的外贸外汇保险机构,为本国或他国企业提供外汇保险服务,可利用这种保险业务来分散风险。

12.3.8 生产风险的防范

生产风险主要是通过一系列的融资文件和信用担保协议来防范。针对生产风险种类不同,可以设计不同的合同文件。一般通过以下一些方式来实现:项目公司应与信用好且可靠的伙伴,就供应、燃料和运输问题签订有约束力的、长期的、固定价格的合同;项目公司拥有自己的供给来源和基本设施(如建设项目专用运输网络或发电厂);在项目文件中订立严格的条款和涉及承包商、供应商的有延期惩罚、固定成本以及项目效益、效率的标准。另外,提高项目经营者的经营管理水平也是降低生产风险的有效途径。

由于项目的具体情况千差万别,以上所介绍的这些管理风险的措施只是一些原则性的内容,至于具体的应用则要视实际情况而定(例如,我国许多支持风险管理的客观条件也不具备),可以借鉴国外经验,通过相关合同中的设计和约定灵活有效地降低风险。项目融资风险处理方案的实施和后评价是风险管理的最后一个环节。风险处理方案的实施不仅是风险处理效果的直接反映,而且通过对项目的后评价,可以达到总结经验、吸取教训、改进工作的目的,因而它是项目融资风险管理的一个重要内容。

12.3.9 信用风险的防范

政府防范信用风险的方法主要有以下几种。

(1) 政府确保发起人完成项目的最有效的方法,是对保证的条件予以实质性的落实。如在土地划拨或出让、原材料供应、价格保证、在"或取或付"合同条款下的产品最低购买量以及保证外币兑换等。

(2) 政府委派法律专家或财务顾问与债权人和发起人接触并协助其工作,要求其将有关财务信息、担保手续公开化,以便确信届时项目有足够的资金。

债权人管理和控制信用风险的方法如下。

(1) 项目公司提供担保合同或其他现金差额补偿协议,一旦资金不足,能够筹措到应急资金。

(2) 建筑承包商提供保证,赔偿其未能履约造成损失的担保保函。

(3) 项目发起人提供股权资本或其他形式的支持。

(4) 产品购买者提供"或取或付"合同或者其他形式的长期销售合同。

(5) 项目供应商提供"或取或付"合同或者其他形式的长期供货合同,保证原材料的来源。

(6) 项目运营方提供具备先进的管理技术和管理方法的证明。

(7) 评估保险公司按保单支付的能力和保险经纪人的责任。

12.3.10 环境风险的防范

对于环境风险的管理控制方法如下。

(1) 投保。这是项目发起人和债权人常用的做法,但是保险不可能面面俱到,很难涵盖事故以外的连锁效应的风险损失。

(2) 把项目的法律可行性研究,特别是有关环保方面当作项目总的可行性研究的重点。

(3) 作为债权人一方,可以要求其将令人满意的环境保护计划作为融资的一个前提条件,计划应保留一定余地,确保将来能适用可能加强的环保管制。

(4) 制定好项目文件。项目文件应包括项目公司的陈述、保证和约定,确保项目公司自身重视环保,遵守东道国的有关法律法规。

(5) 运营商不断提高生产效率，努力开发符合环保标准的新技术和新产品。

12.3.11 不可抗力风险防范

不可抗力风险的控制方法如下。

(1) 投保。主要针对直接损失而言，即通过支付保险费把风险转移给有承担能力的保险公司或出口信贷机构。保险的种类依各国的法律规定有建筑工程综合险、第三方责任保险、工伤事故赔偿保险、设备物资运输保险等。

(2) 寻求政府资助和保证。这是针对间接损失而言，是对不能保险或不能以合理成本保险的不可抗力风险的管理方法。有些不可抗力风险无法确定成本，不能保险或不能按照合理的保险费投保，这往往给项目融资谈判造成障碍，发起人只愿承担不包括债权人方面的不可抗力风险，而债权人希望不担风险。这样，发起人和债权人往往要求东道国政府提供某种形式的政府资助和担保，方式之一就是允许发起人在遭遇不可抗力风险时，可以延长合同期限以补偿投融资中尚未回报的部分，延长期限相当于实际遭受这种不可抗力的影响，前提是这种影响只适用于特定的一段时间。当然，这种资助不是正式的政府的保证，在性质上只是对项目表示支持的一种承诺，这种保证不具有金融担保性质。

(3) 当事人各方协商分担损失。如果尚在贷款偿还期内，应当由政府、项目发起人、债权人三方按照事先约定的比例分担损失。如果在贷款已经偿还结束的运营期间，则由政府和项目发起人按照事先约定的比例分担损失。

【案例讨论题】

1. 结合本章案例，总结印度大博电厂融资过程中所发生的风险，并说明这些风险对大博电厂有何影响。
2. 印度大博电厂的失败对其他项目融资的安排有何借鉴意义？
3. 你认为可以采用哪些措施和手段来预防和降低这些融资风险？

【复习思考题】

1. 常见的工程项目融资风险识别的步骤有哪些？
2. 列出常见的工程项目融资风险管理的方法，并分别阐述。
3. 常见的工程项目融资风险识别的方法有哪些？
4. 什么是金融风险管理？
5. 结合我国项目融资的特点，可以采取哪些措施对融资风险进行有效防范？
6. 如何降低和规避市场风险？
7. 工程项目建设中常见的保险种类有哪些？
8. 列出常见的非系统风险，并分别阐述。

第13章 工程项目融资担保

【案例】

柬埔寨某火力发电厂位于柬埔寨西北部地区奥多棉吉省安隆汶镇与甘多松朗镇，东距甘多松朗镇中心约10 km，西距安隆汶镇中心约22 km，北距柬泰边界约13 km。场区南侧紧靠从甘多松朗镇到安隆汶镇的唯一的一条公路，交通方便。

该项目采用PPP模式，项目总投资2.22亿美元，项目公司提供15%自有资金，银行融资贷款比例为85%，融资金额约为18870万美元，项目公司股权结构为柬埔寨电力公司占有10%，柬埔寨当地投资公司65%，中资工程承包商25%。项目建设周期两到三年，运营周期为25年。为保证项目的顺利进行，采取了相应的担保措施，主要方式如下。

（1）与中国出口信用保险达成出口信用保险协议。

（2）柬埔寨财经部对PPA（购电协议）支付条款出具无条件不可撤销担保。

（3）柬埔寨工矿部对燃煤供应协议出具担保手续，保证煤炭燃料供应。

（4）工程承包商为项目完工提供完工担保。此外，项目公司可考虑通过以下协议为金融机构提供反担保，包括①项目合同质押协议，即项目公司将有关合同权益如特许权协议、购电协议、总承包合同、运营合同项下的权益质押给银行；②股权质押协议，即项目公司股东将其在项目公司的全部股权质押给银行；③土地权益及厂房抵押协议，即项目公司将其拥有的土地权益、厂房等地上定着物抵押给银行；④机器设备抵押协议，即项目公司将启用有的机器设备及其他财产抵押给银行；⑤账户质押协议，即根据金融机构要求，将该项目账户权益质押给银行，例如，开立的控制账户（股本注入与卖电收入）、运营账户、偿债账户、分红账户等；⑥保险转让协议，即项目公司将与项目有关的所有保险合同项下的权利及根据保险合同取得的一切保险金质押给金融机构；⑦股东支持协议，即项目公司股东承诺按期缴足注册资本，对股权处置设定限制等。

（5）项目公司与柬埔寨国家电力公司签订25年照付不议长期购电协议，作为电厂运营期内收益的保证。

合理的融资担保安排为项目建设、项目运营及项目产品市场销售提供了良好的保障和信用基础，有效防范了项目融资过程中不确定因素可能引发的项目风险给项目各方的损失。

思考

1. 在工程项目融资中,哪些参与人可为项目的融资提供担保?
2. 工程项目融资的担保形式分为哪几种?
3. 工程项目融资担保的文件都有哪些?

13.1 工程项目融资担保人

13.1.1 项目担保的概念

担保是指借款人或第三人以自己的信用或资产向境内外贷款人所做的还款承诺,当借款人不能偿还债务时,由担保人向债权人代为偿还债务,取得向债务人追偿的权利。在工程项目融资中,项目担保的概念比上述通常意义上的担保范围更为广泛,功能也有所区别。具体区别如下。

(1) 工程项目融资的贷款者关注的重点是项目成功与否,而不是现有担保资产的价值。在工程项目融资中,债权人要求的担保目标是:保证项目按期完工、正常经营、获取足够的现金流量来收回贷款。而通常意义上的商业担保则要求担保人应有足够的资产弥补债务人不能按期还款可能带来的损失。

(2) 项目担保的防御功能。在工程项目融资中,项目担保的作用是通过担保防范其他未担保债权人对担保债权人贷款的项目资产行使处置权。

(3) 项目担保为贷款者监督管理项目提供了方便。因为所有的担保最终都要转让给贷款人,一旦项目经营失败,项目贷款人就有权接管项目、经营项目,让其产生足够的现金流量以回收贷款。

(4) 项目担保便于在所有的参与人之间分配风险。工程项目融资的风险并不是由项目发起人独自承担,而是由包括项目贷款人在内的所有参与人共同来承担,但也不是所有参与人之间平均分配风险,而是根据各自取得利益的不同及对风险的控制程度来分配风险,因而需要以某种合同的形式确定下来,这就是项目担保中各种合同所起到的担保作用。

13.1.2 担保人的类型

从上述项目担保的概念可以看出,在工程项目融资中,可以作为项目担保的担保人的主要有:项目发起人、与项目利益有关的第三方和商业担保人三类。

1. 项目发起人

项目发起人作为担保人是工程项目融资中最主要和最常见的一种形式。对于提供资金而又不愿意较深地介入项目中的发起人而言,提供项目担保是一种较为普遍的形式。

在多数工程项目融资结构中,项目发起人通过建立一个专门的项目公司来建设、拥有和经营项目。但是,由于项目公司在资金、经营历史等方面多不足以支持融资,在实际操作中,贷款人往往要求作为项目公司股东的发起人提供某种形式的担保。

项目发起人担保可以有各种不同的形式,以满足发起人的目的和贷款人要求的信用强化目的。例如,发起人可以提供完工担保,以保证项目建设阶段按计划完工,这对发起人而言,是一种实践上有限的担保责任,一旦项目以约定的水平完工,则该担保协议就终止,发起人的担保责任消除。

2. 第三方当事人

当贷款人认为项目发起人提供的担保不充足时,就必须要第三方当事人提供担保。每一个工程项目融资的参与人都是潜在的第三方担保人,这些第三方担保人一般不愿意在工程项目融资中承担直接的、无条件的担保责任,所以,在一般情况下,由第三方担保人提供的担保多为有限责任的间接担保。可能的第三方担保人一般有如下类型。

1) 与项目开发有直接利益关系的商业机构

(1) 工程承包公司。在项目投标过程中,为了获得大型工程项目的承包合同,工程承包公司都热衷于项目融资,并提供一定形式的担保。在工程承包合同中一般采取"一揽子"形式的总承包合同。

(2) 供应商。有的供应商急于推销自己的产品或副产品,愿意为使用其产品的建设项目提供担保;某些供应商希望自己的产品得到深加工,愿意为加工项目提供担保。一般来说,设备供应商以出口信贷方式提供的担保,原材料供应商以"无论供货与否均需付款"合同提供担保。

(3) 产品购买者或用户。一般需要某种产品或服务的公司愿意为生产此种产品或提供此种服务的建设项目提供担保。尤其在能源、原材料工业和基础设施项目中经常是项目用户以长期合同或者预付款的形式提供担保。

这些商业机构作为担保人,其目的是通过为工程项目融资提供担保而换取自己的长期商业利益。这些利益包括获得项目的建设合同,获得项目设备的供应、安装合同,保证担保人自身产品有长期稳定市场,保证担保人自身可以获得长期稳定的原材料、能源供应,保证担保人对项目设施的长期使用权。

2) 政府机构

在项目融资中,政府机构作担保人是很普通的,尤其是一些大型工程项目的建设,如高速公路、大型港口、矿产资源开发、石油化工项目等,这些大型工程的建设都有利于项目所在国的经济发展、政治稳定,促进当地人口就业,改善经济环境,因此政府机构很愿意为项目融资提供担保。政府机构介入作为项目担保人可减少项目的政治风险和经济政策风险、增强投资者的信心,这种担保作用是其他方式所不可替代的。

政府担保的好处显而易见：能增强投资者的信心，保证项目的顺利实施，缓解国内经济建设所需要的巨额资金，用较少的建设资金和信贷就可以达到促进经济发展的目的。

但是，政府担保也有其自身不能忽略的缺点。首先，政府在某个项目中提供了相关法律或管制的担保，但在某些情况下，政府又必须对其加以改变，则会造成限制自己在此领域颁布新法规、实施新管理的自由性。其次，政府提供过多的担保会削弱引入私人资本的优势。项目融资中，引入私人资本，就是因为私人资本可以更好地管理风险、控制成本，对市场需求有更灵敏的反应，经济效率高等。若政府过多地提高担保，则项目公司会丧失降低成本和高效运营的动力，这与引入私人资本的目的不符。最后，政府过多的担保会加大政府的守信成本，并且侵蚀国家财政的健康发展。

3）国际金融机构

如地区开发银行、世界银行这些国际性金融机构虽与项目开发没有直接的利益关系，但为了促进发展中国家的经济建设，对于一些重要项目，如基础设施项目等，世界银行等国际性金融机构利用其特殊的地位和信用，愿意为融资项目提供贷款担保。

3．商业担保人

商业担保人与以上两种担保人在性质上存在区别。商业担保人以提供担保作为一种盈利的手段，承担项目的风险并收取担保服务费用，然后通过分散化经营降低自己的风险。银行、保险公司和其他一些专营商业担保的金融机构是主要的担保人。

商业担保人提供的担保服务有两种基本类型：一种是担保项目投资者在项目中或项目融资中所必须承担的义务；另一种是为了防止意外事件的发生。

（1）第一种类型的担保人一般为商业银行、投资公司和一些专业化的金融机构，所提供的担保一般为银行信用证或银行担保。这种类型的担保主要有三个作用。

①担保一个资金不足或者资产不足的项目公司对其贷款所承担的义务。一个典型的例子是在国际房地产项目融资中较为普遍的卖出期权安排。在国外的房地产项目融资中，如果贷款银行认为房地产价值以及贷款期内的现金流量不足以支持一个有限追索的融资结构时，借款人可以从专业化的金融机构手中以远低于房地产市场价值的其余价格购入一个卖出期权作为工程项目融资的附加担保。在贷款期间，一旦借款人违约，如果贷款银行认为需要的话可以通过执行期权，将房地产以契约价格出售给期权合约的另一方，行使贷款银行的权利。

②担保项目公司在项目中对其他投资者所承担的义务。这种担保在有两个以上的投资者参加的非公司型合资结构中较为常见。由于项目公司本身的资金有限，而有限追索的融资结构又限制了项目公司追索的能力，使其他项目投资者面临着一个潜在的危险，一旦市场上项目产品价格长期下降，项目公司就有可能出现项目经

营困难、资金周转不灵等一系列的问题。根据项目合资协议一般都包括的"交叉担保"条款约定,为了保证项目的正常运行,在一方表示无力支付项目生产费用或资本开支时,其余各方需要承担该违约方应支付的费用,直至违约事件被改正或违约方资产被出售为止。

③在担保人和担保受益人之间起到中介的作用。如果贷款银行不熟悉项目公司,对其项目经营能力尚不完全了解,则需要选择既熟悉项目投资方的情况、同时又能得到项目贷款银行信赖的中介人进行保证,一旦出现项目风险,由中介人承担其相关的财务责任。

(2) 第二种类型的担保人一般为保险公司。在发生不能预料到的意外事件时,由该保险公司根据保险合同进行赔付,弥补项目损失。

13.2 工程项目融资担保结构

在特许经营项目融资中,由于债务追索的有限性,债权人承担大的信用风险。为了保证债权人的利益,需要项目发起人针对项目风险的特点设计出合理的担保结构。本节从整体上将担保结构划分为物的担保和人的信用担保,并以人的信用担保为对象,以项目在不同阶段的担保方式来划分工程项目融资担保结构。

13.2.1 物的担保

物的担保是针对债权人而言的,在对项目资产设定担保物权后,当借款人发生违约事件时,贷款人有权出售担保物及与之相关的权益,并从出售所得中优先受偿。在工程项目融资中,贷款银行以物的担保形式,把项目资产作为一个单独完整的整体与借款人的其他资产分割开来,在必要时可以行使对项目资产的管理权。工程项目融资物的担保按担保方式分为固定担保与浮动担保两种;按担保标的物的性质可以分为动产担保和不动产担保。

1. 固定担保和浮动担保

固定担保是指制定具体担保物的一种担保方式。在此种担保形式下,担保人在没有解除担保责任或者得到担保受益人的同意之前,不能出售或者以其他形式处置该项资产。对于固定设押下的生产性资产,担保人只能根据担保协议的约定进行生产性的使用;不动产或银行存款等资产,提供担保人原则上是无权使用该项资产的。

浮动担保,一般不与担保人的某一项特定资产相关联。在正常情况下,浮动设押处于一种沉睡的状态,直到违约事件发生促使担保受益人行使担保权时,担保才能具体化,置于浮动设押下的资产才在担保受益人的控制之下。在担保具体化之前,担保人可以自主地运用该项资产。借款方以充分的项目资产作为设押担保物可以增强项目融资的能力。在正常情况下,借款方可以任意处置资产,从而扩大了借款人的运营空间。而对于贷款方而言,在借款方发生违约时,贷款方可以任命资产管理人和经理人接管整个项目。

2. 动产和不动产担保

动产物权担保指借款方(一般为项目公司)以自己或第三方的动产作为履约的保证。动产可以分为有形动产和无形动产两种，前者如船舶、设备、商品等，后者如合同、特许权、股份和其他证券、应收账、保险单、银行账户等。由于处理动产物权担保在技术上比不动产物权担保方便，故在项目融资中使用较多。在项目融资中，无形动产担保的意义更大些。一方面，有形动产的价值往往因为项目的失败而大减；另一方面，也因为有形动产涉及多个项目参与方，其权力具有可追溯性，而且这种追溯有合同等文件作为书面保证。可以说，项目融资中的许多信用担保最后都作为无形动产担保而成为对贷款方的一种可靠担保，因此，信用担保与无形动产担保往往具有同样的作用。

不动产指土地、建筑物等难以移动的财产。在项目融资中，项目公司一般以项目资产作为不动产担保，但其不动产仅限于项目公司的不动产范围，而不包括或仅包括很少部分项目发起方的不动产。在一般情况下，如果借款方违约或者项目失败，贷款方往往接管项目公司，或者重新经营，或者拍卖项目资产，弥补其贷款损失。但这种弥补对于大额的贷款来说，往往是微不足道的。因为项目的失败往往导致项目资产，特别是不动产本身价值下降，难以弥补最初的贷款额。

13.2.2 信用担保

工程项目融资中，人的担保即信用保证担保，以法律协议方式向债权人做出承诺，在借款人发生违约时，由担保人向债权人承担责任。它为项目的正常运作提供了一种附加的保障，从而降低了贷款银行在项目融资中的风险。信用担保主要由直接担保、间接担保、或有担保、意向性担保构成。

1. 直接担保

直接担保是指担保人以直接的财务担保形式为项目公司(借款人)按期还本付息而向贷款银行提供的担保。项目投资者、与项目利益有关的第三方可以作为项目的直接担保人。

1) 项目投资者作为担保人

项目的直接投资者和主办人作为项目的担保人(如图 13-1 所示)是担保结构中较为常见的一种形式。项目投资者成立的专门的项目公司在资金、经营历史等各方面多不足以支持融资，因此银行就要求投资者作为担保人来担保工程项目的顺利完工、生产运营的正常进行、市场销售的顺利实现，其主要表现在项目投资者为项目公司提供完工担保和资金缺额担保的形式。根据国际通行的会计准则，这种担保需要作为一种债务形式体现在项目投资者的资产负债表中，或者至少需要作为一种或有债务形式在资产负债表的注释中加以披露。

在工程建设阶段，为了防止因成本超支而造成项目经营失败，一旦出现成本超

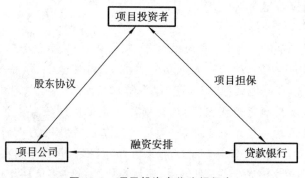

图 13-1 项目投资者作为担保人

支现象,项目发起人应采取相应的行动履行其担保义务。一般采取如下的操作方式:一是向项目公司注入补充股本金,直至项目能按期完工并达到商业运营状态;二是如果项目投资人不采取任何措施以致项目无法完工,则必须代替项目公司偿还银行债务。

在项目运营阶段投资者通过如下三种方式履行担保义务:通过担保存款或备用信用证来履行,当项目某一时期现金流量不足以支付生产成本、资本开支或者偿还到期债务时,贷款银团就可从担保存款中提取相应资金;通过建立留置基金的方法,即项目的年度收入在扣除全部生产费用、资本开支以及到期债务本息和税收后的净现金流量,存入留置基金账户,以备项目出现不可预见的问题时使用;由项目投资者提供项目最小净现金流量担保,作为贷款银行在项目融资中可能承担的风险的一种担保。

2) 中介机构作为担保人

中介机构作为担保人,主要采取商业担保人的形式为项目的运营承保。商业担保人以提供担保作为盈利的手段,在对项目的建设及运营进行风险评价后做出承保决策,对符合风险承受能力的项目公司进行承保,收取服务费,并在项目的建设及生产运营过程中进行风险跟踪控制。在工程的建设阶段,专业化的工程担保机构作为主要的商业担保人;在项目的生产运营阶段及项目产品销售阶段,保险公司、银行作为主要的商业担保人。

在项目建设阶段,由专业化的担保机构或银行对项目的完工进行担保,一旦项目不能按照既定的完工成本完工或不能达到既定的商业完工标准,应由担保机构或银行向项目公司注入超出的完工费用,再由其向项目投资者追偿。在项目运营阶段,一旦发生不能支付生产成本、不能偿还到期债务的情况,则由中介担保机构承担注入资金的责任,保证项目的正常运转。

2. 间接担保

间接担保是指项目担保人不以直接的财务担保形式为项目提供的一种担保。间接担保多以商业合同的形式出现。在工程项目融资中,主要由建设工程合同、经营维护合同、提货与付款协议、供应合同起着担保的作用。

1) 建设工程合同提供的担保

在工程建设中,投资方为了使承建方能够按期、按质地在既定投资目标下完成工程建设的施工,并减少不确定性可能引发的风险,常常采取"一揽子"承包合同的方式来实施项目的采购。由项目公司约定项目的所有完工标准和承建商的责任,承建商保证承担包括规划设计和建设在内的全部工作,甚至对于子承包商的选择、项目设备的选定都由总承建商来负责。通过这种合同方式的实施,实质上由承建商承担起了完工担保的责任。

该种合同需要涵盖如下的合同条款,以约定承建商的责任及纠纷处理方式。

(1) 价格支付条款。对于大型的工程项目建设,投资者为了控制建设过程中的风险,通常与承建商签订固定价格合同来规避风险,但由于承建商承担了风险,所以该合同方式的合同价格较高。固定价格标准通常由以下几部分组成:临时性的支付金额、工程固定价格和成本补偿加上认可的边际利润。

(2) 完工条款。该条款确定了项目完工的时间、项目完工的标准以及项目迟延完工应承担的责任。完工的确定方法一般通过如下两个阶段来实现:一是项目的计划装置的所有机器均已装置完成,除了极少部分尚未装置完;项目经过机械完工后,机器设备就要经过各种运行测试,如果通过,就说明完工,并可以接管项目;如果过不能通过较高水平的运行测试,则项目建设公司就要承担一定的赔偿责任。

(3) 不可预见风险条款。一些建设合同约定由承建商来承担不可预见风险条款,降低了项目建设过程中的不确定性,但该条款需要投资者以承担较高的建设成本为代价。

(4) 保证条款。根据该条款,承建商需要向投资者保证其工程的质量和进度。

(5) 纠纷处理条款。纠纷处理条款便于纠纷发生后的迅速处理,减少因纠纷处理所引起的项目工期拖延,使项目能够尽快发挥投资效益。

2) 经营维护合同提供的担保

经营维护合同是由投资方与项目运营维护商签订运营合同,保证运营的顺利进行。在该合同中,由运营商承担项目的运营,投资方支付其运营费用,在项目运营过程中,超过该运营费用以外的费用由运营商自行承担。一般采取如下的合同种类来进行项目的运营。

(1) 固定价格合同。在该合同结构下,经营者经营该项目的报酬是取得一笔固定的费用,经营成本超过该预算的部分则由经营者自身承担。这种合同结构中,运营者承担较高的风险,贷款者比较倾向于该类运营合同,但是该类运营合同的价格也较高。

(2) 成本加费用合同。在这种合同结构下,项目公司支付给经营者的费用除了一笔固定费用外,还加上经营者经营项目发生的成本开支。如果经营者不能在预算范围内经营项目,项目公司将拥有终止合同的权利。

(3) 带有最高价格和激励费用的成本加费用合同。在这种合同结构下,经营者实现低成本运营将得到一笔奖励,如果经营成本超过了最高价格,则由经营者自己承担这些成本。在这种合同中,需要事先就约定的经营目标进行谈判,并在合同中详细注明与项目经营和维护有关的所有方面应达到的目标。

3)提货与付款协议提供的担保

这类合同使项目产品的销售有了出路,因而对项目的成败起着关键性的作用。对于初级能源和资源性产品项目,如煤炭、石油、金属矿等,国际市场需求变化对产品价格起着重要作用。该类产品的市场不确定性较大,因此通过实现的销售协议对项目产品的销售做出安排,使得项目收入的实现更加明朗化。提货与付款协议分为无论提货与否均需付款协议及提货与付款销售合同。

(1)无论提货与否均需付款协议。无论提货与否均需付款协议或照付不议协议,是指买方和卖方达成一种销售合同,根据该合同,买方承担按期根据约定的价格向卖方支付最低数量项目产品销售金额的义务,而不问事实上买方是否收到合同项下的产品。该类合同结构由如下几项合同条款构成。

①合同期限。合同期限要求与项目融资的贷款期限一致。

②合同产品数量的约定。合同产品数量的确定有以下两种方式:一是在合同期内采用固定的总数量的概念,而准许项目公司按照市场价格销售其余产品;二是包括100%的项目公司产品,而不论其生产数量在贷款期间是否发生变化。

③合同产品质量的约定。从贷款银行的角度看,一般希望能够制定较一般标准低一些的质量标准,以使项目产品购买协议可以尽早启动。

④交货地点与交货期。该类合同的交货地点一般约定在刚刚跨越项目所属范围的那一点上。而对于交货日期,从贷款银行的角度看,根据协议,要求所得收入具有稳定的周期性,以保证银行贷款的顺利回收。

⑤价格的确定和调整。价格的确定一般有三种方法:一是公式定价法,按照国际市场公认的价格确定产品价格,并随国际市场价格的变化而变化;二是固定价格定价法,根据项目公司必须支付的生产成本和偿还债务的要求约定一个固定的价格,并根据通货膨胀率进行调整;三是实际成本加固定收益定价法,其收益是固定的,成本是变化的,并根据通货膨胀率予以调整。

⑥合同权益的转让。改变合同双方当事人,必须得到贷款人的事先批准,并且合同双方发生变化后贷款人对合同权益的有限请求权不应受到影响。

(2)提货与付款销售合同。提货与付款销售合同是指卖方在取得货物后,即在项目产品交付或项目劳务实际提供给买方以后,买方才支付某一最低数量的产品或劳务的金额给卖方。对贷款银行而言,这种协议比前一种合同所提供担保的分量要轻得多,所以在操作时,贷款银行一般会要求项目投资者提供一份资金缺额担保作为补充。

4)供应合同提供的担保

项目供应合同对于保证项目生产的连续性及生产成本的控制起着关键性的作

用,因而构成项目担保的组成部分,为项目的超支提供担保。许多项目都会依赖必要的原料和燃料来维持运营,因此需要项目公司在实现协商好的价格的基础上签订一个长期的材料供应合同。在工程项目融资中一般采用如下两种操作方式。

(1) 或取或付合同。在该种合同下,项目公司与材料供应商签订固定数量的供应合同,原料供应方需要按照合同中的价格及数量向项目公司供应原材料,以保证项目公司生产运营对材料的需求。在材料供应形势紧张的情况下,贷款银行比较倾向于该种供应合同。

(2) 纯供应合同。在该种合同结构下,项目公司与材料供应商签订所需数量的供应合同,但事先没有约定固定数量及价格。该种供应合同在材料供应市场看跌的形势下可以节约项目公司材料采购的成本。

5) 其他合同形式提供的担保

在项目融资时,许多各自独立的合同相互联结在一起形成综合体。任何一个项目融资交易都需要采用一系列合同把项目融资参与者联结起来,确定参与者之间的权利义务,并为资金提供者提供一种担保。除了上述合同外,还有以下种类的合同也能在一定程度上发挥项目担保的作用。

①投资协议。

投资协议是发起人与项目公司之间签订的协议,内容是规定发起人同意向项目公司提供一定金额的支持。财务支持有两种方式:一是发起人同意以次级贷款或参与股权的方式向项目公司注资,贷款或股份出资额应当使项目公司有清偿债务的能力或达到规定的财务指标;二是由发起人向项目公司提供一笔足以使项目公司向贷款公司偿还贷款的金额,投资协议最终被项目公司转让给贷款人而起到间接担保的作用。

②购买协议。

购买协议是项目发起人与贷款人之间签订的协议,内容是发起人同意当项目公司不履行对贷款人偿还资金时,发起人购买相当于贷款人发给项目公司的贷款金额。因此,这种协议同样可以作为一种担保形式,它是项目发起人对贷款人向项目公司贷款提供的一种保护。

3. 或有担保

或有担保是针对一些由于项目投资者的不可抗拒或不可预测因素所造成项目损失而提供的担保。或有风险担保按风险性质可以分为三种基本类型。第一种主要针对项目由于不可抗拒因素造成的风险,这类风险不属于项目正常生产建设所必须面对的问题,但是一旦发生将给项目带来不可估量的损失,这类担保一般采取商业保险的形式,在风险发生后,由保险公司对其损失进行赔偿。第二种担保主要针对项目的政治风险。第三种担保主要针对与项目融资结构有关的风险,一旦发生该类风险,将会使项目的经济效益受到影响,该类风险一般由投资者对项目做出担保,风险发生后,由投资者提供必要的财务支持。

4. 意向性担保

从严格意义上讲,意向性担保不是一种真正的担保,因为这种担保不具有法律上的约束力,仅仅表现出担保人有可能对项目提供支持的意愿。意向性担保不需要在担保人公司的财务报告中显示出来,所以它受到了担保人的偏爱,在项目融资中应用较为普遍。由于意向性担保普遍使用,目前在国际上对于意向性担保所承担的法律责任有一种越来越严格的发展趋势。在具体应用中,它主要表现为以下两种形式。

(1) 支持信。支持信通常由项目公司的控股公司写给贷款银团,表示该公司对项目公司以及特许经营项目融资的支持,以此作为对特许经营项目融资财务担保的替代。支持信的内容主要包括:控股公司确认了解项目融资的安排,表示将继续支持项目公司的业务经营与发展。有时在支持信中,控股公司也需要承诺,在贷款期间项目公司需要将控股公司的名字作为其名称的一个重要组成部分。这一条与不减少股权的承诺被视为同样重要的意向性担保,因为控股公司的信誉与项目公司的信誉联系起来,一旦项目公司经营失败,必将影响到控股公司的信誉。

(2) 政府支持。许多情况下,东道国政府授予的开发、运营的特许权和颁布的执照是项目开发的前提。在政府支持中可能包含如下内容:

① 保证不颁布针对项目公司的法律,坚持非歧视原则;

② 保证不开发建设与项目有竞争关系的新项目,以保证项目运营不会受到竞争的影响;

③ 保证项目公司能得到必要的特许经营协议和其他政府许可权,如公路收费权;

④ 可能成为项目产品的最大买主或用户;

⑤ 在可能的情况下,通过政府代理机构对项目进行必要的权益投资;

⑥ 保证不对项目实施没收或国有化政策;

⑦ 保证不对项目实施歧视性的外汇管制;

⑧ 保证项目公司能够获得用以偿还对外债务的外汇,即担保外汇的可获得性。

13.3 工程项目融资担保形式

工程项目融资担保形式按不同的阶段,可以分为项目建设过程中的完工担保、项目运营过程中的资金缺额担保和项目产品销售过程中的无论提货与否均需付款协议以及提货与付款协议。

13.3.1 项目完工担保

项目完工担保是一种有限责任的直接担保形式。项目完工担保所针对的项目完工风险主要包括如下内容:由于工程或技术造成的项目拖延或成本超支;由于外部纠纷或其他外部因素造成的项目拖期或成本超支;由于上述任何原因造成的项目停建导致最终放弃。

在项目的建设及试生产过程中,贷款银行所承受的风险最大。项目融资以项目现金流量为基础,项目能否按期建成投产并按照设计指标进行生产经营是项目融资的核心。因此,项目完工担保就成为工程项目融资结构中一个最主要的担保条件。

大多数的项目完工担保属于仅仅在时间上有所限制的担保形式,即在一定的时间范围内,项目完工担保人对贷款银行承担着全面的经济责任。在此期间,项目完工担保人需要尽一切方法去促使项目达到商业完工的标准并支付所有的成本超支费用。

由于完工担保的直接财务责任在项目达到商业完工标准后就立即终止,工程项目融资结构的性质也从全面追索转变成为有限追索,贷款银行此后只能单纯依赖项目的经营,或者依赖项目的经营加上无货亦付款等类型的有限信用保证支持来满足债务偿还的要求,所以对项目完工标准的制定及检验是相当严格和具体的。这其中包括对生产成本、原材料消耗水平、生产效率以及产品质量和产品产出量的要求。无论哪项指标不符合在融资文件中的约定,都会被认为没有达到项目完工担保的条件,项目完工担保的责任也就不能被解除,除非贷款银行同意重新制定或放弃部分商业完工标准。

项目完工担保人主要有两类:一类是项目投资者作为担保人,另一类是工程承包公司及金融保险机构相结合。

1) 由项目投资者作为完工担保人

这是最常用的也是最容易被贷款银行接受的方式。项目的投资者不仅是项目的最终受益者,而且股本资金的投入使投资者对项目的建设和运行成功与否有着最直接的经济利益关系。如果项目投资者作为完工担保人,就会想方设法使项目按照预定的计划完成,而且由项目投资者作为完工担保人也可以增加贷款银行对项目的信心。

在工程项目融资结构中,完工担保可以是一个独立的协议,也可以是贷款协议的一个组成部分。完工担保应包括以下三个方面的基本内容。

(1) 完工担保的责任。完工担保的中心责任是项目投资者向贷款银行做出保证,在计划的资金安排外,为使项目按照预定工期完工或按照预定商业完工标准完工,项目投资者必须能够提供超过原定计划资金安排外的任何所需资金。如果项目投资者不能履行提供资金的担保义务而导致该项目不能完工,则需要偿还贷款银行的贷款。

由于这种严格的约定,在项目完工担保协议中对于商业完工的概念有着十分明确的定义。这种定义包括对项目具体生产技术指标、项目产品的质量、项目产品的单位产出量以及在一定时间内项目稳定生产指标的约定。

(2) 项目投资者履行项目完工担保义务的方式。一旦出现项目延期和成本超支,需要项目投资者依照项目完工担保协议支付项目所必需的资金时,通常采用的方式是项目投资者自己或通过其他金融机构向项目公司提供初级无担保贷款。这种贷款必须在高级债务偿还后才有权要求清偿。

(3) 保证项目投资者履行担保义务的措施。国际上大型项目融资经常会出现贷款银团与项目投资者分散在不同国家的情况。这样项目担保人一旦不履行担保义务，贷款银团采取法律行动会有诸多不便。即使贷款银团与项目担保人同属于一个法律管辖区域，为了能够在需要时顺利、及时地启动项目完工担保，贷款也需要在完工担保协议中约定确保担保人履行担保义务的具体措施。比较通行的做法是项目投资者被要求在指定银行的账户上存入一笔预定的担保存款，或者从指定的金融机构中开出一张以贷款银行为受益人的相当于上述金额的备用信用证，以此作为贷款银行支付第一期贷款的先决条件。一旦出现需要动用项目完工担保资金的情况，贷款银行将直接从上述担保存款或备用信用证中提取资金。在这种情况下，根据完工担保协议，如果项目投资者在建设期承担完全追索责任，则会被要求随时将其担保存款或备用信用证补足到原来的金额。

2) 由工程承包公司及其金融保险机构相结合作为完工担保人

由工程承包公司及其金融机构提供的项目完工担保，是包括在工程承包合同中的一种附加条件，通过这种担保条件的引入可以减少项目投资者所需承担的完工担保责任。

当项目由具有较高资信和丰富管理经验的工程公司承建时，特别是对于技术比较成熟的资源性、能源性和基础设施性工程项目，可以增加贷款银行对项目完工的信心，从而减少投资者在完工担保方面所需承担的压力。

在大多数项目中，投资者不可能彻底摆脱完工担保条件。转移一部分完工风险给工程承包公司，可对项目投资者起到一定的保护作用。通常包括投标担保、履约担保、留置资金担保、预付款担保、项目运行担保。

(1) 投标担保。保证工程投资者对投标是认真的，不中途撤标，准备按投标条件执行合同，且有能力执行合同，一般相当于投标价的 1%～2%。

(2) 履约担保。承包公司向项目公司保证履行承包合同。一般来说，项目公司将其转让给贷款人。所以，贷款人是履约保函的最终受益人。如不能履行合同，则向担保受益人提供资金补偿，世界银行贷款项目中规定，履约担保金额为建设合同价款的 5%。

(3) 预付款担保。它的作用是帮助工程公司安排用于开始时购买设备材料等的流动资金，使之启动项目建设，并从项目公司处获得工程公司的分期付款。项目公司支付预付款时，项目尚未开工，为保证预付款的合理使用，要求工程承包公司提供预付款担保。将来随着预付款的逐步扣回，预付款担保的金额会随之减少。但一般而言，预付款担保的最高金额为合同价的 10%。

(4) 留置金担保。大型项目建设中，投资者将部分到期应付款留置，作为防备由于承包公司的原因造成的不可预见开支的准备金。如承包公司希望尽快收回资金，就提供留置金保函作为实际留置资金的替代来提前取得全部承包款项以解决资金周转问题。

（5）项目运行担保。在工程完工并投入试产后的一定时间内，要求工程公司提供一部分资金，以修正完工后才能发现的工程设计或工程合同执行中的错误，起到项目运行担保的作用。一般做法是：工程实际完工后，履约保函和留置金保函自动转成项目维修保函。

上述各种担保形式一般由工程公司背后的金融机构作为担保人，其目的是在工程公司无法继续执行其合同时，根据担保受益（项目投资者或项目融资中的贷款银行）的要求，由担保人无条件地按照合同约定向受益人支付一定的资金补偿。这种完工担保经常以银行或其他金融机构的无条件信用证形式出现。这种担保和项目投资者的完工担保两者的区别在于：投资者的完工担保要求尽力去执行融资协议，实现项目完工；工程公司的完工担保只是在工程合同违约时支付工程合同款项的一部分（通常是5%～30%，在美国由保险公司提供的工程履约担保有时可达到100%的合同金额）给予担保受益人。因此这种担保只能作为项目投资者完工担保的一种补充。

13.3.2 资金缺额担保

资金缺额担保，即现金流量缺额担保，是一种在担保金额上有所限制的直接担保，主要作为一种支持已进入正常生产阶段的项目融资结构的有限担保。从贷款银行的角度，设计这种担保的基本目的有两个：一个是保证项目具有正常运行所必需的最低现金流量，即至少具有支付和偿付到期债务的能力；二是在项目投资者出现违约的情况下，或者在项目重组及出售项目资产保护的同时保护贷款银行的利益，保证债务的回收。

1. 以保证项目正常运行为出发点的资金缺额担保

维持一个项目正常运行所需要的资金包括日常生产经营性开支和必要的大修、更新改造等资本性开支。如果项目资金构成中有贷款部分，还需要考虑到期债务利息和本金偿还。

从贷款银行的角度考虑，为了保证项目不至于因资金短缺而造成停工和违约，往往要求项目投资者以某种形式承诺一定的资金责任，以保证项目的正常运行，从而使项目可以按照预定计划偿还全部银行贷款。

由项目投资者在指定的银行预先存入一笔确定的资金作为担保存款，或者由指定银行开出一张备用信用证，是资金缺额担保的常见形式。这种担保形式在为新建项目融资时比较常见。对于一个新建项目，虽然从融资角度，该项目可能已通过商业完工标准的检验，但是并不能保证在其生产经营阶段百分之百成功。由于新建项目没有经营历史，也没有相应的资金积累，抗意外风险的能力比较经营多年的项目要脆弱得多，因而贷款银行多会要求由项目投资者提供一个固定金额的资金缺额担保作为有限追索融资结构中信用保证结构的一个组成部分。这种担保存款或备用信用证金额在项目投资中没有统一的标准,一般取为该项目年正常运行费用总额的25%～75%,这主要取决于贷款银行对项目风险的识别和判断。

在一定年限内,投资者不能撤销或将担保存款和备用担保信用证挪用,担保存款或备用信用证额度通常随着利息的增加而增加,直到一个约定的额度。当项目在某一时期现金流量出现不足以支付生产成本、资本开支或者偿还到期债务的情况时,贷款银团就可以从担保存款或备用信用证中提取资金。

2. 以降低贷款银行损失为出发点的资金缺额担保

项目的投资者和开发者对不同类型项目的开发战略有明显的区别。对于大型基础设施项目和资源性项目,投资者着眼于选择在合适的时机将项目出售并赚取高额利润。因此,贷款银行在考虑这一类型项目的融资时,要求项目投资者提供资金缺额担保的侧重点放在项目出售、重组或项目出现违约情况下如何保护贷款人利益的方面。

贷款人在项目出售、重组或违约拍卖的情况下出现的损失有如下三种可能性:
(1) 项目资产处理费用损失;
(2) 资产处理费用加上利息损失;
(3) 前两种损失再加上贷款本金损失。

针对这些情况,资金缺额担保要求项目投资者在进入项目融资结构时除投入相应的股本资金之外,还须承担一定的未来项目资产价值波动风险。这种担保通常有一个上限,或者按贷款原始总额的百分比确定,或者按照与其项目资产价值的百分比确定。比如,某房地产开发项目,总造价为1000万美元,采用90%的有限追索项目融资,由投资者提供占贷款额25%的资金缺额担保,即225万美元为担保上限。若干年后,债务降为750万美元。由于某种原因投资者必须出售项目,如果净收入为650万美元,则贷款银行须动用100万美元的担保金;如果净收入为550万美元,则贷款银行须动用200万美元的担保金;如果项目净收入低于525万美元,则贷款银行须承担一定的项目亏损。

13.3.3 以无论提货与否均须付款协议和提货与付款协议为基础的项目担保

项目贷款银行在提供贷款资金时,相当关心项目收入的稳定性,因此融资结构的构建必须考虑项目产品有稳定的销售量或项目设施有可靠的用户,同时也要考虑项目原材料、燃料等上游产品供给的稳定性。一般情况下,项目公司通过与项目产品的购买者或原材料、燃料供应商签订长期销售(或供应)协议来实现。长期协议,是指项目产品(或设施)买方(或用户)或原材料供应商承担的责任至少不短于项目融资的贷款期限。

尽管上述长期协议实质上是由项目产品(或设施)买方(或用户)对项目融资提

供的一种担保，在法律上体现在买卖双方之间的商业合同关系，但这类协议仍被视为商业合约，因而是一种间接担保形式。从项目公司角度来说，根据项目的性质以及双方在项目中的地位，这类合约具体又可分为以下四种形式。

1. 无论提货与否均需付款协议

一般应用在生产型项目中，如矿山、油田、发电厂等项目。无论提货与否均需付款协议与传统的贸易合同相比，除了协议中约定的持续时间更长以外，其本质的区别在于项目产品购买者对购买产品义务的绝对性和无条件性。传统的贸易合同是以买卖双方的对等交换作为基础的，即"一手交钱、一手交货"。如果卖方交不出产品，买方可以不履行付款的义务。但是在无论提货与否均需付款协议中，项目产品购买者承担的是绝对的、无条件的根据合同付款的义务，即使出现由于项目毁灭、爆发战争、项目财产被没收或征用等不可抗力而导致项目公司不能交货的情形，只要在协议中没有做出相应约定的情况下，项目产品购买者仍须按合同约定付款。如在印度的电力开发项目融资中，因签订了项目产品的长期购买协议，若印度发生政治性事件，国家电力局或国家电力公司有责任继续向项目公司付款，并且保证在任何年度内只要项目生产出一吨产品，投资者就必须保证项目公司具有协议约定的净现金流量水平。在该工业项目中，项目投资者承担的是典型的无论提货与否均需付款性质的担保义务。

2. 提货与付款协议

由于无论提货与否均需付款协议的绝对性和无条件性，许多项目购买者不愿意接受这样的一种财务担保责任，而更倾向于采用提货与付款协议。与无论提货与否均需付款协议不同的是，提货与付款协议中项目产品购买者承担的不是绝对的、无条件的付款责任，而只承担在取得产品的条件下才能履行协议确定的付款协议。例如，在供水项目中，只有供水公司供水，自来水公司才会付款；火电厂发电输送至电网，电力公司才会向项目公司付款。

由于提货与付款协议的有条件付款责任，使之为项目所提供的担保分量相对要轻一些，在某些项目经济强度不是很强的工程项目融资中，贷款银行可能会要求项目投资者提供附加的资金缺额担保作为提货与付款协议担保的一种补充。但若项目经济强度很好，并且其项目经理有良好的管理能力和管理记录，仅有提货与付款协议这种间接担保，贷款银行也可能接受而提供贷款。

3. 运输量协议

若被融资项目是服务型项目，如输油管道、港口工程等，则提供给长期运输服务的无论提货与否均需付款协议被称为运输量协议。不同性质的项目的服务使用协议名称不尽相同，在一些项目中，这种协议也被称为委托加工协议或服务成本收费等。

4. 供货与付款协议

在项目原材料、能源供应中所签订的协议称为供货与付款协议，按照协议约定，项目所需能源、原材料供应商承担着向项目公司定期提供产品的责任。如果不能履行责任，就需要向项目公司支付该公司从其他来源购买所需能源或原材料的价格差额。

上述协议的核心条款包括关于产品数量、质量和价格等方面的有关约定。以产品价格确定和调整为例，产品价格的确定有三种形式。

（1）完全按照国际市场价格制定价格公式。这种价格仅仅适合于具有统一国际市场定价标准的产品，如铜、铝、石油等产品。同时，在产出品为上述产品的项目中，其能源和原材料供应价格一般会与产品的国际市场价格直接挂钩，即能源和原材料价格指数化。

（2）采用可调价格的定价公式。由于工程项目融资期限较长，产品价格在整个融资期限中并不是固定不变的，还要考虑通货膨胀因素，在一定时期后要进行价格调整。

（3）采用实际生产成本加固定投资收益的定价公式。

13.3.4 其他担保形式

（1）准担保交易。

项目融资中除了上述的形式外，还有一些类似担保的交易。这些交易一般在法律上被排除在物权担保范围外，被视为贸易交易。但由于这些交易的经济效果类似物权担保，且很大程度上是为了规避《物权法》《担保法》的限制而进行的，故也应归为广义的担保范围。

①租赁。

卖方（出租人）将设备租给买方（承租人），卖方保留对设备的所有权，买方拥有使用权，或者卖方将设备租赁给金融公司或租赁公司，然后由这些公司再将设备租给买方。这种方式实际上也是一种商业信用，买方以定期交租金的方式得到融资，而设备本身起到担保物权的作用。

②出售和回租。

借款方将设备卖给金融公司，然后按照资产使用寿命相应的租期重新租回。价款起到了贷款的作用，租金就是分期还款，设备就是担保物。

③出售和回购。

借款方将设备卖给金融公司而获得价款，然后按照事先约定的条件和时间购回。购买实质上就是还款，资产起到了担保作用。

④所有权保留。

卖方将资产卖给债务人，但债务人只有在偿还完债务后才能获得资产所有权，资产也起到了担保的作用。

（2）东道国政府支持。

东道国政府在项目融资中起到非常重要的作用，在很多情况下，东道国政府颁发的开发、运营特许权和执照是项目开发的前提。虽然政府一般不直接参与项目融资，但可能通过代理机构进行权益投资或者其本身是项目产品的最大买主或用户。在我国的一些项目中，特别是基础设施项目，如公路、机场、地铁等，政府参与项目的规划、融资、建设、运营的各个阶段，在项目运营一定时期后由政府部门接管项目。

对于其他项目，政府的支持可能是间接的，但对项目的成功仍至关重要。例如自然资源开发和收费交通项目均需得到政府的支持。在许多国家，能源、交通、土地、通信等资源均为国家所有，而这些资源是任何项目成功必不可少的。因此，取得东道国政府的支持是非常重要的。

（3）消极担保条款。

消极担保条款是指借款方向贷款方承诺，将限制在自己的资产上设立有利于其他债权人的物权担保。消极担保条款是融资协议中的一项重要条款，一般表述为：只要在融资协议下尚有未偿还的贷款，借款人不得在其现在或将来的资产、收入或官方国际储备上为其他外债设定任何财产留置权，除非借款人立即使融资协议下所有的未偿还债务得到平等的、按比例的担保，或这种其他的担保已经得到贷款人的同意。

（4）从属之债。

从属之债是指一个债权人同意在另一债权人受偿之前不请求清偿自己的债务。前者称为从债人，其债务称为从债权，可有一切种类的债权构成；后者称为主债权人，即项目融资的贷款方。从经济效果看，从债权对主债权的清偿提供了一定程度的担保，从属之债也对主债务提供了一定的担保。

13.4　工程项目融资担保文件

工程项目融资中所使用的直接担保文件主要为项目资产担保协议、保证人提供的有限信用保证协议和由项目主办人或政府机构出具的安慰信，它们在法律上往往作为项目贷款协议的附件。但由于项目融资的贷款偿还主要依赖项目现金流量，而不是依赖借款人本身的信用和担保财产的价值（它们均不足以作为偿债保障），这就使得工程项目融资中的担保应以某些特殊的目的。

在工程项目融资中，财产担保和信用担保均仅作为补充手段和附属手段，它们所起的作用与传统意义上的抵押与保证并不完全相同。事实上，在工程项目融资结构中，保障贷款偿还的主要手段并不是直接担保，而是被称为间接担保的信用保障手段。其中最主要的法律文件就是项目完工担保协议、现金流量缺额担保协议、原材料与能源长期供应合同、提货即付款协议或提货或付款协议等，此外由项目所在国政府特许文件和项目工程承包人签署的一系列保函也具有项目贷款信用保障作用。下面就几种主要的间接担保文件进行介绍。

13.4.1 项目完工担保协议

项目完工担保协议是指完工担保人（通常由项目主办人或投资人担任）向贷款人就拟建项目可以按照约定的工期、成本和商业完工标准实现完工和正式运营提供完全信用保证的协议。依此保证，在拟建项目不能按约定的工期和成本实现商业完工标准时，完工担保人将负有支付赔偿金、追加项目股权投资和提前偿还项目贷款的责任。项目完工担保协议不同于传统的信用保证协议，它是工程项目融资信用保障机制中重要的一环。项目完工担保协议的主要内容通常包括以下几个方面。

（1）完工担保人。该条款不仅须明确全体完工担保人的主体特征，而且须明确各担保人的连带责任或个别责任性质。

（2）先决条件。该条款通常须明确对完工担保协议具有支持和基础意义的法律文件，特别是有效签发的备用信用证或完工担保存款文件。

（3）完工期限条款。该条款须明确建设项目为实现商业完工所需的工程完工期限、试运营期限、验收程序和正式运营期限等。

（4）完工成本条款。该条款须明确建设项目按期实现商业完工标准时所需的成本限额，包括建设工程期间成本、设备安装期间成本、试运营期间成本等。

（5）商业完工标准。该条款须对商业完工加以定义性约定，主要须明确项目运营的具体生产技术指标（包括单位生产量的能耗、原材料消耗、劳动力消耗等）、项目产品的质量指标、项目产品的单位产出量指标、项目在开始试运营后的一定期间内稳定生产的指标等。

（6）试运营与验收条款。该条款须详细列举试运营程序与管理、试运营期间、试运营争议解决、验收机构、验收程序、验收文件等。

（7）完工担保范围与数额。该条款须明确完工担保人承担的担保责任范围、在不同时期的担保责任限额、是否为完全追索权担保等。

（8）违反完工担保的义务。该条款须明确完工担保人在发生项目拖期、成本超支或不符合商业完工标准等事件时所应承担的基本义务，并应明确约定完工担保人负担追加投资、支付赔偿金、增加成本超支贷款、提前偿还贷款等责任的具体程序。

（9）违约事件。该条款须对不同程度的违反担保事件加以定义性约定，并须对违约事件的其他救济手段（特别是贷款人提前解约权）加以约定，在许多情况下，贷款人还要求明确累加救济手段。

（10）担保存款条款。该条款须明确完工担保人担保存款的数额、指定银行、担保存款提取条件、备用信用证的签发和交付等事项。

13.4.2 现金流量缺额担保协议

现金流量缺额担保协议是指担保人（通常由项目主办人或投资人担任）向贷款人就建设项目的正常运营将可产生还贷所需的净现金流量以及就项目正常运营的

生产经营成本不超过预定标准所提供的持续性有限信用（缺额）保证。依此项保证，在建设项目正式运营后，如果由其产生的可还贷净现金流量不足以清偿项目贷款或者项目运营的成本费用超过了贷款协议所允许的限额时，担保人有责任以连带清偿贷款、追加项目股权投资和向项目公司提供额外贷款的方式补充该现金流量缺额或成本费用超支额。现金流量缺额担保协议的主要内容通常包括以下几个方面。

（1）担保人条款。该条款须明确担保人的名称和主体特征，在有多个担保人的情况下，还须明确各担保人的责任形式和性质。

（2）项目现金流量指标。该条款须明确项目在正式运营阶段每一周期的现金流量总额、可用于还贷的净现金流量额和最低现金流量额标准。

（3）项目运营成本与费用指标。该条款须明确项目在正式运营阶段的最高成本费用限额及其构成，在正常运营情况下，项目运营成本通常应包括生产经营成本、维修与大修费用、更新改造投资费用、营业税费、管理费用、财务费用等。

（4）担保信用额。该条款须根据可能产生的现金流量缺额或资金缺额明确担保人负担的备用担保额及其计算方法，通常按项目现金流量总额的一定比例计算。

（5）违约事件及违反担保的责任。该条款须对造成现金流量缺额的各种情况加以定义，并应当明确不同违约事件的后果，主要包括担保清偿贷款、追加项目股权投资、向项目公司提供贷款、允许权利人动用担保留置金等责任。

（6）保金条款。该条款须明确担保人存入担保金的方式、存款银行、信用证安排、担保金执行条件和程序等内容。

13.4.3　原材料与能源长期供应协议

原料与能源长期供应协议是根据工程项目融资结构的要求，由项目公司与原材料供应商和能源供应商签署的、旨在稳定项目生产运营成本、分散原材料供应与能源供应价格变动风险的长期供应协议。其典型形式是国际项目融资中普遍采用的或供货或付款协议（supply or pay contract）。与一般的供货协议有所不同，它是一种长期供应协议，供货方依照协议所承担的持续性供应义务和责任至少不应短于项目贷款的还款期。该供应协议以保障项目运营所需原材料或能源的稳定供应为主旨，协议中须含有旨在稳定原材料和能源供应量和供应价格（通常包括最高限价）的条款。该供应协议令供应方负担市场价格波动风险，即在其所供应的原材料或能源的市场价格发生波动时，供应方仍须严格按照约定的供应量和供应价格履行供货义务，否则须向项目公司补偿支付其另行购买原材料或能源所需的价格差额。该供应协议通常亦为第三人设定义务，根据工程项目融资结构的要求，对于原材料供应商或能源供应商的价款支付，通常由信托受托人代为履行，以保障项目贷款的正常使用。

在工程项目融资中，原材料与能源长期供应协议的使用受到市场条件的限制，尤其是在原材料与能源供应市场供不应求的情况下，签署此类协议具有一定的难度。在工程项目融资确需此项安排时,项目主办人或投资人应在项目融资准备阶段及早与供应商协商达成协议意向,在原材料与能源供应价格上可以采取适当的稳定高价政策或者采取最高限价条件下的价格波动条款,以此增强长期供应协议对供应商的吸引力。当然,拟建项目的实际现金流量或经济强度是决定这一信用保障手段得以奏效的基础。原材料与能源长期供应协议的实质性内容通常包括以下几个方面。

(1) 有效期限条款。该条款须明确供应商承担长期供应责任的有效期限,该期限通常不短于项目融资的贷款偿还期。

(2) 供应数量条款。该条款须约定供应商在项目生产运营的每一周期所应当定期供应的原材料或能源的数量,这是保障项目稳定持续运营的基础。

(3) 供货质量条款。该条款须明确供应商按约定提供的原材料或能源的质量标准、质检办法和违约救济。

(4) 交货方式与时间。该条款须明确供应商提供原材料或能源的地点、供应方式、交货时间、运输安排、通知办法等内容。

(5) 价格确定与调整。该条款应明确供应商提供原材料或能源供应的单价、总价和定价公式,明确价格调整的条件和方法,明确最高限制价格等内容,这一条款的实质内容在于稳定或限定原材料或能源的供应价格,以锁定项目运营成本。

(6) 基本违约条款。该条款通常须明确供应商的无条件供应义务,并须约定供货商在不能履行供应义务时应当承担的责任,通常是指向购买方补偿支付从其他来源购买所需原材料或能源所增加支付的价差。

(7) 价格支付条款。该条款通常约定由信托受托人对供应商供货进行价款支付的时间和程序等。

13.4.4 提货即付款协议

提货即付款协议(take and pay contract)是由项目公司与项目产品购买人签署的,使买方在提货条件下即应负担付款义务的长期销售协议。它也是项目融资广泛采用的协议形式。在本质上,提货即付款协议与或提货或付款协议具有相同的作用,但又具有其自身的特点。

(1) 该产品销售协议令购买人承担有条件的付款义务,即只要在项目公司可以按约履行供货义务的条件下,购买人即应受领所供应的货物并应按约付款,这不同于或提货或付款协议。

(2) 由于提货即付款协议对融资项目所提供的信用保障作用弱于或提货或付款协议,贷款银行要求在采用此类协议时附加使用现金流量缺额担保协议。

(3) 该产品销售协议也以稳定项目产品的销售量和销售价格为主旨,但此项保障的条件是:项目公司可以按要求定期生产出一定量的项目产品,并使之处于可交付的状态。因而在采用此类协议时往往还需配合使用有关项目经营管理和风险控制的其他信用保障手段。

提货即付款协议的条款内容与或提货或付款协议大体相同,仅对销售价格和购买人基本义务的约定有所不同。通常情况下,提货即付款协议的价格条款也须明确项目产品的销售单价、定价公式和价格调整方法,但其中不含有令购买人无条件定期支付保底价款的内容,购买人支付约定价款以项目公司可以按约供货为前提;此类协议的基本义务条款也仅令购买人负担在得到约定供货条件下的提货付款义务,依此条款,购买人仅分担项目产品的市场价格变动风险,而不负担其他含义的项目风险,这与传统意义上的长期销售合同十分类似。

13.4.5 或提货或付款协议

或提货或付款协议又译为无论提货与否均须付款协议,它是目前国际项目融资广泛采用的产品销售协议形式。概括地说,或提货或付款协议是由项目公司与项目产品购买人签署的以买方无条件付款为基本内容的项目产品的长期销售协议。或提货或付款协议与或供货或付款协议十分类似,其基本特征如下。

(1) 该产品销售协议具有长期性,其协议有效期不应短于项目贷款期。

(2) 该销售协议可适用于各种项目产品,既包括有形产品,也包括无形的服务产品,如港口服务、输油管道使用、电力供应等。

(3) 该产品销售协议以使产品长期购买人承担无条件付款义务为基本内容,即无论提货与否均须付款,由此使产品购买人分担产品市场的价格波动风险。

(4) 该产品销售协议以稳定项目产品的销售量和销售价格,保障项目现金流量为主旨,协议中通常含有锁定产品定期最低销售量、最低限价条款和保底价格款。

(5) 该产品销售协议通常赋予项目公司转让合同的权利,以保障贷款银行或其指定受益人在需要时可取得该权利。

或提货或付款协议的条款内容也与或供货或付款协议十分类似,协议中除包括有效期限、定期购买数量、交货方式与时间、价格确定与调整条款外,还包含以下一些特殊内容。

(1) 项目产品质量。该条款中须对项目产品的质量标准加以约定,但项目贷款银行通常要求采用行业通用标准或较低的质量标准,并要求采用更为灵活的质量约束条款,与无论提货与否均须付款宗旨相适应。

(2) 买方基本义务。该条款令产品购买人承担绝对付款义务,即买方无论提货与否均须按约向指定当事人支付购货价款。

(3) 不可抗力条款。该条款主要约定可引起协议终止履行的特殊事件及其处理方法,但项目贷款银行通常拒绝采用内容广泛的不可抗力,以尽可能排除购买方免除基本义务的情况。

(4) 价款支付。该条款通常要求购买方定期将购货价款或其中的指定部分向信托受托人支付,以确保贷款的偿还。

(5) 合同权益转让。该条款中须明确该销售协议中的合同权利可以进行抵押、提保或转让,明确该项合同权利的抵押或转让无须再得到购买方的另行同意,明确贷款银行对于该项抵押、担保或转让具有优先权,明确项目公司在向任何第三人抵押、提保或转让前须征得贷款银行同意等内容。在实践中,或提货或付款协议的购买方往往为项目投资人或主办人,其主要作用是某种项目产品购买担保,然后再由其将项目产品批售于其他商业当事人。

13.4.6 政府特许文件

根据各国的实践,工程项目融资中的政府特许文件是指项目所在国政府机构向项目公司签署的对于拟建项目提供政策支持的法律文件的总称。此类文件可以采取国内行政文件方式,也可以采取特许权协议方式,这取决于项目所在国政府的接受程度和特许文件内容的要求。通常情况下,项目所在国政府不希望接受特许文件(包括行政文件)对自身的约束,尤其不愿意接受合同性约束,因而项目投资人和国际贷款人首先要获得项目所在国法律对拟建项目已经提供的支持,并仅将某些对于工程项目融资至关重要而又属于政府机构可依法批准的政策事项纳入特许文件的内容。

概括地说,工程项目融资中的政府特许文件或支持文件通常包括以下几项主要内容。

(1) 项目所在国政府机构批准或许可项目公司从事特许营业、资源开发的或授予其专营权的表示或承诺。在多数情况下,贷款人将要求政府机构的此项特许或承诺中包含在偿债期间不再批准或许可第三方在同等地区内从事同等内容的竞争性营业的内容,以此来保障所预测的项目现金流量。

(2) 在实行计划价格管制的国家中,政府特许文件中通常须包含许可项目公司根据市场需求或者在优惠政策许可的范围内自由确定产品价格的内容,这也是保障预测的项目现金流量所必需的。

(3) 政府机构批准给予项目公司税收财政优惠的承诺,其中较为常见的包括一定年限的所得税减免、土地税费的优惠、地方附加税费的减免、允许项目资产加速折旧等,在项目信用风险较大的情况下此类优惠政策往往为必需的,以提高项目的有效净现金流量。

(4) 政府机构许可项目公司对其专营权或特许权可通过合同方式进行转让,以及对于该特许权届满后将对其依法续展的承诺。

(5) 政府机构对于项目公司和项目融资其他有关待遇的承诺。

(6) 政府机构关于不修改特许权协议内容和排除立法变动影响的承诺,即所谓稳定性条款。

(7) 法律适用与司法管辖条款。

(8) 除上述内容之外,政府特许文件通常还包含批准项目公司依法设立、许可项目公司进行核定的营业、批准拟建项目的投资计划、批准项目公司拟进行的项目融资、核准项目公司还贷资金的兑汇等内容。在多数国家中,此类批准或许可内容可以通过批准文件、营业执照、许可证件等法定文件来实现。

【案例讨论题】

  1. 结合本章案例讨论,在工程项目融资中,哪些参与人可为项目的融资提供担保?
  2. 工程项目融资的担保形式分为哪几种?
  3. 工程项目融资担保的文件都有哪些?

【复习思考题】

  1. 商业担保人提供的担保服务有哪几种基本类型?
  2. 商业担保人为金融机构担保时,担保作用有哪些?
  3. 工程项目融资担保形式按阶段划分,可以分为哪几种类型?
  4. 完工担保包括的基本内容有哪些?
  5. 从贷款银行角度,资金缺额担保的基本目的是什么?
  6. 产品价格的确定形式是什么?
  7. 项目完工担保协议的主要内容有哪些?
  8. 现金流量缺额担保协议的主要内容有哪些?
  9. 什么是提货即付款协议?其特点是什么?
  10. 简述项目融资中的政府特许文件或支持文件所包含的主要内容。

参 考 文 献

[1] 秦志敏.财务管理[M].北京:北京大学出版社,2006.
[2] 白榆.私募股权投资:地产融资案例分析[J].商情,2009(1):159-160.
[3] 陈良华.财务管理[M].北京:科学出版社,2007.
[4] 张建平.中国创业投资的发展模式与途径研究[D].北京:中国社会科学院研究生院,2000.
[5] 李常青,黄建洪.债务融资的公司治理效应:农乐公司案例研究[J].财会通讯,2006(12):25-27.
[6] 乔世震.财务管理基础[J].大连:东北财经大学出版社,2005.
[7] 吴光炳,谌才杰,朱湘建.现代租赁概论[M].北京:中国财政经济出版社,1998.
[8] 李春好,曲久龙.项目融资[M].2版.北京:科学出版社,2009.
[9] 张极井.项目融资[M].北京:中信出版社,2003.
[10] 简迎辉,杨建基.工程项目管理:融资理论与方法[M].北京:中国水利水电出版社,2006.
[11] 方芳.工程项目投资与融资[M].上海:上海财经大学出版社,2003.
[12] 蒋先玲.项目融资[M].3版.北京:中国金融出版社,2008.
[13] 董瑾.国际贸易学[M].北京:机械工业出版社,2006.
[14] 王立国.工程项目融资[M].北京:人民邮电出版社,2002.
[15] 胡海峰.风险投资学[M].北京:首都经济贸易大学出版社,2006.
[16] 惠恩才.中国风险投资发展障碍与对策研究[M].北京:中国经济出版社,2005.
[17] 王松.金融学[M].2版.北京:中国金融出版社,2008.
[18] 陈良华.财务管理[M].北京:科学出版社,2007.
[19] 张蕊,裘宗舜.现代租赁会计与决策[M].北京:中国财政经济出版社,1998.
[20] 吴光炳,谌才杰,朱湘建.现代租赁概论[M].北京:中国财政经济出版社,1998.
[21] 刘俊彦.融资管理学[M].北京:中国人民大学出版社,2003.
[22] 伦敦金融集团.世界租赁报告[R].1983—2007.
[23] 胡俊文.国际贸易[M].北京:清华大学出版社,2006.
[24] 沈锦昶.国际信贷概论[M].北京:中国财政经济出版社,1996.
[25] 宋浩平.国际信贷[M].北京:首都经济贸易大学出版社,2006.
[26] 史薇.国际信贷[M].北京:中国商务出版社,2005.
[27] 刘亚臣,闫长俊.工程项目融资[M].大连:大连理工大学出版社,2004.
[28] 徐兰英,刘晓伟.工程项目融资[M].哈尔滨:东北大学出版社,2015.
[29] 李开孟,孙慧,范志清.工程项目融资评价理论方法及应用[M].北京:中国电力出版社,2017.
[30] 王乐,杨茂盛,孙莉.工程项目融资[M].北京:中国电力出版社,2016.

[31] 季敏波. 中国产业投资基金研究[M]. 上海：上海财经大学出版社，2000.
[32] 鲁育宗. 产业投资基金导论：国际经验与中国发展战略选择[M]. 上海：上海复旦大学出版社，2008.
[33] 孙玉梅. 工程项目融资[M]. 重庆：西南交通大学出版社，2016.
[34] 姜仲勤. 融资租赁在中国：问题与解答[M]. 4版. 北京：当代中国出版社，2016.
[35] 徐捷. 国际贸易融资——实务与案例[M]. 2版. 北京：中国金融出版社，2017.
[36] 刘金波. 国际信贷[M]. 北京：人民邮电出版社，2016.
[37] 宋浩平. 国际信贷[M]. 4版. 北京：首都经济贸易大学出版社，2016.
[38] 刘红，马祯. 国际金融[M]. 北京：对外经济贸易出版社，2016.
[39] 汤伟纲. 工程项目投资与融资[M]. 2版. 北京：人民交通出版社股份有限公司，2015.
[40] 汪秋婉. 工程承包商参与海外电厂PPP项目融资的框架结构设计[D]. 中国科学院大学工程管理与信息技术学院，2013.
[41] 邱大灿，程书萍. 大型工程投融资模式决策研究. 建筑经济[J]. 2011(3).
[42] LI Bing, Akintoye A, Edwards P J, et al. The allocation of risk in PPP/PFI construction projects in the UK [J]. International Journal of Project Management, 2005(23): 25-35.
[43] 中国中小企业融资网.
[44] 国家统计局.
[45] 财政部政府和社会资本合作中心.
[46] 国家发展与改革委员会PPP项目典型案例库.